독자의 1초를 아껴주는 정성!

세상이 아무리 바쁘게 돌아가더라도
책까지 아무렇게나 빨리 만들 수는 없습니다.
인스턴트 식품 같은 책보다는
오래 익힌 술이나 장맛이 밴 책을 만들고 싶습니다.
길벗이지톡은 독자여러분이 우리를 믿는다고 할 때 가장 행복합니다.
나를 아껴주는 어학도서, 길벗이지톡의 책을 만나보십시오.

독자의 1초를 아껴주는 정성을 만나보십시오.

미리 책을 읽고 따라해본 2만 베타테스터 여러분과
무따기 체험단, 길벗스쿨 엄마 2% 기획단,
시나공 평가단, 토익 배틀, 대학생 기자단까지!
믿을 수 있는 책을 함께 만들어주신 독자 여러분께 감사드립니다.

홈페이지의 '독자광장'에 오시면 책을 함께 만들 수 있습니다.
(주)도서출판길벗 www.gilbut.co.kr
길벗이지톡 www.eztok.co.kr
길벗스쿨 www.gilbutschool.co.kr

mp3 파일 다운로드 안내

길벗이지톡(www.gilbut.co.kr) 회원(무료 가입)이 되시면 오디오 파일을 비롯하여 다양한 자료를 이용할 수 있습니다.

1단계	로그인 후 홈페이지 가운데 화면에 있는 SEARCH [검색] 에서 찾고자 하는 책이름을 입력하세요.
2단계	검색한 도서에 대한 자료를 다운로드 받으세요.

학원, 인강, 스터디? 그거 왜 해요?
얘랑 타면 혼자서도 충분한데?
시험에 나오는 것만 공부한다!
시나공
토익
시나공

어이, 학생.
도대체! 지금
1강만 며칠째냐?
인강
NEVER
1강만 일주일째

학원

오늘도 왔다갔다
3시간이나 걸렸어.
하...
뭣이 중헌지도
모르겠고...
나도 너무 힘들어~
전 지각^^;;;

토익 스터디
내가 참 다양한 친구들을
골고루 만났구나^_ㅠ
신·난·다...ㅋ...ㅠㅠ
C지 바보야!
무조건 4번!

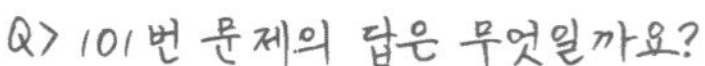
Q> 101번 문제의 답은 무엇일까요?

에고... 토익이 뭐라고.ㅠ_ㅠ
학원비, 교통비,
인강비, 교재비...
흑흑...ㅠ_ㅠ
이번달 생활비가
금방 다 털렸어...
10000원

따라와 봐~ 내가 방법을 알려줄게!
오호라~
❶ 철저히 검증된 문제
시나공 연구소
100번 문제
103번 문제
104번 문제
104번 통과
난 반댈세.
통과!
통과!
100번 보류
난 반댈세.
101번 통과
통과!
난 반댈세.
까악~
❷ 쉽고 친절한 해설
정답도 오답도
너무나 자세하고
너무나 친절하다!
정답
오답
정답
❸ 치밀한 스케줄러
공부 시간 제대로 지키십쇼. 지켜보고 있습니다.
거참, 학원 선생님보다 더 지독하네!
답글이 달렸습니다.
까똑!
비켜, 이 녀석들아! 나 토익 졸업했다!
학원 진짜 안 간다고~!
인강도 이제 안 들어~!
시나공 토익
OO어학원
I♡ 스터디
OO인강

열정적인 토이커들을 위한 특별한 지원!

"시나공 토익 카페"에서 확인하세요

시나공 토익 카페에 무료로 회원 가입하고, 구매한 시나공 토익책을 등록하세요.
다양한 무료 콘텐츠 제공은 물론, 모르는 문제에 친절히 답해 드립니다.

시나공 도서관

시나공 토익책과 관련된 MP3 및 학습자료를
무료로 다운받을 수 있습니다.

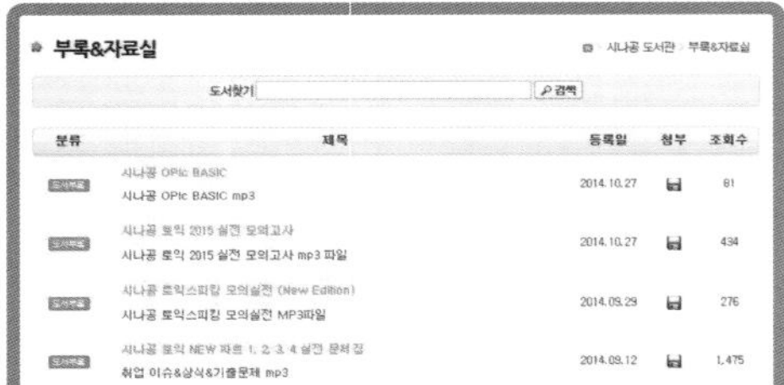

부록&자료실

시나공 도서관 > 부록&자료실

도서찾기 검색

분류	제목	등록일	첨부	조회수
도서부록	시나공 OPIc BASIC 시나공 OPIc BASIC mp3	2014.10.27		81
도서부록	시나공 토익 2015 실전 모의고사 시나공 토익 2015 실전 모의고사 mp3 파일	2014.10.27		434
도서부록	시나공 토익스피킹 모의실전 (New Edition) 시나공 토익스피킹 모의실전 MP3파일	2014.09.29		276
도서부록	시나공 토익 NEW 파트 1, 2, 3, 4 실전 문제집 취업 이슈&상식&기출문제 mp3	2014.09.12		1,475

묻고 답하기

모르는 부분이 있으면 자유롭게 질문해 주세요.
저자가 직접 친절하게 답해 드립니다.

묻고 답하기

묻고 답하기

도서찾기 검색

번호	제목	작성자	등록일	조회/답변
7532	질문이요!	이지혜	2014.11.19	3/0
7531	동명사주어 질문이요	김다원	2014.11.18	2/1
7530	6회 272p 본문과 해답지 내용이 다른경우.	백수정	2014.11.18	10/1
7529	실전모의고사 1회 질문	최빈	2014.11.17	7/1
7528	1회 독해질문입니다.	김광덕	2014.11.15	3/0
7527	rc질문입니다.	김광덕	2014.11.14	8/1

토익 만점 공부방

토익 모의 실전 문제와 필수 단어, 시험장 정보,
학습법 등 시험에 필요한 유익한 자료가 가득합니다.

토익 빈출 단어

토익 만점 자료실 > 토익 빈출 단어

번호	제목	작성자	등록일	조회	추천	첨부
488	[Daily 토익빈출단어] 2014.11.20	길벗지기	2014.11.20	21	0	
487	[Daily 토익빈출단어] 2014.11.19	길벗지기	2014.11.19	45	0	
486	[Daily 토익빈출단어] 2014.11.18	길벗지기	2014.11.18	50	0	
485	[Daily 토익빈출단어] 2014.11.17	길벗지기	2014.11.17	48	0	
484	[Daily 토익빈출단어] 2014.11.14	길벗지기	2014.11.14	73	0	
483	[Daily 토익빈출단어] 2014.11.13	길벗지기	2014.11.13	48	0	
482	[Daily 토익빈출단어] 2014.11.12	길벗지기	2014.11.12	53	0	
481	[Daily 토익빈출단어] 2014.11.11	길벗지기	2014.11.11	49	0	

커뮤니티

시나공 토이커들의 자유로운 대화 공간입니다.
재미있는 설문조사, 푸짐한 이벤트에도 참여해보세요.

이벤트

커뮤니티 > 이벤트

번호	제목	작성자	등록일	조회	추천	첨부
	[~11/16까지 참가가능!] 나의 토익 흑역사 / 1차 당첨자 발표 (15)	길벗지기	2014.10.28	361	0	
135	시나공 토익 NEW파트별 실전문제집 인증샷 이벤트! (5)	길벗지기	2014.07.21	874	0	
134	[결과발표] 시나공 토익 NEW파트별 실전문제집 인증샷 이벤트! (1)	길벗지기	2014.10.29	119	0	
133	파트별 문제집 부동의 1위! 시나공 토익 NEW파트별 실전문제집 출간 이벤트 (184)	길벗지기	2014.06.23	1,622	0	
132	[당첨자발표] 시나공 NEW파트별 실전문제집 출간이벤트! (1)	길벗지기	2014.07.14	380	0	
131	[종료][포인트 전원 증정/도서 추첨] 설문조사 진행중! (~5/22 12시까지) (2)	길벗지기	2014.05.21	202	0	
130	[당첨자 발표]실전문제집 출간 전 조사 (1)	길벗지기	2014.05.22	249	0	

자세한 내용은 시나공 토익 카페에서 확인하세요. **www.sinagongtoeic.co.kr**

시험에 나오는 것만 공부한다!

시나공 OPIc BASIC

전미성(Shane) 지음

시나공 OPIc BASIC

초판 1쇄 발행 · 2014년 10월 30일
초판 5쇄 발행 · 2020년 4월 10일

지은이 · 전미성
발행인 · 김경숙
발행처 · 길벗이지톡
출판사 등록일 · 2000년 4월 14일
주소 · 서울시 마포구 월드컵로 10길 56(서교동)
대표전화 · 02)332-0931 | **팩스** · 02)322-6766
홈페이지 · www.gilbut.co.kr | **이메일** · eztok@gilbut.co.kr

기획 및 책임편집 · 김지영(jiy7409@gilbut.co.kr) | **디자인** · 황애라 | **제작** · 이준호, 손일순
영업마케팅 · 김학흥, 장봉석 | **웹마케팅** · 이수미, 최소영 | **영업관리** · 심선숙 | **독자지원** · 송혜란, 정은주
편집진행 및 전산편집 · 기본기획 | **CTP 출력 및 인쇄** · 예림 인쇄 | **제본** · 신정문화사

ISBN 978-89-6047-892-3 03740
(이지톡 도서번호 300739)

정가 13,000원

중학교 교과서 수준의 회화면 IM 2는 거뜬히 받는다!

오랫동안 현장에서 OPIc을 가르치면서 항상 놀랐던 것이 있다. 바로 12년 넘게 영어 공부를 했다는 학생들의 대부분이 영어로 간단한 질문조차 못한다는 것이다. 나름 평소에 영어 공부를 꾸준히 하는 학생들의 회화도 자세히 들어보면 문장 구조도 엉망이고 실생활에서 쓰이지 않는 생소한 단어를 쓰는 경우가 허다하다. 이런 회화 초급자들이 취업이나 이직을 위해 꼭 필요하다는 OPIc 점수는 IM 2 정도인데, 그것조차 별을 따는 것만큼 어렵게 느껴진다고 한다. 그럴 때마다 필자는 항상 강조한다. **"쉽게 말해도 된다. 쉬운 단어와 문장을 써라. 중학교 교과서에 나오는 회화 정도만 해도 OPIc 시험에서 좋은 등급을 받을 수 있다."**

현재 시중에 나온 대부분의 OPIc 책의 답변은 너무 어렵고 장황한 경우가 많다. 회화 초보자들은 그런 문장을 따라 할 수도 없고, IM 2는 그렇게 길고 현란하게 말할 필요도 없다. 한 문제당 5~6개 문장만 정확하고 간결하게 말할 수 있으면 충분히 IM 2는 나온다. 이것은 필자가 몇 년 동안 매달 OPIc 시험을 치르면서, 또 수많은 수강생의 시험 후기를 들으면서 확실히 증명된 사실이다.

이 사실을 바탕으로 이 책을 집필할 때 가장 중점을 둔 것은 회화 초급자도 쉽게 외우고 활용할 수 있는 중학교 영어 교과서 정도의 문장으로 IM 2 이상을 받도록 한 것이다. 불필요한 수식어구나 어려운 단어가 쓰인 문장은 거의 담지 않았다. 나아가 이 책의 문장을 유창하게 구사할 정도면 IM 3까지도 무난히 받을 수 있다.

시간이 넉넉하지 않은 학생들을 배려해 IM 2 목표 학습량도 대폭 줄였다. OPIc은 설문지 선택을 기반으로 문제가 출제되기 때문에 시험에서 선택할 주제를 선정해 그것만 전략적으로 공부하면 시간적으로 큰 이득이다. 그래서 **이 책에서는 과감히 설문지 선택지부터 가이드를 제시해 공부할 분량을 최소화했다.**

설문지 선택 가이드를 제공해 줄어든 분량은 2주면 충분히 학습 가능하며, 여기에 돌발 주제 문제와 롤플레이(상황극) 문제, 그리고 모의 테스트를 적절히 섞어 16일에 책 한 권을 끝낼 수 있도록 구성했다.

물론 이 책의 모든 문제는 출제 빈도가 가장 높은 문제들로만 구성했기 때문에 적중률 또한 보장한다.

이 책으로 공부하는 모든 수험생들이 반드시 단기간에 IM 2를 받을 수 있기를 진심으로 기원하며 끝으로 집필에 많은 도움을 준 민병철 어학원의 Za'chary Westbrook 선생님과 길벗이지톡 관계자 여러분께 감사의 말을 전하며 마친다.

저자 Shane 전미성

OPIc 시험이란?

OPIc은 Oral Proficiency Interview-computer의 약자로 일대일 인터뷰를 컴퓨터로 구현한 영어 말하기 시험이다. 단순히 문법이나 어휘 등을 얼마나 많이 알고 있는가를 측정하는 시험이 아니라 실제 생활에서 얼마나 적절하게 영어를 사용할 수 있는가를 측정한다.

OPIc의 특징은?

1 **개인 맞춤형 평가**

OPIc은 시험 전 Background Survey(사전 설문조사)를 통해 관심 주제를 선택할 수 있고, 그것을 근거로 시험 문제가 나온다. 또한 응시자는 난이도를 선택할 수 있으므로 이 점을 전략적으로 이용해야 한다.

2 **2회까지 문제 반복 청취 가능**

OPIc은 문제를 2회 들을 수 있다. 1차적으로 문제를 듣고 5초 안에 리플레이 버튼을 클릭하면 다시 들을 수 있다.

3 **답변 시간 조정 가능**

OPIc은 각 문제에 제한시간이 없다. 전체 문제를 응시자 스스로 답변 시간을 조정해 40분 안에 답하면 된다. 총 12~15문제가 나오는 것을 고려했을 때 한 문제당 1분 30초에서 2분 정도 답하는 것이 바람직하다.

OPIc의 문제 유형은?

1 **자기 소개**

OPIc 1번 문제는 반드시 자기 소개 문제가 나온다.

2 **설문지 선택 문제**

설문지 선택 항목을 기반으로 나오는 문제가 약 6~9개 출제된다. 선택한 모든 주제가 나오는 것이 아니라 선별적으로 몇 가지 주제에 대한 문제만 나온다.

3 **롤플레이 문제**

예상치 못한 상황에서 적절히 대처하는 연기를 하는 문제로 2~3개 정도 나온다. 설문지 선택 주제나 돌발 주제와 관련해 문제가 나올 수 있다.

4 돌발 주제 문제

설문지 선택을 기반으로 하지 않은 문제다. 다양한 주제가 나오며 약 3~5문제 정도 출제된다. Self Assessment에서 높은 난이도를 선택할수록 돌발 주제가 나올 확률이 높아진다.

OPIc의 진행 방식은?

OPIc은 총 60분 시험이 진행되는데 오리엔테이션이 20분, 본 시험이 40분이다.

오리엔테이션 20분

1 Background Survey

오리엔테이션 20분 동안 진행되는 첫 번째 항목은 사전 설문지 선택이다. 이 단계에서는 수험자가 관심 있는 항목을 스스로 선택하면 이를 기반으로 문제가 출제된다. 최소한 선택해야 하는 항목의 개수가 있고 이것을 채워야만 다음 단계로 넘어갈 수 있다. (자세한 사전 설문지는 16페이지 참조)

0 Questions Answered Out of 7

Background Survey # 샘플테스트의 서베이 항목과 실테스트의 서베이 항목이 다를 수 있습니다.

- 이 Background Survey 응답을 기초로 개인 맞춤형 문항이 출제가 됩니다.
질문을 자세히 읽고 답변해 주시기 바랍니다.

1 현재 귀하는 어느 분야에 종사하고 계십니까?
- ○ 사업/회사
- ○ 가사
- ○ 교사/교육자
- ○ 일 경험없음

2 현재 귀하는 학생이십니까?
- ○ 네
- ○ 아니오

3 현재 귀하는 어디에 살고 계십니까?
- ○ 독신자로서 개인 주택이나 아파트에 거주
- ○ 친구나 룸메이트와 함께 주택이나 아파트에 거주
- ○ 가족(배우자/자녀/기타 가족 일원)과 함께 주택이나 아파트에 거주
- ○ 학교 기숙사
- ○ 군대 막사

2 Self Assessment

스스로의 난이도를 선택하는 단계다. 난이도는 총 6개로 자세한 화면은 다음 페이지에 나와 있다. 각 난이도에는 샘플 답변이 있는데 이것을 들어보고 자신의 수준대로 난이도를 선택할 수 있다.

Self Assessment

본 Self Assessment에 대한 응답을 기초로 개인 맞춤형 문항이 출제됩니다.
아래 여섯 단계의 샘플 답변을 들어보시고, 본인의 실력과 비슷한 수준을 선택하시기 바랍니다.

○ 샘플답변 듣기 나는 10단어 이하의 단어로 말할 수 있습니다.

○ 샘플답변 듣기 나는 기본적인 물건, 색깔, 요일, 음식, 의류, 숫자 등을 말할 수 있습니다. 나는 항상 완벽한 문장을 구사하지 못하고 간단한 질문도 하기 어렵습니다.

○ 샘플답변 듣기 나는 나 자신, 직장, 친한 사람과 장소, 일상에 대한 기본적인 정보를 간단한 문장으로 전달할 수 있습니다. 간단한 질문을 할 수 있습니다.

○ 샘플답변 듣기 나는 나 자신, 일상, 일/학교와 취미에 대해 간단한 대화를 할 수 있습니다. 나는 이 친근한 주제와 일상에 애해 쉽게 간단한 문장들을 만들 수 있습니다. 나는 또한 내가 원하는 질문도 할 수 있습니다.

○ 샘플답변 듣기 나는 친근한 주제와 가정, 일, 학교, 개인과 사회적 관심사에 대해 자신 있게 대화할 수 있습니다. 나는 일어난 일과 일어나고 있는 일, 일어날 일에 대해 합리적으로 자신 있게 말할 수 있습니다. 필요한 경우 설명도 할 수 있습니다. 일상 생활에서 얘기치 못한 상황이 발생하더라도 임기응변으로 대처할 수 있습니다.

○ 샘플답변 듣기 나는 개인적, 사회적 또는 전문적 주제에 나의 의견을 제시하여 토론할 수 있습니다. 나는 다양하고 어려운 주제에 대해 정확하고 다양한 어휘를 사용하여 자세히 설명할 수 있습니다.

3 Overview of OPIc

난이도 선택이 끝나면 다음 샘플 화면을 보여주면서 진행자가 화면 구성, 청취 및 답변 방법을 안내해 준다.

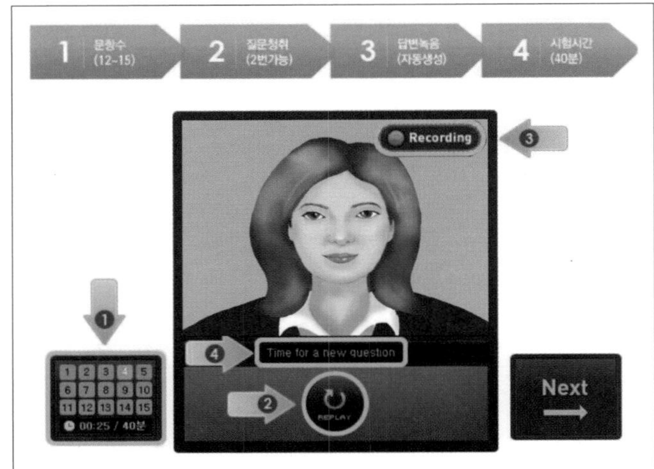

버튼 세부 설명

❶ 출제되는 총 문항수 표시. 난이도 1, 2단계를 선택하면 12문항만 출제되고, 3단계 이상을 선택하면 15문항이 출제됨.

❷ 다시 듣기 버튼. 모든 문제는 두 번 청취가 가능하고 재청취가 점수에 영향을 미치지 않음. 첫 번째 문제 PLAY 이후 5초 이내 REPLAY 누름이 가능.

❸ 녹음 버튼. 문제를 두 번 청취했을 때는 자동으로 녹음이 시작됨.

❹ 시간 흐름을 나타냄.

❺ NEXT 버튼. 문제에 대한 답하기가 끝나면 NEXT 버튼을 눌러 다음 문제로 넘어감. 한 번 NEXT를 누르면 뒤로 돌아가거나 재녹음이 안 됨. 녹음 중 실수로라도 NEXT 버튼을 누르지 않도록 주의.

시험 시간 40분

1 **1st session**

개인 맞춤형 문제가 약 7문제 정도 출제된다. 문항별 답변 시간은 제한이 없으며 질문 청취는 2회까지 가능하다.

2 **난이도 재조정**

오리엔테이션 때 선택했던 난이도를 재조정할 수 있다. 1st session의 질문보다 쉬운 질문, 비슷한 질문, 어려운 질문 중에 선택할 수 있다.

3 **2nd session**

난이도 재조정 후 다시 개인 맞춤형 문제가 시작된다. 7문제 정도 출제되며 1st session과 2nd session까지 합쳐 12~15문제가 난이도 선택에 따라 출제된다.

OPIc 등급 체계는?

OPIc의 평가는 주관사 ACTFL의 기준에 따라 진행되며 7개 등급으로 나뉜다.

Level		각 레벨 요약 설명
Advanced	Advanced Low	다양한 주제와 일상적인 대화에 능숙. 익숙하지 않은 상황에서도 문제를 해결할 수 있음. 적절한 시제와 복잡한 문장구조를 활용할 수 있으며 내용을 원어민이 쉽게 이해할 수 있음.
Intermediate	Intermediate High	익숙하지 않은 상황에서 대부분의 문제를 해결하곤 함. 발화량이 많고 다양한 어휘를 사용. 내용의 대부분을 원어민이 이해할 수 있음.
	Intermediate Mid	일상적인 소재뿐 아니라 익숙한 상황에서 자연스럽게 말할 수 있음. 다양한 문장 형식이나 어휘를 실험적으로 사용하려고 하며 상대방이 조금만 배려해 주면 오랜 시간 대화가 가능함.
	Intermediate Low	일상적인 소재에서는 문장으로 말할 수 있음. 대화에 참여할 수 있으며 선호하는 소재에서 자신감을 가지고 말을 할 수 있음.
Novice	Novice High	일상적인 대부분의 소재에 대해서 문장으로 의사소통이 가능하며, 개인 정보에 질문을 하고 응답할 수 있음.
	Novice Mid	이미 암기한 친숙한 단어나 구를 활용할 수 있음.
	Novice Low	매우 제한적으로 몇몇 단어 및 구를 나열할 수 있음.

• IM(Intermediate Mid)는 IM 1, IM 2, IM 3로 나뉘어지며 IM 3가 가장 좋은 점수이다.

자료 출처 www.opic.or.kr

목차

1 진짜 Basic다운 책! 영어 회화 초보도 금방 따라 할 수 있는 쉽고 활용도 높은 표현!

OPIc을 준비하는 수험생을 조사해본 결과 상당수가 외국인과의 간단한 대화조차 어려워하는 회화 초보자들이었다. 정확히 말하면 중학교 교과서 정도의 회화도 직접 영작해 말하기 어려워한다. 이 점을 고려하면 시중에 나와 있는 대다수의 OPIc BASIC 책은 회화 초보자에게 상당히 버거울 수 있다. 문장을 구성하는 단어가 실생활에서 쓰는 단어보다 어렵고, 무엇보다 수식어구가 들어가 문장이 너무 길어진다. 이런 긴 문장은 해석할 수는 있지만 시험에서 입 밖으로 표현하기는 매우 어렵다.
이 책은 그런 회화 초보자의 수준을 냉정하게 고려해, 쉬운 단어를 사용하고 수식어구를 최대한 줄인 짧고 쉬운 문장으로만 답변을 구성했다. 따라서 회화 초보자들도 부담 없이 따라 하면서 IM 2를 목표로 준비할 수 있다.

Ex 이 책과 타사 OPIc BASIC 답변 비교

Q : You indicated that you like to watch movies. What movies do you like to watch? And why do you like to watch those movies the most?
당신은 영화 보는 것을 좋아한다고 했습니다. 무슨 영화를 좋아하나요? 왜 그 영화를 가장 좋아하나요?

우리 책의 답변

Whenever I have time, I watch movies. I like to watch action movies the most. They are never boring. They are very exciting to watch. I like to watch science fiction movies as well as action movies. After watching these movies, I feel good. ➡ 문장이 간단하고 쉬우며 생활과 밀접한 단어를 사용했다.

타사 BASIC 책의 답변

I like all kinds of movies, but my favorite movies are disaster films. They usually are blockbuster films that a natural disaster has come up and the characters usually have weaknesses and struggle to survive on their own. Many of these movies are also blockbuster hit movies, like "Independence Day" or "Twister."
I like these types of movies because I am interested in how the characters overcome their problems. The plot of the movies often makes my heart beat. Also, these movies usually have great special CG (computer graphic) effect! Unfortunately, I don't have any friend who also likes these movies, so I usually go to the movie theater alone to watch them. ➡ 수식어구가 많아 문장이 길고 소재와 단어가 어렵다.

2 16일 완성! IM 2 공략!

OPIc은 (1. 설문지 선택 문제), (2. 롤플레이 문제)와 (3. 돌발 주제 문제)가 섞여 출제되고, 오리엔테이션 시간에 Background Survey의 Self Assessment에서 낮은 단계를 선택할수록 설문지 선택 기반의 문제가 전체 문제에서 차지하는 비중이 높아진다(롤플레이와 돌발 주제 문제의 비중은 낮아진다).

이 책은 Background Survey를 어떻게 찍어야 하는지까지 명확히 제시했다. 가이드를 따라 설문지 선택을 할 경우 설문지 기반 문제, 롤플레이, 돌발 주제 문제의 출제 비율을 고려해 과업을 16일 완성으로 배분했다. 수험생은 각 날짜마다 주어진 과업을 마치면 16일 안에 책 한 권을 끝낼 수 있다. 또한 회화 초보자가 이 책 한 권을 소화했을 때 무난히 IM 2는 받을 수 있게 난이도를 설정했다.

3 설문지 가이드를 제시해 학습 분량 최소화!

OPIc은 설문지 선택(Background Survey)을 기반으로 문제가 나온다. 수험생은 이 점을 적극적으로 활용해 설문지를 어떻게 선택할지 미리 정해 놓고 그것과 관련된 주제의 문제만 학습하면 학습의 범위를 대폭 줄일 수 있다. 이 책은 다양한 설문지 선택을 고려하지 않았다. OPIc을 최소한의 범위에서 끝낼 수 있도록 설문지를 어떻게 선택하면 되는지 가이드를 제시한다. 그리고 그 주제에 따른 최소한의 범위만 학습하게 했다.

스스로 난이도를 조절할 수 있는 Self Assessment 또한 초보자 수준에 맞추어 어떻게 설정해야 하는지도 알려준다. 수험생은 이 가이드라인을 따라 하면 시험 문제를 쉽게 예측할 수 있으며 시험 범위를 파격적으로 줄일 수 있어 단기간에 목표 점수 IM 2를 받을 수 있다.

전초전 Warming Up, Vocabulary & Pronunciation, Grammar

본격적으로 질문과 답변을 공부하기 전에 브레인스토밍, 단어와 문법 익히기를 통해 각 주제와 연관된 영어의 감을 익힌다.

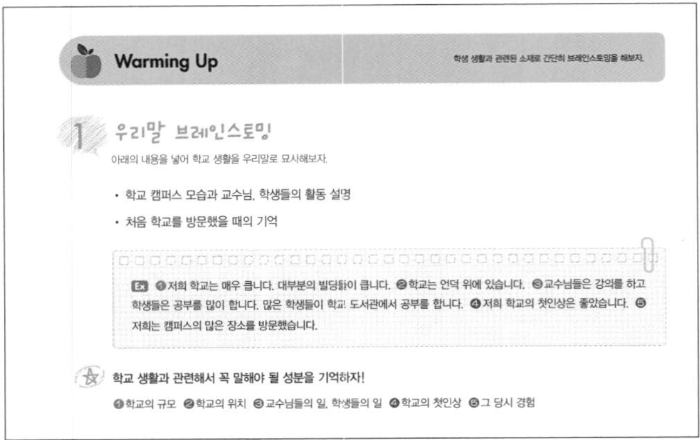

Warming Up

학생 생활과 관련된 소재로 간단히 브레인스토밍을 해보자.

1 우리말 브레인스토밍

아래의 내용을 넣어 학교 생활을 우리말로 묘사해보자.

- 학교 캠퍼스 모습과 교수님, 학생들의 활동 설명
- 처음 학교를 방문했을 때의 기억

Ex ❶저희 학교는 매우 큽니다. 대부분의 빌딩들이 큽니다. ❷학교는 언덕 위에 있습니다. ❸교수님들은 강의를 하고 학생들은 공부를 많이 합니다. 많은 학생들이 학교 도서관에서 공부를 합니다. ❹저희 학교의 첫인상은 좋았습니다. ❺저희는 캠퍼스의 많은 장소를 방문했습니다.

학교 생활과 관련해서 꼭 말해야 될 성분을 기억하자!

❶학교의 규모 ❷학교의 위치 ❸교수님들의 일, 학생들의 일 ❹학교의 첫인상 ❺그 당시 경험

1. Warming Up

OPIc을 잘 살펴보면 영어로 말하기 이전에 우리말로도 답을 떠올리기 어려운 문제가 나올 때가 있다. 영어를 못해서가 아니라 '말할 거리'가 없기 때문이다. 이 책은 모범답안을 익히기 이전에 '말할 거리'를 떠올리게 하기 위해 워밍업에서 우리말로 답하는 연습을 먼저 하도록 했다. 어떤 문제에 어떤 소재를 사용해 답하면 되는지 알고 나서 영어 답변을 공부하면 한결 쉽게 말을 이어갈 수 있을 것이다.

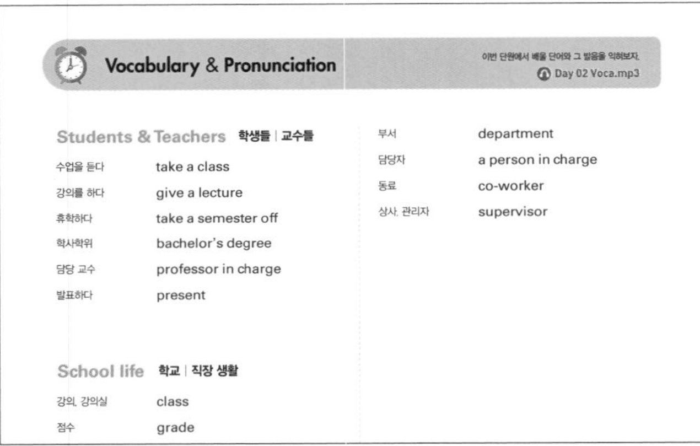

Vocabulary & Pronunciation

이번 단원에서 배울 단어와 그 발음을 익혀보자.
Day 02 Voca.mp3

Students & Teachers 학생들 | 교수들

수업을 듣다	take a class
강의를 하다	give a lecture
휴학하다	take a semester off
학사학위	bachelor's degree
담당 교수	professor in charge
발표하다	present

School life 학교 | 직장 생활

강의, 강의실	class
점수	grade
부서	department
담당자	a person in charge
동료	co-worker
상사, 관리자	supervisor

2. Vocabulary & Pronunciation

그날 배울 주제에 맞춰 미리 단어를 공부하는 코너이다. 실생활에 자주 사용되고, 어렵지 않은 단어들로만 구성했으니 반드시 미리 학습하고 넘어가자.

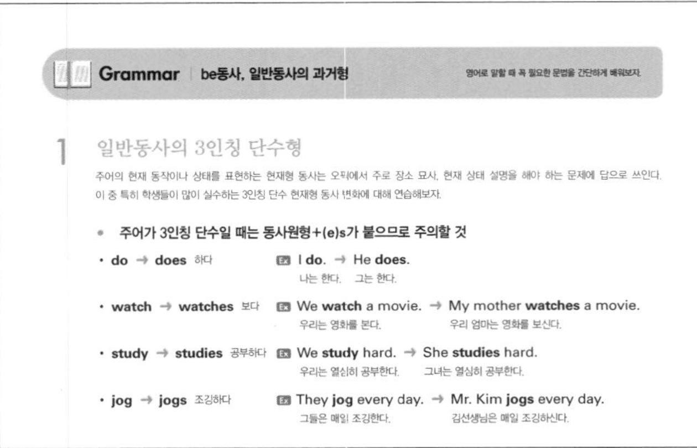

Grammar | be동사, 일반동사의 과거형

영어로 말할 때 꼭 필요한 문법을 간단하게 배워보자.

1 일반동사의 3인칭 단수형

주어의 현재 동작이나 상태를 표현하는 현재형 동사는 오픽에서 주로 장소 묘사, 현재 상태 설명을 해야 하는 문제에 답으로 쓰인다. 이 중 특히 학생들이 많이 실수하는 3인칭 단수 현재형 동사 변화에 대해 연습해보자.

- 주어가 3인칭 단수일 때는 동사원형+(e)s가 붙으므로 주의할 것

- **do** → **does** 하다 Ex I **do**. → He **does**.
  나는 한다. 그는 한다.
- **watch** → **watches** 보다 Ex We **watch** a movie. → My mother **watches** a movie.
  우리는 영화를 본다. 우리 엄마는 영화를 보신다.
- **study** → **studies** 공부하다 Ex We **study** hard. → She **studies** hard.
  우리는 열심히 공부한다. 그녀는 열심히 공부한다.
- **jog** → **jogs** 조깅하다 Ex They **jog** every day. → Mr. Kim **jogs** every day.
  그들은 매일 조깅한다. 김선생님은 매일 조깅하신다.

3. Grammar

아무리 OPIc이 스피킹 시험이라지만 문법을 무시하고 이야기를 할 수는 없다. 회화에서 꼭 필요한 알짜배기 문법만 추렸으니 꼭 학습하고 넘어가자.

실제 예상 문제 Question & Model Answer

본격적으로 OPIc에서 자주 나오는 문제와 답변을 공부하는 단계

Question & Model Answer | 학생 관련 설문지 주제

학생 생활과 관련되어 나오는 기출문제와 모범답안을 익혀보자.

Question 1 **You indicated that you have school experience. Tell me about your school campus. Please describe what it looks like in as much detail as you can.** 당신은 학교 경험이 있다고 했습니다. 학교 캠퍼스에 대해 말해주세요. 어떻게 생겼는지 최대한 자세하게 설명해주세요.

Step 1 모범답안 읽어보기 02-1.mp3

학생 생활과 관련되어 나오는 기출 문제와 모범답안을 읽고 MP3를 들어보자.

My school campus is very big. There are many buildings. Most of the buildings are big. There are some grassy places. There's nothing unique about most of the buildings. It is on a hill.

Step 2 모범답안 틀 익히기

MP3를 들으며 모범답안 틀을 외울 수 있을 만큼 여러 번 읽어보자. 부분은 본인이 원하는 표현으로 대체해도 좋다.

❶My school campus is [1]very big. 저희 학교는 매우 큽니다. ❷There are many buildings. (거기에는) 많은 빌딩들이 있습니다. ❸Most of the buildings are big. 대부분의 빌딩들은 큽니다. ❹There are [2]some grassy places. (거기에는) 몇몇 잔디가 깔린 장소들이 있습니다. ❺There's nothing unique about most of the buildings. 대부분의 빌딩들에 대해서 특별한 것은 전혀 없습니다. ❻It is [3]on a hill. 그것은 언덕 위에 있습니다.

대체 가능 표현

[1]huge 큰, wide 넓은, not that big 크지 않은 | [2]some places to study 공부할 몇몇 장소들, some places to talk with friends 친구들과 이야기 할 몇몇 장소들 | [3]in front of the station 역 앞에, between mountains 산들 사이에

Step 3 해석 보고 말해보기

해석을 보면서 위의 모범답안을 떠올려 입 밖으로 말해보자. 부분은 본인만의 표현으로 바꾸어 말해도 좋다.

❶저희 학교는 매우 큽니다. ❷(거기에는) 많은 빌딩들이 있습니다. ❸대부분의 빌딩들은 큽니다. ❹(거기에는) 몇몇 잔디가 깔린 장소들이 있습니다. ❺대부분의 빌딩들에 대해서 특별한 것은 전혀 없습니다. ❻그것은 언덕 위에 있습니다.

DAY 02 • 47

Question

해당 주제에서 빈번하게 출제되는 문제를 엄선했다.

Step 1 모범답안 읽어보기

회화 초급자도 쉽게 따라 할 수 있는 단어, 문장으로 IM 2를 받을 수 있는 모범답안을 구성했다.

Step 2 모범답안 틀 익히기

모범답안의 패턴을 익히고 단어를 바꿔 스스로 활용할 수 있도록 했다.

Step 3 해석 보고 말해보기

우리말을 보면서 영어로 말하는 연습을 하도록 했다.

모의 테스트 Actual Test

실제 시험처럼 연습해 볼 수 있도록 모의 테스트 3회를 구성했다. 설문지 가이드와 모범답안도 제시했다.

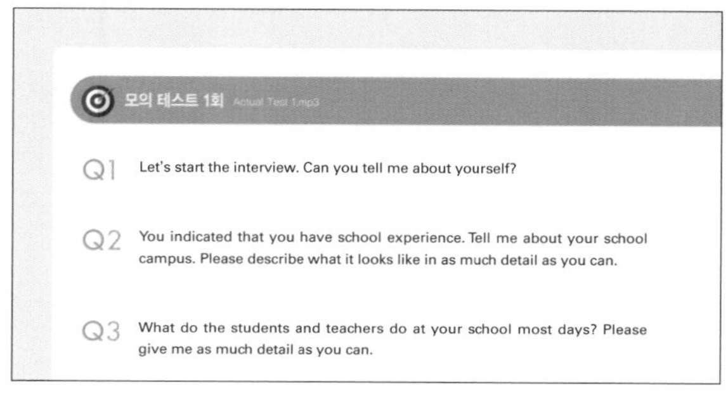

모의 테스트 1회 Actual Test 1.mp3

Q1 Let's start the interview. Can you tell me about yourself?

Q2 You indicated that you have school experience. Tell me about your school campus. Please describe what it looks like in as much detail as you can.

Q3 What do the students and teachers do at your school most days? Please give me as much detail as you can.

Q2 You indicated that you have school experience. Tell me about your school campus. Please describe what it looks like in as much detail as you can.
당신은 학교 경험이 있다고 했습니다. 학교 캠퍼스에 대해 말해주세요. 어떻게 생겼는지 최대한 자세하게 설명해주세요.

모범답안

My school campus is very big. There are many buildings. Most of the buildings are big. There are some grassy places. There's nothing unique about most of the buildings. It is on a hill. 저희 학교는 매우 큽니다. (거기에는) 많은 빌딩들이 있습니다. 대부분의 빌딩들은 큽니다. (거기에는) 몇몇 잔디가 깔린 장소들이 있습니다. 대부분의 빌딩들에 대해서 특별한 것은 전혀 없습니다. 그것은 언덕 위에 있습니다.

Q3 What do the students and teachers do at your school most days? Please give me as much detail as you can. 학생들과 교수님들은 학교에서 무엇을 합니까? 가능한 한 자세히 말해주세요.

모범답안

The teachers teach classes. The students study a lot. The teachers give students

오리엔테이션

오리엔테이션의 과업

OPIc을 처음 공부하는 수험생들이 가장 궁금해하는 4가지 질문을 자세히 설명했습니다.

- 설문지 선택 문제, 돌발 문제, 롤플레이가 정확히 뭔가요?
- 설문지는 어떻게 선택해야 하나요? 설문지 선택이 점수와 큰 상관 있나요?
- OPIc 등급과 난이도에 따른 출제 기준을 알고 싶어요.
- 2단 콤보, 3단 콤보가 나온다는데 그게 뭔가요?

1 설문지 선택 문제, 돌발 문제, 롤플레이가 정확히 뭔가요?

1 설문지 선택 문제

설문지 선택 항목을 기반으로 나오는 문제가 약 6~9개 출제된다. 선택한 모든 주제가 나오는 것이 아니라 선별적으로 몇 가지 주제에 대한 문제만 나온다. 일단 설문지를 살펴보자.

1. 현재 귀하는 어느 분야에 종사하고 계십니까?

○ 사업/회사　○ 재택근무/재택사업　○ 교사/교육자　○ 군복무
○ 일 경험 없음

＊[사업/회사] 또는 [재택근무/재택사업]을 선택할 경우
1.1 현재 귀하는 직업이 있으십니까?
○ 네　○ 아니오
＊[네]를 선택할 경우
1.1.1 귀하의 근무기간은 얼마나 되십니까?
○ 첫 직장 – 2개월 미만　○ 첫 직장 – 2개월 이상　○ 첫 직장 아님–경험 많음
＊[첫 직장 – 2개월 이상] 또는 [첫 직장 아님–경험 많음]을 선택할 경우
1.1.1.1 귀하는 부하직원을 관리하는 관리직을 맡고 있습니까?
○ 네　○ 아니오

＊[교사/교육자]를 선택할 경우
1.1. 현재 귀하는 어디에서 학생을 가르치십니까?
○ 대학 이상　○ 초등/중/고등학교　○ 평생교육
1.1.1 귀하의 근무기간은 얼마나 되십니까?
○ 2개월 미만 – 첫 직장
○ 2개월 미만 – 교직은 처음이지만 이전에 다른 직업을 가진 적이 있음
○ 2개월 이상
＊[2개월 이상]을 선택할 경우
1.1.1.1 귀하는 부하직원을 관리하는 관리직을 맡고 있습니까?
○ 네　○ 아니오

2. 현재 귀하는 학생이십니까?

○ 네　○ 아니오

＊[네]를 선택할 경우
2.–1 현재 귀하가 강의를 듣는 목적은 무엇입니까?
○ 학위 과정 수업　○ 전문 기술 향상을 위한 평생학습　○ 어학수업
＊[아니오]를 선택할 경우
2.–2 예전에 들었던 강의의 목적은 무엇입니까?
○ 학위 과정 수업　○ 전문 기술 향상을 위한 평생학습　○ 어학수업　○ 수업 등록 후 5년 지남

3. 현재 귀하는 어디에 살고 계십니까?

○ 개인주택이나 아파트에 홀로 거주 ○ 친구나 룸메이트와 함께 주택이나 아파트에 거주
○ 가족(배우자/자녀/기타 가족일원)과 함께 주택이나 아파트에 거주
○ 학교 기숙사 ○ 군대 막사

아래의 4~7번 문항에서 12개 이상을 선택해 주시기 바랍니다.

4. 귀하는 여가 활동으로 주로 무엇을 하십니까? (두 개 이상 선택)

○ 영화 보기 ○ 클럽/나이트클럽 가기 ○ 공연 보기
○ 콘서트 보기 ○ 박물관 가기 ○ 공원 가기
○ 캠핑하기 ○ 해변 가기 ○ 스포츠 관람
○ 집안일 거들기 ○ 술집/바에 가기 ○ 카페/커피 전문점 가기
○ 게임하기(비디오, 카드, 보드, 휴대폰 등) ○ 당구 치기
○ 체스하기 ○ SNS에 글 올리기 ○ 친구들과 문자 대화하기
○ 시험 대비 과정 수강하기 ○ 뉴스를 보거나 듣기 ○ 요리 관련 프로그램 시청하기
○ 차로 드라이브 하기 ○ 스파/마사지샵 가기 ○ 구직활동 하기
○ 자원봉사하기

5. 귀하의 취미나 관심사는 무엇입니까? (한 개 이상 선택)

○ 아이에게 책 읽어주기 ○ 음악 감상하기 ○ 악기 연주하기
○ 혼자 노래 부르거나 합창하기 ○ 춤추기 ○ 글쓰기 (편지, 단문, 시 등)
○ 그림 그리기 ○ 요리하기 ○ 애완동물 기르기
○ 주식 투자하기 ○ 신문 읽기 ○ 여행 관련 잡지나 블로그 읽기
○ 사진 촬영하기

6. 귀하는 주로 어떤 운동을 즐기십니까? (한 개 이상 선택)

○ 농구 ○ 야구/소프트볼 ○ 축구 ○ 미식축구 ○ 하키
○ 크리켓 ○ 골프 ○ 배구 ○ 테니스 ○ 배드민턴
○ 탁구 ○ 수영 ○ 자전거 ○ 스키/스노보드 ○ 아이스스케이트
○ 조깅 ○ 걷기 ○ 요가 ○ 하이킹/트레킹 ○ 낚시
○ 헬스 ○ 태권도 ○ 운동 수업 수강하기 ○ 운동을 전혀 하지 않음

7. 귀하는 어떤 휴가나 출장을 다녀온 경험이 있습니까? (한 개 이상 선택)

○ 국내출장 ○ 해외출장 ○ 집에서 보내는 휴가
○ 국내여행 ○ 해외여행

2 롤플레이 문제

설문지 선택 문제는 미리 주제를 예상하고 공부해 갈 수 있지만 그렇게만 하면 변별력이 떨어지기 때문에 준비한 문제가 롤플레이 문제이다. 롤플레이란 예상치 못한 상황에서 어떻게 대처하는지를 물어보는 문제로서 설문지 주제와 연관된 주제로 상황극이 나올 수도 있고, 전혀 상관없는 주제로 나올 수도 있다. 보통 난이도 1, 2에서는 2단 콤보로 나오며 난이도 3부터는 3단 콤보 형식으로 출제된다.

Ex **Question 1** : I'm going to give you a situation. You and a friend want to see a movie. Pretend to call the theater and ask several questions before you buy tickets. 당신에게 상황을 주겠습니다. 당신과 친구는 영화를 보고 싶습니다. 극장에 전화해서 표를 사기 전에 몇 가지 질문을 해보세요. ➡ 롤플레이는 상황을 주면서 적절한 질문을 해보라는 문제가 주로 출제된다.

3 돌발 주제

롤플레이 문제와 마찬가지로 설문지 선택과 관련된 주제에서만 문제가 나오면 변별력이 떨어지기 때문에 설문지 선택을 기반으로 하지 않은 문제를 출제하는데 바로 돌발 주제 문제이다. 보통 3~5문제 정도 출제되는데 Self Assessment에서 높은 난이도를 선택할수록 전체 문제에서 돌발 주제 문제가 나오는 비중이 늘면서 문제의 난이도가 높아진다.

Ex **Question 1** : Who is the healthiest person you know? Tell me about the healthiest person you know. What does that person do to stay healthy? 당신이 아는 가장 건강한 사람은 누구입니까? 당신이 아는 가장 건강한 사람에 대해 말해주세요. 건강을 유지하기 위해 그들은 어떻게 합니까? ➡ 돌발 주제 문제는 설문지 선택과 관련 없는 주제로 문제가 출제된다.

2 설문지는 어떻게 선택해야 하나요? 설문지 선택이 점수와 큰 상관 있나요?

1 사전 설문지 선택 이해하기

OPIc은 실전 영어 면접 형식을 취하고 있다. 실전 면접을 최대한 근접하게 구현하기 위해 면접자가 사전에 제출하는 이력서, 자기 소개서 같은 사전 정보를 제공하는 것과 비슷하다. 바로 직업, 거주지, 좋아하는 취미 · 관심사 등을 사전 설문 조사로 미리 알려주는 것이다.

여기서 주목할 점은 설문 조사는 단지 컴퓨터가 문제를 선택하기 위한 자료로만 사용될 뿐 수험생 답변의 진실 여부와는 상관이 없다는 것이다. 수험생이 30대 〈직장인〉이더라도 〈학생〉을 선택해도 되고, 〈혼자 자취〉하고 있지만 〈가족과 함께 주택이나 아파트에 거주〉를 선택해도 아무 문제가 되지 않는다는 뜻이다. 심사관은 답변의 진실 여부가 아닌 영어 표현 능력을 채점한다.

이 책에서는 이 특징을 이용하여 단기간에 높은 등급을 얻기 위해 전략적으로 설문지를 작성하고 시험 범위를 좁히도록 했다.

2 전략적 설문지 선택

공부할 분량을 줄이기 위해서 여러분은 무조건 아래처럼 3번 항목 이후로는 체크된 항목을 선택하기 바란다. 아래처럼 선택한 것에 따라 이 책의 16일 과업을 구성했다.

1. 현재 귀하는 어느 분야에 종사하고 계십니까? (1, 2번 항목은 본인의 직업에 따라 자유롭게 선택한다.)

○ 사업/회사　○ 재택근무/재택사업　○ 교사/교육자　○ 군복무
○ 일 경험 없음

* [사업/회사] 또는 [재택근무/재택사업]을 선택할 경우

1.1 현재 귀하는 직업이 있으십니까?

○ 네　○ 아니오

* [네]를 선택할 경우

1.1.1 귀하의 근무기간은 얼마나 되십니까?

○ 첫 직장 – 2개월 미만　○ 첫 직장 – 2개월 이상　○ 첫 직장 아님–경험 많음

* [첫 직장 – 2개월 이상] 또는 [첫 직장 아님–경험 많음]을 선택할 경우

1.1.1.1 귀하는 부하직원을 관리하는 관리직을 맡고 있습니까?

○ 네　○ 아니오

* [교사/교육자]를 선택할 경우

1.1. 현재 귀하는 어디에서 학생을 가르치십니까?

○ 대학 이상 ○ 초등/중/고등학교 ○ 평생교육

1.1.1 귀하의 근무기간은 얼마나 되십니까?

○ 2개월 미만 - 첫 직장

○ 2개월 미만 - 교직은 처음이지만 이전에 다른 직업을 가진 적이 있음 ○ 2개월 이상

* [2개월 이상]을 선택할 경우

1.1.1.1 귀하는 부하직원을 관리하는 관리직을 맡고 있습니까?

○ 네 ○ 아니오

2. 현재 귀하는 학생이십니까?

○ 네 ○ 아니오

* [네]를 선택할 경우

2.-1 현재 귀하가 강의를 듣는 목적은 무엇입니까?

○ 학위 취득 ○ 전문기술을 향상시키기 위한 평생 학습 ○ 어학 수업

* [아니오]를 선택할 경우

2.-2 예전에 들었던 강의의 목적은 무엇이었습니까?

○ 학위 취득 ○ 전문기술을 향상시키기 위한 평생 학습 ○ 어학 수업

○ 수업 등록 후 5년 이상 지남

3. 현재 귀하는 어디에 살고 계십니까? (3번부터는 무조건 아래 체크된 항목을 따라한다.)

○ 개인주택이나 아파트에 홀로 거주 ○ 친구나 룸메이트와 함께 주택이나 아파트에 거주

● 가족(배우자/자녀/기타 가족일원)과 함께 주택이나 아파트에 거주

○ 학교 기숙사 ○ 군대 막사

아래의 4~7번 문항에서 12개 이상을 선택해 주시기 바랍니다.

4. 귀하는 여가 활동으로 주로 무엇을 하십니까? (두 개 이상 선택)

● 영화 보기 ○ 클럽/나이트클럽 가기 ● 공연 보기

○ 콘서트 보기 ○ 박물관 가기 ● 공원 가기

○ 캠핑하기 ○ 해변 가기 ○ 스포츠 관람

● 집안일 거들기 ○ 술집/바에 가기 ○ 카페/커피 전문점 가기

○ 게임하기(비디오, 카드, 보드, 휴대폰 등) ○ 당구 치기

○ 체스하기 ○ SNS에 글 올리기 ○ 친구들과 문자 대화하기

○ 시험 대비 과정 수강하기 ○ 뉴스를 보거나 듣기 ○ 요리 관련 프로그램 시청하기

○ 차로 드라이브 하기 ○ 스파/마사지샵 가기 ○ 구직활동 하기

○ 자원봉사하기

5. 귀하의 취미나 관심사는 무엇입니까? (한 개 이상 선택)

○ 아이에게 책 읽어주기
● 음악 감상하기
○ 악기 연주하기
● 혼자 노래 부르거나 합창하기
○ 춤추기
○ 글쓰기 (편지, 단문, 시 등)
○ 그림 그리기
○ 요리하기
○ 애완동물 기르기
○ 주식 투자하기
○ 신문 읽기
○ 여행 관련 잡지나 블로그 읽기
○ 사진 촬영하기

6. 귀하는 주로 어떤 운동을 즐기십니까? (한 개 이상 선택)

○ 농구
○ 야구/소프트볼
○ 축구
○ 미식축구
○ 하키
○ 크리켓
○ 골프
○ 배구
○ 테니스
○ 배드민턴
○ 탁구
○ 수영
○ 자전거
○ 스키/스노보드
○ 아이스스케이트
● 조깅
● 걷기
○ 요가
○ 하이킹/트레킹
○ 낚시
● 헬스
○ 태권도
● 운동 수업 수강하기
○ 운동을 전혀 하지 않음

7. 귀하는 어떤 휴가나 출장을 다녀온 경험이 있습니까? (한 개 이상 선택)

○ 국내출장
○ 해외출장
● 집에서 보내는 휴가
● 국내여행
○ 해외여행

3 OPIc 등급과 난이도에 따른 출제 기준을 알고 싶어요.

OPIc 등급은 총 7개, AL > IH > IM(IM 3, IM 2, IM 1) > IL > NH > NM > NL로 나뉜다. OPIc 사이트에서 제시한 공식적인 등급 차이를 중심으로 학생들이 가장 궁금해하는 Novice 등급과 Intermediate 등급 간의 차이, Intermediate에서도 IL, IM, IH의 차이를 결정짓는 것은 무엇인지 이번 기회에 짚어 보자.

 Novice와 Intermediate의 구분 기준은?

 문장 구성 능력에서 나뉜다.

Novice 단계와 Intermediate 단계를 구별 짓는 가장 큰 차이는 단어의 나열과 문장을 구성하는 능력에 있다. 단어와 단어를 연결해서 내용을 전달하는 수준에서 주어와 동사, 적절한 목적어를 넣어 문장으로 내용을 전달하는 수준이 돼야 Intermediate로 진입할 수 있다. 그다지 어려울 것 같지 않다고 생각하는 학생들도 막상 녹음 상황에서는 주어와 동사의 순서도 겨우 맞게 답하는 경우가 많다. OPIc을 준비하는 수험생이라면 어떤 주제든 문장으로 만드는 연습이 첫걸음이다.

 Intermediate는 IL과 IM(IM 1, IM 2, IM 3), IH로 세분화되어 있는데 격차가 큰가요? 구분 기준은 무엇인가요?

 돌발 문제 해결 능력의 차이다.

OPIc에서 제시한 등급 구별에 분명히 명시되어 있지만 많은 학생들이 지나치는 부분이다.

- **IL (Intermediate Low) :** 일상적인 소재에서는 문장으로 말할 수 있다. 또한 상대에게 간단한 질문을 할 수 있다.
- **IM (Intermediate Mid) :** 일상적인 소재뿐 아니라 개인적으로 익숙한 상황에서는 문장을 나열하며 자연스럽게 말할 수 있다. 또한 상대에게 원하는 질문을 할 수 있다.
- **IH (Intermediate High)** : 개인에게 익숙하지 않거나 예측하지 못한 복잡한 상황을 만날 때, 대부분의 상황에서 사건을 설명하고 문제를 효과적으로 해결하곤 한다. 또한 자신의 의견을 제시하거나 토론까지 진행할 수 있다.

OPIc 공식 사이트의 채점 기준을 보면 등급들 간의 차이는 일상적인 소재에 대한 답변 능력과 익숙하지 못한 복잡한 상황에 대한 답변 능력의 차이다. OPIc 난이도 선택에서 낮은 단계와 높은 단계의 결정적인 차이는 '일상적으로 예상할 수 있는 질문과 예상을 벗어난 질문이 각각 얼마나 나오는가'이다. 낮은 등급을 선택하면 높은 등급보다 설문지 관련된 일상적인 질문이 많이 나오는데, 이에 반해 등급이 높아질수록 수험생이 예측하지 못했던 다양한 형태의 문제가 등장한다. 이렇게 예측하지 못한 다양한 형태의 질문들은 답변에서 수험생의 발화량과 어휘 표현량이 더욱 요구되기 때문에 채점 비중도 높아진다. 이에 따라 IH 이상 높은 등급을 목표로 하는 수험생은 일상적인 질문뿐만 아니라 다양한 형태로 출제되는 롤플레이와 돌발 주제 문제들을 철저히 준비할 필요가 있다.

 이 책의 답안 정도로만 대답하면 정말로 IM 2를 받을 수 있을까요?

 **물론! 자신의 이야기를 5~6개의 문장으로 말할 수 있고, 상대에게 원하는 질문만 할 수 있으면 된다.**

OPIc은 순수한 회화 능력만을 측정하도록 전체 시험이 실제 인터뷰처럼 구성되어 있다. 이러한 OPIc 시험에서 IM 2 정도의 등급을 받는다는 것은 외국인 인터뷰어(질문자)에게 자신이 좋아하는 취미나 일상 생활에 대해 설명할 수 있는 수준의 회화 능력을 의미한다. 고난도의 어려운 문제를 수험생이 스스로 선택하지 않는 한 각 질문에 자신의 이야기를 5~6개의 문장으로 말할 수 있고 상대에게 원하는 질문을 할 수 있는 정도면 충분히 IM 2를 받을 수 있다. 그러므로 이 책에 쓰인 답안 정도면 충분하다.

 Self Assessment 난이도를 어떻게 선택하는지가 등급에 중요한 영향을 미칠까요?

 **중요하다. IM 2를 목표로 한다면 난이도 3을 선택하라.**

OPIc은 총 6개의 난이도가 있으며 시험 시작 전에 수험생이 스스로 자신의 시험 난이도를 선택해야 한다. OPIc 공식 사이트에 게시된 난이도별 문제 구성표를 보면(24페이지 참고) 난이도 3 이상부터 3단 콤보형 문제가 배치되고 있다 (2단 콤보, 3단 콤보는 25~27페이지에서 자세히 설명). 2단 콤보와 달리 3단 콤보 문제는 대부분 마지막에 과거 경험을 묻는 질문이 배치되며 이 질문은 다른 문제보다 더 높은 배점을 받는 고득점 문제로 간주된다. 2단 콤보만 출제되는 난이도 1, 2에서 고득점이 잘 나오지 않는 이유도 이 때문이다. 따라서 IM 2 이상의 등급을 원하는 수험생은 이런 문제 구성을 이해하고 3단 콤보가 출제되는 난이도 3 이상을 선택하는 것이 맞다. 이 책은 모든 주제마다 3단 콤보형 문제로 구성했다. 또한 질문하기와 관련된 문제는 2단 콤보 문제 유형까지 다뤄 IM 2 이상을 받을 수 있도록 했다. 다시 한 번 IM 2 등급 이상을 바란다면 난이도 3 이상을 선택해라.

* 뒷페이지의 OPIc 공식 사이트에서 밝힌 등급 설명과 문제 구성표 참고

Self Assessment

<table>
<tr><th>단계</th><th>목표 등급</th><th>설명</th><th>문제 구성</th></tr>
<tr><td>1</td><td>NL</td><td>나는 10개 이하의 단어로 말할 수 있습니다.</td><td rowspan="2">• Self-Introduction(1개)
• 2개 문항 Combo(5개)
• Role Play(1개)
※Combo 문항에 Role Play 가 포함될 수 있습니다.</td></tr>
<tr><td>2</td><td>NM</td><td>나는 일반적인 사물, 색깔, 요일, 음식, 옷, 숫자 등에 대해 말할 수 있습니다. 항상 완벽한 문장을 구사하지 못하며, 간단한 질문도 하기 어렵습니다.</td></tr>
<tr><td>3</td><td>NH～IL</td><td>나는 나 자신, 직장, 친한 사람과 친숙한 장소, 일상에 대한 기본적인 정보를 간단한 문장으로 전달할 수 있으며, 간단한 질문을 할 수 있습니다.</td><td rowspan="4">• Self - Introduction(1개)
• 2개 문항 Combo(1개)
• 3개 문항 Combo(4개)
※Combo 문항에 Role Play 가 포함될 수 있습니다.</td></tr>
<tr><td>4</td><td>IM</td><td>나는 나 자신, 일상, 직장/학교, 취미에 대한 간단한 대화를 할 수 있습니다. 이런 친숙한 화제나 일상에 대해서는 간단한 문장을 쉽게 만들 수 있으며, 원하는 질문도 할 수 있습니다.</td></tr>
<tr><td>5</td><td>IH～AL</td><td>나는 친숙한 화제와 집, 직장/학교, 개인적이거나 사회적인 관심사에 대해 대화할 수 있습니다. 나는 이미 일어난 일, 일어나고 있는 일, 일어날 일에 대해 연결된 문장을 말할 수 있고, 질문을 받을 경우 이를 설명할 수 있습니다. 일상생활에서 예기치 않은 복잡한 상황이 발생하더라도 임기응변으로 대처하여 말할 수 있습니다.</td></tr>
<tr><td>6</td><td>AL</td><td>나는 직장/학교, 개인적 관심사나 시사 문제에 대한 어떤 대화나 토론도 자신 있게 할 수 있습니다. 높은 수준의 정확성과 다양한 어휘가 요구되는 대부분의 화제에 대해 충분한 길이나 내용으로 자세히 설명할 수 있습니다.</td></tr>
</table>

각 단계별 목표 등급 및 문항 구성

※본인의 수준보다 현저히 높거나 낮은 단계를 선택할 경우 실력이 정확히 측정되지 않을 수 있습니다.

※목표 등급이 NL～NH인 경우 1~2단계, IL～IM인 경우 3~4단계, IH 이상의 높은 등급인 경우 5~6단계 선택을 권장합니다.

4 2단 콤보, 3단 콤보가 나온다는데 그게 뭔가요?

OPIc은 한 주제에서 한 가지 질문만 나오는 경우는 거의 없다. 대부분 한 주제에서 3개씩 문제를 연달아 내는데 이런 형식을 3단 콤보 유형이라고 하며 OPIc에서 3단 콤보는 매우 중요하다. OPIc에서 제공한 Self Assessment 표(24페이지 참고)를 보면 난이도 3 이상을 선택하면 수험생은 총 15개의 문제를 풀게 된다. 그 중 4개의 3단 콤보와 1개의 2단 콤보를 풀도록 문제가 구성된다. 이 말은 한 시험에서 수험생이 풀게 되는 총 주제의 개수가 5개로 한정된다는 것이다. 따라서 수험생은 무분별하게 많은 설문지 항목을 공부하는 것보다 설문지 선택을 어떻게 할지 미리 정해 놓고 공부할 범위를 좁혀서 필요한 주제만 깊게 공부하는 것이 현명하다. 그럼 본격적으로 3단 콤보를 알고 문제가 어떻게 나올지 예측해보자.

1 3단 콤보 유형

먼저 3단 콤보의 흐름을 알아보자. 다음 단계로 갈수록 질문이 세부적이고 구체적으로 나오는 특징이 있다.

1단계 특정 장소, 사람, 사물에 대한 묘사를 요청하는 질문으로 현재시제 사용, 다양한 형용사 사용, 청취 능력 및 적절한 답변을 바르게 구성하는지를 평가한다.

2단계 구체적이고 세부적인 정보를 요청하는 질문으로 과거 또는 현재시제를 사용해 복잡한 질문에 바르게 답변하는지를 평가한다. 난이도 1, 2에서는 여기까지 2단 콤보로 출제된다.

3단계 관련 경험을 말해보는 것으로 자신에게 없는 경험이더라도 이야기를 풍부하게 지어내는 능력(Storytelling)과 과거시제 등을 적절히 구사하는지를 평가한다. 난이도 3 이상부터는 3단 콤보로 3단계까지 출제된다.

이 밖에 난이도가 4 이상으로 높아지면 등장하는 개인적 취향이나 의견을 묻는 질문, 과거, 현재 비교나 장단점을 묻는 질문 등이 3 단계에서 출제되기도 한다.

Ex. 쇼핑과 관련해 출제되는 3단 콤보 문제 유형

1단 ···› 일반적인 사실 묘사, 설명 문제

쇼핑을 어디로 가는지, 가장 자주 가는 장소에 대해 설명해 달라는 질문이 주어진다.

Q. You may go shopping. Tell me about a store you visit often. What can you see there?

2단 ···› 세부적인 사항을 묻는 문제

쇼핑을 누구와 함께 가는지, 얼마나 자주 가는지를 설명해 달라는 질문이 주어진다.

Q. How often do you go shopping? When do you go shopping? With whom do you go there?

3단 ···› 관련 경험 말하기 문제

특별한 쇼핑 경험을 말해 달라는 질문이 주어진다. (과거시제 유도)

Q. Please tell me about some of the shopping experiences you have had. Where did you go? Who did you go with?

처음 OPIc 시험을 보는 학생들은 다른 것보다 3단 콤보 유형을 가장 어려워하고 당황해한다. 예를 들어, 3단 콤보인지 예상하지 못하고 첫 문제에서 본인이 준비한 답을 모두 말해버리면, 이어지는 두 번째, 세 번째 문제는 할 말이 더 이상 없어 당황하게 된다. 따라서 OPIc에서 고득점을 얻기 위해서는 먼저 3단 콤보식 문제 유형을 파악하고, 실전 문제를 풀어보는 연습을 충분히 해야 한다.

2 3단 콤보 유형 대처 요령

3단 콤보의 흐름을 이용하여 다음 문제를 예상할 수 있다. 3단 콤보의 흐름을 이해하고, 출제 형식에 익숙해지면 역으로 이를 이용해 다음 문제를 예상하고 답변을 미리 준비할 수도 있다. 3단 콤보의 첫 문제를 듣고 답한 후, 두 번째, 세 번째 질문이 나오기 전에 3단 콤보의 흐름에 따라 미리 예상하고 답변을 머릿속에 그려보는 것이다. 다음 예시를 살펴보며 감을 익혀보자.

Ex. 여행과 관련해서 나올 수 있는 3단 콤보 문제 유형

1단 ···› PLAY 버튼 → 3단 콤보의 1단 문제 유형대로 일반적인 사실 묘사, 설명 문제가 출제된다.

Q. Please describe countries or cities you like to visit. What does it look like? What are the people there like? Tell me in detail.

당신이 방문하기 좋아하는 국가나 도시를 설명해 보세요. 어떤 모습이며 사람들은 어떤 모습인가요? 자세히 말해주세요.

3단 콤보의 첫 번째 문제는 단순한 답을 요구하는 경우가 많으므로 5~6문장 정도로 답변하면 된다. 위의 질문을 보면 〈여행 가기〉란 주제로 문제가 나왔고, 이것이 설문지에서 선택했던 사항이기 때문에 미리 준비한 답변으로 대답하면 된다. 2단으로 가장 많이 출제되는 유형이 〈세부사항 질문〉임을 알고 있다면 〈여행 준비 과정〉이나 〈여행시 챙겨가는 물품〉 등의 세부사항들을 미리 생각한 후, 관련 단어들을 머릿속에 떠올린다. 그리고 준비가 되었으면 PLAY 버튼을 눌러 다음 문제를 푼다.

2단 ···› PLAY 버튼 → 2단에서 가장 많이 등장하는 세부적인 사항을 묻는 문제가 출제된다.

Q. Can you tell me what steps you have to take to prepare for your trip in as much detail as possible?

여행을 준비하기 위해 당신은 어떤 단계를 거치는지 자세히 설명해 주시겠습니까?

2단에서는 역시 예상한 대로 여행에 관련된 세부사항을 묻는 질문이 출제되었다. 앞 단계에서 이 문제를 예상하고 답변을 구상한 후 PLAY 버튼을 눌렀기 때문에 좀 더 수월하게 문제를 풀 수 있을 것이다. 자, 이제 3단계 문제가 남았다. 3단에서 출제될 확률이 가장 높은 것은 〈관련 경험〉과 〈개인적 생각〉을 묻는 질문이므로 이를 위한 답변을 미리 생각해야 한다.

3단 ···› PLAY → 관련 경험을 말하라는 문제가 출제된다.

Q. Have you experienced any unexpected problems when traveling? When was it? Where did you travel? What problem was it? Please tell me all about the unexpected experience in detail.

여행 중에 예상치 못한 일을 겪은 적이 있나요? 언제, 어디였으며, 어떤 문제였습니까? 예상치 못한 경험에 대해 자세히 말해주세요.

3단에서는 예상했던 대로 관련 경험이 나왔다. 자신 있게 준비했던 자신의 경험담을 풀어낸다.

3 2단 콤보 유형

이 책은 난이도 3으로 선택해서 시험을 보라고 권장하므로 이때 나오는 1개의 2단 콤보 유형을 추가로 알아둘 필요가 있다. 주로 마지막 14번과 15번에서 나올 것으로 예상되며, 2단 콤보의 구성은 다음과 같다.

Ex. 영화 보기와 관련해 출제되는 2단 콤보 문제 유형

1단 ···› 일반적인 사실 묘사, 설명 문제 (3단 콤보의 1번 문제와 동일)

Q. You said that you like to watch movies? What kinds of movies do you like to watch and why?

당신은 영화 보는 것을 좋아한다고 했습니다. 어떤 종류의 영화를 좋아하며 왜 그렇습니까?

좋아하는 영화를 설명해 달라는 질문이 주어진다.

2단 ···› 질문자 Eva에게 되묻는 〈직접 질문하기〉 문제

Q. I also like to watch movies. Ask me three or four questions about the movies I like to watch.

저도 역시 영화 보는 것을 좋아합니다. 제가 좋아하는 영화에 관하여 서너 개의 질문을 해보세요.

이번에는 자신에게 물어보라는 질문이 주어진다.

이 책의 날짜별 주제마다 2단 콤보를 대비해 〈직접 질문하기〉 문제가 구성되어 있으므로 연습하고 시험에 응하면 2단 콤보는 무난히 풀 수 있을 것이다.

DAY 1

DAY 1의 과업

수험자들이 가장 많이 쓰는 자기 소개문을 통해서 자신에게 알맞은 소개문을 작성해보자.

Warming Up

Vocabulary & Pronunciation

샘플 자기 소개문 5개

Warming Up

자기 소개와 관련된 소재로 간단히 브레인스토밍을 해보자.

1 우리말 브레인스토밍

자기 소개와 관련된 것을 우리말로 묘사해보자.

Ex ❶ 제 이름은 _____이며 저는 _____살입니다. ❷ 저는 서울에서 가족과 함께 살고 있습니다. 가족은 네 명입니다. 아버지, 어머니, 여동생 그리고 저입니다. ❸ 저는 ABC 대학의 4학년이며 영어를 전공하고 있습니다. ❹ 시간이 있으면 영화 보는 것을 좋아합니다. 저는 또한 많은 종류의 쇼(공연) 보는 것도 좋아합니다. ❺ 저는 외향적인 사람입니다. 저는 다른 장소에서 많은 사람들을 만나는 것을 좋아합니다. 다른 한편으로 저는 가끔 혼자 있는 것을 좋아하고 스스로를 재충전하기 위해 아무것도 안 하는 것도 좋아합니다.

자기 소개문과 관련해서 꼭 말해야 될 성분을 기억하자!

❶ 이름, 나이 ❷ 가족 관계 ❸ 직업 관련 ❹ 취미 활동 ❺ 성격 소개

2 영어 브레인스토밍

위의 예시 문장을 아래의 표현을 사용해 영어로 말해보자.

- there are four people in my family 가족은 네 명입니다
- a senior 4학년
- major in ~을 전공하다
- when I have time 시간이 있을 때
- an outgoing person 외향적인 사람
- on the other side 다른 한편으로
- be alone 혼자 있다
- do nothing 아무것도 안 하다
- refresh myself 재충전하다

예시 문장의 모범답안을 눈으로 한 번 읽어보자.

❶ My name is _____, and I am _____ years old. ❷ I live with my family in Seoul. There are four people in my family: my father, my mother, my sister and me. ❸ I am a senior and am majoring in English at ABC University. ❹ I like to watch movies when I have time. I also like to go to many kinds of shows. ❺ I am an outgoing person. I like to meet many people in different places. On the other side, I like being alone sometimes and doing nothing to refresh myself.

Vocabulary & Pronunciation

이번 단원에서 배울 단어와 그 발음을 익혀보자.
Day 01 Voca.mp3

University Majors 대학 전공

영문학	English literature
영어교육	English education
산업디자인	industrial design
경영학	business administration
기계공학	mechanical engineering
화학	chemistry
전자공학	electronics
컴퓨터공학	computer science
사회학	sociology
법학	law
건축학	architecture
심리학	psychology
역사	history
예술 전공	art

Academic Years 학년

학부생	undergraduate
대학원생	graduate student
학사학위	bachelor's degree
석사학위	master's degree
박사학위	doctor's degree, doctorate
1학년	freshman
2학년	sophomore
3학년	junior
4학년	senior
휴학생	a student who takes a year off

Types of Companies 회사 종류

일반 회사	company, enterprise
대기업	big corporation, big company
(개인, 소규모) 사업체	business
(전문 분야의) 회사	firm
식품회사	food company
보험회사	insurance company
무역회사	trading company
제약회사	pharmaceutical company
전자회사	electronics company
운송회사	transportation company
제조업	manufacturing business

Types of Departments 부서 종류

총무부서	General Affairs Department
기획부서	Planning Department
회계부서	Accounting Department
영업부서	Sales Department
마케팅부서	Marketing Department
인사부서	Human Resources Department
생산부서	Production Department
홍보부서	Public Relations Department
연구부서	Research and Development Department[R&D]

Vocabulary & Pronunciation

Positions 직책

동료	co-worker
직원	staff member
신입사원	newcomer
대리, 주임	assistant manager
감독관, 관리자	supervisor
과장	deputy section chief
차장	general manager
지점장	branch manager
팀장	team leader
전무	senior managing director
교장	principal
회장	chairman

Personalities 성격

외향적인	outgoing, extroverted
내성적인	introverted, reserved
활기찬	bubbly, energetic
말이 많은	talkative
열정적인	enthusiastic
남들과 잘 어울리는	easygoing
조용한	quiet
부끄러움이 많은	shy
침착한	calm
겸손한	humble, modest
소심한, 자신감이 없는	timid
우유부단한	indecisive
다혈질의	hot-tempered
이기적인	selfish
이타적인	unselfish
창조적인	creative
보수적인	conservative
진보적인	liberal
공격적인	aggressive
용감한	bold
고집 센	stubborn
까다로운	picky
호기심 많은	curious
변덕스러운	moody

Hobbies and Activities 취미 활동

독서	reading books
음악 감상	listening to music
음악 연주	playing music
영화 감상	watching movies
글쓰기	writing
수집	collecting
뜨개질	knitting
춤추기	dancing
노래 부르기	singing
걷기	walking
쇼핑	shopping
카드놀이	playing cards
농구하기	playing basketball
배드민턴 치기	playing badminton
TV 보기	watching TV
캠핑	camping

Question & Model Answer | 자기 소개문 1 – 대학 4학년, 남학생, 독신자

Question 1 Let's start the interview. Can you tell me about yourself?

인터뷰를 시작합시다. 자신에 대해 말해주시겠습니까?

Step 1 모범답안 읽어보기

01-1.mp3

자기 소개와 관련되어 나오는 모범답안을 읽고 MP3를 들어보자.

My name is _______. I am majoring in computer science at _______ University. I chose this major because my dad worked at a computer company for a long time. I grew up looking up to my dad, so I've been interested in this field ever since I was little. I am an energetic and active person. I live by myself in Seoul, so I like to spend time with my friends. I usually play basketball or soccer with some of my friends whenever I have time. It is a very good way to reduce my stress. I put a lot of my time into trying to get a job because I will graduate next year. Getting good grades on my English certificate exams is one of the most important things to do to get a good job. At least for my parents, who sacrificed a lot for me, I am planning to start work right after graduation.

Step 2 모범답안 틀 익히기

MP3를 들으며 모범답안 틀을 외울 수 있을 만큼 여러 번 읽어보자. [ ] 부분은 본인이 원하는 표현으로 대체해도 좋다.

❶ My name is ______. I am majoring in [1] computer science at ______ University. 제 이름은 _____입니다. 저는 _____대학에서 컴퓨터 공학 을 전공하고 있습니다. ❷ I chose this major because my dad worked [2] at a computer company for a long time. 아버지께서 컴퓨터회사에서 오래 근무하셨기 때문에 저는 이 전공을 선택했습니다. ❸ I grew up looking up to my dad, so I've been interested in this field ever since I was little. 아버지를 보면서 자랐기 때문에 저는 어릴 적부터 이 분야에 관심이 많았습니다. ❹ I am an [3] energetic and active person. 저는 에너지가 넘치고 적극적인 사람입니다. ❺ I live by myself in Seoul, so I like to spend time with my friends. 저는 서울에서 혼자 지내고 있어서 친구들과 함께 시간 보내는 것을 좋아합니다. ❻ I usually [4] play basketball or soccer with some of my friends whenever I have time. 시간이 나면 저는 몇몇 친구들과 농구나 축구를 합니다. ❼ It is a very good way to reduce my stress. 이것은 스트레스를 줄이기 위한 아주 좋은 방법입니다. ❽ I put a lot of my time into trying to get a job because I will graduate next year. 내년에 대학을 졸업하기 때문에 저는 많은 시간을 취업 준비에 씁니다. ❾ Getting [5]good grades on my English certificate exams is one of the most important things to do to get a good job. 영어 자격증 시험에서 좋은 점수를 받는 것은 좋은 직업을 얻기 위한 가장 중요한 사항들 중 하나입니다. ❿ At least for my parents, who sacrificed a lot for me, I am planning to start work right after graduation. 적어도 저를 위해 많은 희생을 하신 부모님을 위해서라도 졸업 후에는 바로 일을 시작할 계획입니다.

대체 가능 표현

[1]본인의 전공으로 변경 가능(p.31 참조) | [2]as a public official 공무원으로, as a teacher 선생님으로, as a businessman 사업가로, as an office worker 회사원으로 | [3]enthusiastic and creative 열정적이고 창조적인, easygoing and unselfish 남들과 잘 어울리고 이타적인 | [4]play baseball and badminton 야구와 배드민턴을 하다, play music and sing 음악을 연주하고 노래하다 | [5]several certificates 여러 개의 자격증, some type of internship 어떤 종류의 인턴직 근무

Step 3 해석 보고 말해보기

해석을 보면서 위의 모범답안을 떠올려 입 밖으로 말해보자. ___ 부분은 본인만의 표현으로 바꾸어 말해도 좋다.

❶ 제 이름은 _____입니다. 저는 _____대학에서 컴퓨터 공학을 전공하고 있습니다. ❷ 아버지께서 컴퓨터회사에서 오래 근무하셨기 때문에 저는 이 전공을 선택했습니다. ❸ 아버지를 보면서 자랐기 때문에 저는 어릴 적부터 이 분야에 관심이 많았습니다. ❹ 저는 에너지가 넘치고 적극적인 사람입니다. ❺ 저는 서울에서 혼자 지내고 있어서 친구들과 함께 시간 보내는 것을 좋아합니다. ❻ 시간이 나면 저는 몇몇 친구들과 농구나 축구를 합니다. ❼ 이것은 스트레스를 줄이기 위한 아주 좋은 방법입니다. ❽ 내년에 대학을 졸업하기 때문에 저는 많은 시간을 취업 준비에 씁니다. ❾ 영어 자격증 시험에서 좋은 점수를 받는 것은 좋은 직업을 얻기 위한 가장 중요한 사항들 중 하나입니다. ❿ 적어도 저를 위해 많은 희생을 하신 부모님을 위해서라도 졸업 후에는 바로 일을 시작할 계획입니다.

Question & Model Answer | 자기 소개문 2 - 대학 2~4학년, 여학생, 가족과 함께 거주

Question 1 **Let's start the interview. Can you tell me about yourself?**

인터뷰를 시작합시다. 자신에 대해 말해주시겠습니까?

Step 1 모범답안 읽어보기

01-2.mp3

자기 소개와 관련되어 나오는 모범답안을 읽고 MP3를 들어보자.

Hello. My name is _______, and I am in my early 20s. I am currently attending _______ University and studying journalism. I live in Incheon with my parents. I'd like to move out after graduating from university, but for now, unfortunately, I can't help but rely on my parents. My mother takes care of my family and home as a fulltime homemaker. My little sister is a high school student, so she is studying hard to prepare for college. We are all busy; That's why we can't see each other that much. However, on weekends, we have a good time together. I am quite introverted. I love to spend time by myself at home. When I have time for myself, I watch movies and read a lot of books.

Step 2 모범답안 틀 익히기

MP3를 들으며 모범답안 틀을 외울 수 있을 만큼 여러 번 읽어보자. ______ 부분은 본인이 원하는 표현으로 대체해도 좋다.

❶ Hello. My name is _______, and I am in my [1]early 20s. 안녕하세요. 제 이름은 _____이며 20대 초반 입니다. ❷ I am currently attending _______ University and studying [2]journalism. 저는 현재 _____대학에 다니며 신문방송학을 공부하고 있습니다. ❸ I live in [3]Incheon with my parents. 저는 인천에서 부모님과 살고 있습니다. ❹ I'd like to move out after graduating from university, but for now, unfortunately, I can't help but rely on my parents. 대학교를 졸업하면 따로 나가 살고 싶지만 불행히도 지금 저는 부모님께 의존할 수밖에 없습니다. ❺ My mother takes care of my family and home as a fulltime homemaker. 어머니는 전업주부로서 집과 가족을 보살피고 있습니다. ❻ My [4]little sister is a high school student, so [4]she is studying hard to prepare for college. 제 여동생은 고등학생이라서 대학을 준비하기 위해 열심히 공부하고 있습니다. ❼ We are all busy; That's why we can't see each other that much. 저희 모두 바빠서 자주 보지는 못합니다. ❽ However, on weekends, we have a good time together. 하지만 주말에는 함께 좋은 시간을 보냅니다. ❾ I am quite [5]introverted. 저는 상당히 내성적인 편입니다. ❿ I love to spend time by myself at home. 저는 집에서 혼자 시간 보내는 것을 좋아합니다. ⓫ When I have time for myself, I watch movies and [6]read a lot of books. 저를 위한 시간이 있을 때는 저는 영화를 보거나 많은 책을 읽습니다.

대체 가능 표현

[1]late 20s 20대 후반, early 30s 30대 초반, late 30s 30대 후반 | [2]본인의 전공으로 변경 가능(p.31 참조) | [3]본인의 지역으로 변경 가능 | [4]little brother 남동생 | [5]quiet and shy 조용하고 부끄러움이 많은, reserved and calm 내성적이고 침착한 | [6]play a musical instrument 악기를 연주하다, go out for a walk 산책을 나가다, sleep more 좀 더 잠을 자다

Step 3 해석 보고 말해보기

해석을 보면서 위의 모범답안을 떠올려 입 밖으로 말해보자. ___ 부분은 본인만의 표현으로 바꾸어 말해도 좋다.

❶ 안녕하세요. 제 이름은 _____이며 20대 초반입니다. ❷ 저는 현재 _____대학에 다니며 신문방송학을 공부하고 있습니다. ❸ 저는 인천에서 부모님과 살고 있습니다. ❹ 대학교를 졸업하면 따로 나가 살고 싶지만 불행히도 지금 저는 부모님께 의존할 수밖에 없습니다. ❺ 어머니는 전업주부로서 집과 가족을 보살피고 있습니다. ❻ 제 여동생은 고등학생이라서 대학을 준비하기 위해 열심히 공부하고 있습니다. ❼ 저희 모두 바빠서 자주 보지는 못합니다. ❽ 하지만 주말에는 함께 좋은 시간을 보냅니다. ❾ 저는 상당히 내성적인 편입니다. ❿ 저는 집에서 혼자 시간 보내는 것을 좋아합니다. ⓫ 저를 위한 시간이 있을 때는 저는 영화를 보거나 많은 책을 읽습니다.

Question & Model Answer | 자기 소개문 3 - 취업 준비생, 남학생[여학생]

Question 1 **Let's start the interview. Can you tell me about yourself?**

인터뷰를 시작합시다. 자신에 대해 말해주시겠습니까?

Step 1 모범답안 읽어보기 01-3.mp3

자기 소개와 관련되어 나오는 모범답안을 읽고 MP3를 들어보자.

My name is _______. I graduated from _______ University last year. I am currently trying to get a job at a design agency. I briefly worked at a small company before, but it wasn't really for me. I am going to try as hard as I can to find a job that I love. Many people around me say that I am a bubbly and passionate person. I never give up if I decide to finish something. I also work out really hard whenever I am able to. I put a lot of my time and effort into getting in good shape. Exercising to stay healthy is one of my hobbies.

Step 2 모범답안 틀 익히기

MP3를 들으며 모범답안 틀을 외울 수 있을 만큼 여러 번 읽어보자. 　　 부분은 본인이 원하는 표현으로 대체해도 좋다.

❶ My name is ______. 제 이름은 _____입니다. ❷ I graduated from ______ University [1]last year. 저는 _____대학교를 작년에 졸업했습니다. ❸ I am currently trying to get a job at [2]a design agency. 저는 현재 디자인 회사에 들어가기 위해 노력하고 있습니다. ❹ I briefly worked at a small company before, but it wasn't really for me. 전에 작은 회사에 잠깐 다녔지만 (그 자리는) 전혀 저를 위한 것이 아니었습니다. ❺ I am going to try as hard as I can to find a job that I love. 저는 제가 사랑하는 일을 찾을 때까지 제가 할 수 있는 한 열심히 노력할 것입니다. ❻ Many people around me say that I am a [3]bubbly and passionate person. 제 주변의 많은 사람들은 제가 쾌활하고 열정적인 사람이라고 합니다. ❼ I never give up if I decide to finish something. 저는 한번 하려고 결심한 일은 절대 포기하지 않습니다. ❽ I also work out really hard whenever I am able to. 또한 할 수 있을 때마다 저는 열심히 운동을 합니다. ❾ I put a lot of my time and effort into getting in good shape. 저는 좋은 몸매를 유지하기 위해 많은 시간과 노력을 들입니다. ❿ Exercising to stay healthy is one of my hobbies. 건강을 위해 운동하는 것은 제 취미 중 하나입니다.

대체 가능 표현

[1]lately 최근에, not long ago 얼마 전에, last month 지난달에, a few months ago 몇 달 전에, years ago 몇 년 전에 | [2]본인이 원하는 회사로 변경 가능(p.31 참조) | [3]curious and bold 호기심 많고 용감한, open-minded and flexible 개방적이고 유연성 있는, active and genial 적극적이고 씩씩한

Step 3 해석 보고 말해보기

해석을 보면서 위의 모범답안을 떠올려 입 밖으로 말해보자. 　　 부분은 본인만의 표현으로 바꾸어 말해도 좋다.

❶ 제 이름은 _____입니다. ❷ 저는 _____대학교를 작년에 졸업했습니다. ❸ 저는 현재 디자인 회사에 들어가기 위해 노력하고 있습니다. ❹ 전에 작은 회사에 잠깐 다녔지만 (그 자리는) 전혀 저를 위한 것이 아니었습니다. ❺ 저는 제가 사랑하는 일을 찾을 때까지 제가 할 수 있는 한 열심히 노력할 것입니다. ❻ 제 주변의 많은 사람들은 제가 쾌활하고 열정적인 사람이라고 합니다. ❼ 저는 한번 하려고 결심한 일은 절대 포기하지 않습니다. ❽ 또한 할 수 있을 때마다 저는 열심히 운동을 합니다. ❾ 저는 좋은 몸매를 유지하기 위해 많은 시간과 노력을 들입니다. ❿ 건강을 위해 운동하는 것은 제 취미 중 하나입니다.

Question & Model Answer | 자기 소개문 4 - 직장인, 신입, 남성[여성], 가족과 함께 거주

Question 1 **Let's start the interview. Can you tell me about yourself?**

인터뷰를 시작합시다. 자신에 대해 말해주시겠습니까?

Step 1 모범답안 읽어보기

01-4.mp3

자기 소개와 관련되어 나오는 모범답안을 읽고 MP3를 들어보자.

I'm _____. I am currently working in the Sales Department of a Korean corporation. It has been less than a year since I started working here. So I am still learning new things about my work. My company is located in Jongno, and it is in a building with 20 stories. My office is on the 5th floor. I live with my family, but I am not home often because I am so busy with my work. During my free time, I go to an English institute near my home. I want to exercise, but I do not have much time, so I can't exercise. I am very busy because I am not yet familiar with the work, but I want to be a professional in this field someday. I want to try hard to be in a position that I want to be in.

Step 2 모범답안 틀 익히기

MP3를 들으며 모범답안 틀을 외울 수 있을 만큼 여러 번 읽어보자. [ ] 부분은 본인이 원하는 표현으로 대체해도 좋다.

❶ I'm _____. 저는 _____입니다. ❷ I am currently working in [1]the Sales Department of [2]a Korean corporation. 저는 현재 국내 기업 의 영업부서 에서 일하고 있습니다. ❸ It has been less than [3]a year since I started working here. 저는 이 회사에서 일을 시작한 지 1년이 채 되지 않았습니다. ❹ So I am still learning new things about my work. 그래서 아직도 제 일에 대해 여러 가지를 배우고 있는 중입니다. ❺ My company is located in [4]Jongno, and it is in a building [5]with 20 stories. 직장은 종로 에 위치해 있으며 20층짜리 빌딩입니다. ❻ My office is on the [6]5th floor. 제 사무실은 5층 에 있습니다. ❼ I live with my family, but I am not home often because I am so busy with my work. 저는 현재 가족과 함께 살고 있지만 회사 일로 무척 바빠서 집에는 별로 없습니다. ❽ During my free time, I go to [7]an English institute near my home. 여가 시간에는 집 근처 영어 학원 에 갑니다. ❾ I want to exercise, but I do not have much time, so I can't exercise. 운동을 하고 싶지만 시간이 별로 없어서 운동을 잘 하지 못합니다. ❿ I am very busy because I am not yet familiar with the work, but I want to be a professional in this field someday. 지금은 이 일에 아직 익숙하지 않아서 무척 바쁘지만 저는 언젠가 이 분야에서 전문가가 되고 싶습니다. ⓫ I want to try hard to be in a position that I want to be in. 저는 제가 원하는 지위까지 가기 위해 열심히 노력하고 싶습니다.

대체 가능 표현

[1]본인이 근무하는 부서로 변경 가능(p.31 참조) | [2]본인의 회사로 변경 가능(p.31 참조) | [3]a month 한 달, six months 6개월, a few months 몇 달 | [4]본인의 장소로 변경 가능 | [5]층수 변경 가능, with 10 stories 10층짜리, with 5 stories 5층짜리 | [6]해당 층수 변경 가능, first floor 1층, second floor 2층, third floor 3층 | [7]a language institute 외국어 학원, a certificate institute 자격증 학원

Step 3 해석 보고 말해보기

해석을 보면서 위의 모범답안을 떠올려 입 밖으로 말해보자. ▭ 부분은 본인만의 표현으로 바꾸어 말해도 좋다.

❶ 저는 ______입니다. ❷ 저는 현재 국내 기업의 영업부서에서 일하고 있습니다. ❸ 저는 이 회사에서 일을 시작한 지 1년이 채 되지 않았습니다. ❹ 그래서 아직도 제 일에 대해 여러 가지를 배우고 있는 중입니다. ❺ 직장은 종로에 위치해 있으며 20층짜리 빌딩입니다. ❻ 제 사무실은 5층에 있습니다. ❼ 저는 현재 가족과 함께 살고 있지만 회사 일로 무척 바빠서 집에는 별로 없습니다. ❽ 여가 시간에는 집 근처 영어 학원에 갑니다. ❾ 운동을 하고 싶지만 시간이 별로 없어서 운동을 잘 하지 못합니다. ❿ 지금은 이 일에 아직 익숙하지 않아서 무척 바쁘지만 저는 언젠가 이 분야에서 전문가가 되고 싶습니다. ⓫ 저는 제가 원하는 지위까지 가기 위해 열심히 노력하고 싶습니다.

Question & Model Answer | 자기 소개문 5 - 직장인, 경력자, 남성[여성], 독신자

Question 1 Let's start the interview. Can you tell me about yourself?

인터뷰를 시작합시다. 자신에 대해 말해주시겠습니까?

Step 1 모범답안 읽어보기

01-5.mp3

자기 소개와 관련되어 나오는 모범답안을 읽고 MP3를 들어보자.

I'm _______. I'm 29, and I work at a trading company now. I got promoted two years ago, so I am a deputy section chief. I am in charge of overseas business because I studied English as my major back in university. For this reason, I spend most of my time dealing with emails from people in other countries at work. I work from 9 a.m. to 6 p.m. and also do a lot of overtime. That's why I feel tired after work, so I go to my studio right away on weekdays. On weekends, I love hanging out with my friends and watching movies or going to concerts. According to my friends, they like me because I am lively and fun to be with. I am not dating anyone right now, but I am hoping to meet someone special and to have my own happy family soon.

Step 2 모범답안 틀 익히기

MP3를 들으며 모범답안 틀을 외울 수 있을 만큼 여러 번 읽어보자. ______ 부분은 본인이 원하는 표현으로 대체해도 좋다.

❶ I'm _____. 저는 ___입니다. ❷ I'm 29, and I work at [1]a trading company now. 저는 29살이며 현재 무역회사에 근무하고 있습니다. ❸ I got promoted [2]two years ago, so I am [3]a deputy section chief. 저는 2년 전에 승진해서 현재 직급은 과장입니다. ❹ I am in charge of [4]overseas business because I studied [5]English as my major back in university. 대학에서 영어를 전공했기 때문에 해외영업을 담당하고 있습니다. ❺ For this reason, I spend most of my time [6]dealing with emails from people in other countries at work. 이런 이유로 저는 직장에서 대부분의 시간을 외국에서 오는 이메일을 처리하는 데 사용합니다. ❻ I work from 9 a.m. to 6 p.m. and also do a lot of overtime. 저는 아침 9시부터 저녁 6시까지 일하는데 초과근무도 많이 합니다. ❼ That's why I feel tired after work, so I go to my studio right away on weekdays. 일이 끝나면 피곤함을 느끼기 때문에 주중에는 바로 제 원룸으로 옵니다. ❽ On weekends, I love hanging out with my friends and watching movies or going to concerts. 주말에는 친구들과 어울려서 영화를 보거나 공연을 보러 가는 것을 좋아합니다. ❾ According to my friends, they like me because I am lively and fun to be with. 친구들에 의하면, 그들은 제가 생기 있고 재미있어서 좋다고 합니다. ❿ I am not dating anyone right now, but I am hoping to meet someone special and to have my own happy family soon. 저는 현재 만나는 사람은 없지만 조만간 누군가 특별한 사람을 만나서 저만의 행복한 가정을 꾸리는 것이 꿈입니다.

대체 가능 표현

[1]본인의 회사로 변경 가능(p.31 참조) | [2]last year 작년에, recently 최근에, just now 방금 | [3]직급 변경 가능, assistant manager 대리, 주임, supervisor 감독관, general manager 차장, branch manager 지점장, team leader 팀장 | [4]general affairs 총무 업무, accounting 회계 업무, sales 영업, marketing 마케팅, human resources 인사 업무, production 생산 업무, research and development 연구 개발 | [5]본인의 전공으로 변경 가능(p.31 참조) | [6]running meetings 미팅을 주관하면서, dealing with major customers 주요 고객을 상대하면서, handling complicated documents 복잡한 서류를 처리하면서

Step 3 해석 보고 말해보기

해석을 보면서 위의 모범답안을 떠올려 입 밖으로 말해보자. ▭ 부분은 본인만의 표현으로 바꾸어 말해도 좋다.

❶ 저는 ______입니다. ❷ 저는 29살이며 현재 무역회사에 근무하고 있습니다. ❸ 저는 2년 전에 승진해서 현재 직급은 과장입니다. ❹ 대학에서 영어를 전공했기 때문에 해외영업 을 담당하고 있습니다. ❺ 이런 이유로 저는 직장에서 대부분의 시간을 외국에서 오는 이메일을 처리하는 데 사용합니다. ❻ 저는 아침 9시부터 저녁 6시까지 일하는데 초과근무도 많이 합니다. ❼ 일이 끝나면 피곤함을 느끼기 때문에 주중에는 바로 제 원룸으로 옵니다. ❽ 주말에는 친구들과 어울려서 영화를 보거나 공연을 보러 가는 것을 좋아합니다. ❾ 친구들에 의하면, 그들은 제가 생기 있고 재미있어서 좋다고 합니다. ❿ 저는 현재 만나는 사람은 없지만 조만간 누군가 특별한 사람을 만나서 저만의 행복한 가정을 꾸리는 것이 꿈입니다.

DAY

2

DAY 2의 과업

신상 관련 학생 생활과 관련된 질문에 소재를 떠올려 막힘 없이 말할 수 있다.

Warming Up

Vocabulary & Pronunciation

Grammar | be동사, 일반동사의 과거형

설문지 선택 항목 | 학생 관련 주제 - 캠퍼스 묘사

돌발 주제 | 테크놀로지 콤보

직장인 관련 추가 문제

Warming Up

학생 생활과 관련된 소재로 간단히 브레인스토밍을 해보자.

1 우리말 브레인스토밍

아래의 내용을 넣어 학교 생활을 우리말로 묘사해보자.

- 학교 캠퍼스 모습과 교수님, 학생들의 활동 설명
- 처음 학교를 방문했을 때의 기억

Ex ❶ 저희 학교는 매우 큽니다. 대부분의 빌딩들이 큽니다. ❷ 학교는 언덕 위에 있습니다. ❸ 교수님들은 강의를 하고 학생들은 공부를 많이 합니다. 많은 학생들이 학교 도서관에서 공부를 합니다. ❹ 저희 학교의 첫인상은 좋았습니다. ❺ 저희는 캠퍼스의 많은 장소를 방문했습니다.

학교 생활과 관련해서 꼭 말해야 될 성분을 기억하자!

❶ 학교의 규모 ❷ 학교의 위치 ❸ 교수님들의 일, 학생들의 일 ❹ 학교의 첫인상 ❺ 그 당시 경험

2 영어 브레인스토밍

위의 예시 문장을 아래의 표현을 사용해 영어로 말해보자.

- most of the buildings 대부분의 빌딩들
- on a hill 언덕 위에
- teach classes 강의를 하다
- study a lot 많이 공부하다
- study at the school library 학교 도서관에서 공부하다
- the first impression of my school 학교의 첫인상

예시 문장의 모범답안을 눈으로 한 번 읽어보자.

❶ My school campus is very big. Most of the buildings are big. ❷ It's on a hill. ❸ The teachers teach classes. The students study a lot. Many students study at the school library. ❹ The first impression of my school was good. ❺ We visited many places on campus.

Vocabulary & Pronunciation

이번 단원에서 배울 단어와 그 발음을 익혀보자.
Day 02 Voca.mp3

Students & Teachers 학생들 | 교수들

수업을 듣다	take a class
강의를 하다	give a lecture
휴학하다	take a semester off
학사학위	bachelor's degree
담당 교수	professor in charge
발표하다	present

School life 학교 | 직장 생활

강의, 강의실	class
점수	grade
등록하다	register
제출하다	submit
연례 축제	annual festival
연례 보고서	annual report
유니폼	uniform
과제물	assignment
과업, 과제	task

Subjects 과목 | 직업

전공	major
복수 전공	a double major
영문학	English literature
경제학	economics
경영학	business administration
컴퓨터공학	computer engineering
부서	department
담당자	a person in charge
동료	co-worker
상사, 관리자	supervisor

Grammar | be동사, 일반동사의 과거형

영어로 말할 때 꼭 필요한 문법을 간단하게 배워보자.

1 일반동사의 3인칭 단수형

주어의 현재 동작이나 상태를 표현하는 현재형 동사는 오픽에서 주로 장소 묘사, 현재 상태 설명을 해야 하는 문제에 답으로 쓰인다. 이 중 특히 학생들이 많이 실수하는 3인칭 단수 현재형 동사 변화에 대해 연습해보자.

- **주어가 3인칭 단수일 때는 동사원형+(e)s가 붙으므로 주의할 것**

- **do** → **does** 하다
  Ex I **do**. → He **does**.
  나는 한다. 그는 한다.

- **watch** → **watches** 보다
  Ex We **watch** a movie. → My mother **watches** a movie.
  우리는 영화를 본다. 우리 엄마는 영화를 보신다.

- **study** → **studies** 공부하다
  Ex We **study** hard. → She **studies** hard.
  우리는 열심히 공부한다. 그녀는 열심히 공부한다.

- **jog** → **jogs** 조깅하다
  Ex They **jog** every day. → Mr. Kim **jogs** every day.
  그들은 매일 조깅한다. 김선생님은 매일 조깅하신다.

2 be동사의 과거형, 불규칙 동사의 과거형

과거의 사건을 이야기할 때 동사를 과거시제로 변형해서 사용해야 한다. 오픽에서 주로 경험 문제, 첫인상 등의 문제에 쓰인다. 특히 오픽 채점표에서 과거시제를 정확히 사용하는 것이 점수에 도움이 된다는 항목이 있으니 동사의 과거형을 익숙하게 사용하도록 연습해야 한다.

- **be동사의 과거형 변화**

  (I / He / She / Mr. Kim) is ~ → (I / He / She / Mr. Kim) was ~

Ex I **was** worried about her. She **was** late for class. The teacher **was** mad.
나는 그녀를 걱정했다. 그녀는 수업에 늦었다. 선생님은 화나셨다.

- **(You / They / We / Students) are ~ → (You / They / We / Students) were ~**

Ex You **were** a lovely child. They **were** busy. We **were** tired.
너는 사랑스러운 아이였다. 그들은 바빴다. 우리는 피곤했다.

기타 알아두어야 할 불규칙 동사 변화 (현재 – 과거 – 과거완료)

run - ran - run 달리다	come - came - come 오다	sing - sang - sung 노래 부르다	speak - spoke - spoken 말하다
take - took - taken 가지고 가다, 데려가다	send - sent - sent 보내다	keep - kept - kept 유지하다	tell - told - told 말하다
cost - cost - cost (비용이) 들다	cut - cut - cut 자르다	put - put - put 놓다, 두다	shut - shut - shut 닫다

Question & Model Answer | 학생 관련 설문지 주제

학생 생활과 관련되어 나오는 기출문제와 모범답안을 익혀보자.

Question 1 **You indicated that you have school experience. Tell me about your school campus. Please describe what it looks like in as much detail as you can.** 당신은 학교 경험이 있다고 했습니다. 학교 캠퍼스에 대해 말해주세요. 어떻게 생겼는지 최대한 자세하게 설명해주세요.

Step 1 모범답안 읽어보기

02-1.mp3

학생 생활과 관련되어 나오는 기출 문제와 모범답안을 읽고 MP3를 들어보자.

My school campus is very big. There are many buildings. Most of the buildings are big. There are some grassy places. There's nothing unique about most of the buildings. It is on a hill.

Step 2 모범답안 틀 익히기

MP3를 들으며 모범답안 틀을 외울 수 있을 만큼 여러 번 읽어보자. 부분은 본인이 원하는 표현으로 대체해도 좋다.

❶My school campus is [1]very big. 저희 학교는 매우 큽니다. ❷There are many buildings. (거기에는) 많은 빌딩들이 있습니다. ❸Most of the buildings are big. 대부분의 빌딩들은 큽니다. ❹There are [2]some grassy places. (거기에는) 몇몇 잔디가 깔린 장소들이 있습니다. ❺There's nothing unique about most of the buildings. 대부분의 빌딩들에 대해서 특별한 것은 전혀 없습니다. ❻It is [3]on a hill. 그것은 언덕 위에 있습니다.

대체 가능 표현

[1]huge 큰, wide 넓은, not that big 크지 않은 | [2]some places to study 공부할 몇몇 장소들, some places to talk with friends 친구들과 이야기 할 몇몇 장소들 | [3]in front of the station 역 앞에, between mountains 산들 사이에

Step 3 해석 보고 말해보기

해석을 보면서 위의 모범답안을 떠올려 입 밖으로 말해보자. 부분은 본인만의 표현으로 바꾸어 말해도 좋다.

❶저희 학교는 매우 큽니다. ❷(거기에는) 많은 빌딩들이 있습니다. ❸대부분의 빌딩들은 큽니다. ❹(거기에는) 몇몇 잔디가 깔린 장소들이 있습니다. ❺대부분의 빌딩들에 대해서 특별한 것은 전혀 없습니다. ❻그것은 언덕 위에 있습니다.

Question 2 What do the students and teachers do at your school most days? Please give me as much detail as you can. 학생들과 교수님들은 학교에서 무엇을 합니까? 가능한 한 자세하게 말해주세요.

Step 1 모범답안 읽어보기

02-2.mp3

학생 생활과 관련되어 나오는 기출 문제와 모범답안을 읽고 MP3를 들어보자.

The teachers teach classes. The students study a lot. The teachers give students assignments. Many students study at the school library. Sometimes students and teachers eat together at the school cafeteria. They all have their own parts on campus.

Step 2 모범답안 틀 익히기

MP3를 들으며 모범답안 틀을 외울 수 있을 만큼 여러 번 읽어보자. 부분은 본인이 원하는 표현으로 대체해도 좋다.

❶ The teachers [1]teach classes. 선생님들은 강의를 합니다. ❷ The students [2]study a lot. 학생들은 공부를 많이 합니다. ❸ The teachers give students assignments. 선생님들은 학생들에게 과제를 줍니다. ❹ Many students study at the school library. 많은 학생들은 학교 도서관에서 공부를 합니다. ❺ Sometimes students and teachers eat together at the school cafeteria. 때때로 학생들과 선생님들은 학교 식당에서 함께 식사합니다. ❻ They all have their own parts on campus. 그들은 모두 캠퍼스에서 각자의 분야를 가지고 있습니다.

대체 가능 표현

[1]give lectures 강의를 하다, do their research work and teach 연구과제를 수행하고 가르치다 | [2]have classes almost every day 거의 매일 수업이 있다, are busy to do their assignments 과제를 하느라고 바쁘다, have to study their subjects 그들의 과목을 공부해야 한다

Step 3 해석 보고 말해보기

해석을 보면서 위의 모범답안을 떠올려 입 밖으로 말해보자. 부분은 본인만의 표현으로 바꾸어 말해도 좋다.

❶ 선생님들은 강의를 합니다. ❷ 학생들은 공부를 많이 합니다. ❸ 선생님들은 학생들에게 과제를 줍니다. ❹ 많은 학생들은 학교 도서관에서 공부를 합니다. ❺ 때때로 학생들과 선생님들은 학교 식당에서 함께 식사합니다. ❻ 그들은 모두 캠퍼스에서 각자의 분야를 가지고 있습니다.

Question 3 When did you visit your school for the first time? Tell me about your first visit to your school from the beginning to the end. 언제 처음으로 학교를 방문했습니까? 당신 학교의 첫 번째 방문에 대해 처음부터 끝까지 말해주세요.

Step 1 모범답안 읽어보기

02-3.mp3

학생 생활과 관련되어 나오는 기출 문제와 모범답안을 읽고 MP3를 들어보자.

I was eighteen when I first visited my school. I went there with my parents. It's on a hill, and I was worried about that. However, my first impression of my school was good. We visited many places on campus. We had lunch in the cafeteria, and my mom liked the food.

Step 2 모범답안 틀 익히기

MP3를 들으며 모범답안 틀을 외울 수 있을 만큼 여러 번 읽어보자. 　　 부분은 본인이 원하는 표현으로 대체해도 좋다.

❶ [1]I was eighteen when I first visited my school. 제가 처음 학교를 방문했을 때 저는 열여덟 살이었습니다. ❷ I went there [2]with my parents. 저는 제 부모님과 거기에 갔습니다. ❸ It's on a hill, and I was worried about that. 그것은 언덕 위에 있어서 저는 그것에 대해 걱정했습니다. ❹ However, my first impression of my school was good. 그러나 제 학교에 대한 첫인상은 좋았습니다. ❺ We visited many places on campus. 우리는 캠퍼스의 많은 장소를 방문했습니다. ❻ We had lunch in the cafeteria, and [2]my mom liked the food. 우리는 카페테리아에서 점심을 먹었고 엄마는 그 음식을 좋아하셨습니다.

대체 가능 표현

[1]I was ~ 본인이 원하는 나이로 변경 가능, I was a high school senior 저는 고 3이었습니다, I was preparing to go to university 대학 입학을 준비 중이었습니다 | [2]with my best friend 저의 제일 친한 친구와, with my school mate 학교 친구와, by myself 혼자서

Step 3 해석 보고 말해보기

해석을 보면서 위의 모범답안을 떠올려 입 밖으로 말해보자. 　　 부분은 본인만의 표현으로 바꾸어 말해도 좋다.

❶ 제가 처음 학교를 방문했을 때 저는 열여덟 살이었습니다. ❷ 저는 제 부모님과 거기에 갔습니다. ❸ 그것은 언덕 위에 있어서 저는 그것에 대해 걱정했습니다. ❹ 그러나 제 학교에 대한 첫인상은 좋았습니다. ❺ 우리는 캠퍼스의 많은 장소를 방문했습니다. ❻ 우리는 카페테리아에서 점심을 먹었고 엄마는 그 음식을 좋아하셨습니다.

Question 4 I also attend a university now. Ask me three or four questions about my school. 저도 역시 현재 대학을 다니고 있습니다. 제 학교에 대해서 서너 가지 질문을 해보세요.

Step 1 모범답안 읽어보기

02-4.mp3

학생 생활과 관련되어 나오는 기출 문제와 모범답안을 읽고 MP3를 들어보자.

I heard that you are currently attending a university. What does your school look like? What are you studying? How is your typical school day?

Step 2 모범답안 틀 익히기

MP3를 들으며 모범답안 틀을 외울 수 있을 만큼 여러 번 읽어보자.

❶I heard that you are currently attending a university. 저는 당신이 현재 대학에 다니고 있다고 들었습니다. ❷What does your school look like? 당신의 캠퍼스는 어떤 모습입니까? ❸What are you studying? 어떤 것을 공부하고 있습니까? ❹How is your typical school day? 학교에서의 당신의 일상은 어떻습니까?

대체 가능 표현 (기타 할 수 있는 질문)

What made you want to go to the school you are attending now? 무엇이 현재 다니고 있는 학교에 가도록 했습니까? [현재 다니고 있는 학교에 들어간 이유는 무엇입니까?]. Are you involved in any clubs at the school you attend? 당신이 다니고 있는 학교의 동아리에 속해 있습니까?

Step 3 해석 보고 말해보기

해석을 보면서 위의 모범답안을 떠올려 입 밖으로 말해보자.

❶저는 당신이 현재 대학에 다니고 있다고 들었습니다. ❷당신의 캠퍼스는 어떤 모습입니까? ❸어떤 것을 공부하고 있습니까? ❹학교에서의 당신의 일상은 어떻습니까?

Question & Model Answer | 학생 관련 돌발 주제

학교 테크놀로지와 관련되어 나오는 기출 문제와 모범답안을 익혀보자.

Question 1 Tell me about the technology that you use at school. Tell me in detail. 당신이 학교에서 사용하는 테크놀로지에 대해 말해주세요. 자세하게 말해주세요.

Step 1 모범답안 읽어보기

02-5.mp3

학교 테크놀로지와 관련되어 나오는 기출 문제와 모범답안을 읽고 MP3를 들어보자.

We have many computers in the school library. Many students use them to study. We have projectors in the classrooms. The projectors are used for presentations. Everyone has a smartphone, and we use them for homework sometimes.

Step 2 모범답안 틀 익히기

MP3를 들으며 모범답안 틀을 외울 수 있을 만큼 여러 번 읽어보자. ▭ 부분은 본인이 원하는 표현으로 대체해도 좋다.

❶ We have [1]many computers in the school library. 우리는 학교 도서관에 많은 컴퓨터를 가지고 있습니다. ❷ Many students use them to study. 많은 학생들은 공부하기 위해 그것들을 사용합니다. ❸ We have projectors in the classrooms. 우리는 강의실 안에 프로젝터를 가지고 있습니다. ❹ The projectors are used for presentations. 프로젝터는 프레젠테이션을 위해 사용됩니다. ❺ Everyone has a [2]smartphone, and we use them for homework sometimes. 모두가 스마트폰을 가지고 있고 우리는 때때로 숙제를 위해 그것들을 사용합니다.

대체 가능 표현

[1]much equipment 많은 시설, newest facilities 새로운 시설들, many convenient devices 많은 편리한 기계들, digital system 디지털 시스템 | [2]laptop 노트북, personal computer 개인용 컴퓨터

Step 3 해석 보고 말해보기

해석을 보면서 위의 모범답안을 떠올려 입 밖으로 말해보자. ▭ 부분은 본인만의 표현으로 바꾸어 말해도 좋다.

❶ 우리는 학교 도서관에 많은 컴퓨터를 가지고 있습니다. ❷ 많은 학생들은 공부하기 위해 그것들을 사용합니다. ❸ 우리는 강의실 안에 프로젝터를 가지고 있습니다. ❹ 프로젝터는 프레젠테이션을 위해 사용됩니다. ❺ 모두가 스마트폰을 가지고 있고 우리는 때때로 숙제를 위해 그것들을 사용합니다.

Question 2 **Tell me how you learned to use the latest technology. Where did you get the information to use it? Tell me everything you did to learn this technology.** 최신 테크놀로지를 사용하기 위해 어떻게 배웠는지 말해주세요. 어디에서 정보를 얻었습니까? 이 테크놀로지를 배우기 위해 무엇을 했는지 모두 말해주세요.

Step 1 모범답안 읽어보기

02-6.mp3

학교 테크놀로지와 관련되어 나오는 기출 문제와 모범답안을 읽고 MP3를 들어보자.

I use my smartphone the most often. No one taught me to use my smartphone. If I have any questions, I check the Internet. In addition, my friend Kim knows a lot about digital devices. He taught me how to use computers.

Step 2 모범답안 틀 익히기

MP3를 들으며 모범답안 틀을 외울 수 있을 만큼 여러 번 읽어보자. ▭ 부분은 본인이 원하는 표현으로 대체해도 좋다.

❶ I use my [1]smartphone the most often. 저는 스마트폰을 가장 자주 사용합니다. ❷ No one taught me to use my [1]smartphone. 아무도 제게 어떻게 스마트폰을 사용하는지 가르쳐 주지는 않았습니다. ❸ If I have any questions, [2]I check the Internet. 만약 제가 궁금한 것이 있으면 저는 인터넷을 확인합니다. ❹ In addition, my friend Kim knows a lot about digital devices. 또한 제 친구 김은 디지털 기기에 대해 많이 압니다. ❺ He taught me how to use computers. 그는 제게 어떻게 컴퓨터를 사용하는지 가르쳐 주었습니다.

대체 가능 표현

[1]iPad 아이패드, laptop 노트북, tablet PC 태블릿 PC, MP3 player MP3 플레이어 | [2]I read the manual 매뉴얼을 읽는다, I search for information online 온라인에서 정보를 찾는다

Step 3 해석 보고 말해보기

해석을 보면서 위의 모범답안을 떠올려 입 밖으로 말해보자. ▭ 부분은 본인만의 표현으로 바꾸어 말해도 좋다.

❶ 저는 스마트폰을 가장 자주 사용합니다. ❷ 아무도 제게 어떻게 스마트폰을 사용하는지 가르쳐 주지는 않았습니다. ❸ 만약 제가 궁금한 것이 있으면 저는 인터넷을 확인합니다. ❹ 또한 제 친구 김은 디지털 기기에 대해 많이 압니다. ❺ 그는 제게 어떻게 컴퓨터를 사용하는지 가르쳐 주었습니다.

Question 3 **Can you tell me about an experience you had when some new technology was not working. What was the problem? Tell me about the story in detail.** 새로운 테크놀로지가 작동되지 않았을 때의 경험에 대해 말해줄 수 있습니까? 무엇이 문제였습니까? 그것에 대해 자세히 말해주세요.

Step 1 모범답안 읽어보기

02-7.mp3

학교 테크놀로지와 관련되어 나오는 기출 문제와 모범답안을 읽고 MP3를 들어보자.

Last year I had to make a PowerPoint presentation. I made the PowerPoint presentation at home and took it to school. However, I didn't know that the school computer had not been updated. So the school computer changed a lot of my words. I couldn't use my PowerPoint presentation, so I got a really bad grade.

Step 2 모범답안 틀 익히기

MP3를 들으며 모범답안 틀을 외울 수 있을 만큼 여러 번 읽어보자. 부분은 본인이 원하는 표현으로 대체해도 좋다.

❶Last year I had to make a PowerPoint presentation. 작년에 저는 파워포인트 프레젠테이션을 만들어야 했습니다. ❷I made the PowerPoint presentation at home and took it to school. 저는 파워포인트 프레젠테이션을 집에서 만들었고 그것을 학교로 가지고 갔습니다. ❸However, I didn't know that the school computer had not been updated. 그러나 저는 학교 컴퓨터가 업데이트가 안 된 것을 몰랐습니다. ❹So [1]the school computer changed a lot of my words. 그래서 학교 컴퓨터가 많은 단어들을 바꿔버렸습니다. ❺I couldn't use my PowerPoint presentation, so I got a really bad grade. 저는 제 파워포인트 프레젠테이션을 사용할 수 없었고 그래서 아주 나쁜 점수를 받게 되었습니다.

대체 가능 표현

[1]the school computer couldn't open my presentation file 학교 컴퓨터가 제 프레젠테이션 파일을 열지 못했습니다. my presentation file was corrupted 제 프레젠테이션 파일이 훼손되었습니다

Step 3 해석 보고 말해보기

해석을 보면서 위의 모범답안을 떠올려 입 밖으로 말해보자. 부분은 본인만의 표현으로 바꾸어 말해도 좋다.

❶작년에 저는 파워포인트 프레젠테이션을 만들어야 했습니다. ❷저는 파워포인트 프레젠테이션을 집에서 만들었고 그것을 학교로 가지고 갔습니다. ❸그러나 저는 학교 컴퓨터가 업데이트가 안 된 것을 몰랐습니다. ❹그래서 학교 컴퓨터가 많은 단어들을 바꿔버렸습니다. ❺저는 제 파워포인트 프레젠테이션을 사용할 수 없었고 그래서 아주 나쁜 점수를 받게 되었습니다.

Question & Model Answer | 직장인 관련 추가 문제

직장인과 관련되어 나오는
기출 문제와 모범답안을 익혀보자.

Question 1 **You said that you're working. Please tell me about where you work. Where is your office? What does it look like? Be as detailed as you can.**

당신은 일하고 있다고 했습니다. 어디서 일하는지 말해주세요. 사무실은 어디입니까? 사무실의 모습은 어떤가요? 가능한 한 자세히 말해주세요.

Step 1 모범답안 읽어보기

02-8.mp3

직장인과 관련되어 나오는 기출 문제와 모범답안을 읽고 MP3를 들어보자.

Right now, I work at a small company. It's on Gangnam Street in Seoul. My office is in the Marketing Department on the fifth floor. It's not a big room, but it has a few desks. There are computers and monitors on the desks. There is a big window, which is my favorite part of the office, behind my desk.

Step 2 모범답안 틀 익히기

MP3를 들으며 모범답안 틀을 외울 수 있을 만큼 여러 번 읽어보자. ▭ 부분은 본인이 원하는 표현으로 대체해도 좋다.

❶ Right now, I work at [1]a small company. 지금 저는 작은 회사에서 일하고 있습니다. ❷ It's on [2]Gangnam Street in Seoul. 회사는 서울의 강남 거리에 있습니다. ❸ My office is in the [3]Marketing Department on the fifth floor. 제 사무실은 5층의 마케팅 부서에 있습니다. ❹ It's not a big room, but it has a few desks. 그렇게 큰 방은 아니지만 몇 개의 책상을 가지고 있습니다. ❺ There are computers and monitors on the desks. 책상 위에는 컴퓨터들과 모니터들이 있습니다. ❻ There is a big window, which is my favorite part of the office, behind my desk. 제 책상 뒤에는 제가 사무실에서 가장 좋아하는 부분인 큰 창문이 있습니다.

대체 가능 표현

[1]a major[large] company 대기업, an advertising agency 광고기획사, a public enterprise 공공기관 | [2]각자의 지역으로 변경 | [3]customer service department 고객서비스부, legal department 법무부, management department 경영관리부

Step 3 해석 보고 말해보기

해석을 보면서 위의 모범답안을 떠올려 입 밖으로 말해보자. ▭ 부분은 본인만의 표현으로 바꾸어 말해도 좋다.

❶ 지금 저는 작은 회사에서 일하고 있습니다. ❷ 회사는 서울의 강남 거리에 있습니다. ❸ 제 사무실은 5층의 마케팅 부서에 있습니다. ❹ 그렇게 큰 방은 아니지만 몇 개의 책상을 가지고 있습니다. ❺ 책상 위에는 컴퓨터들과 모니터들이 있습니다. ❻ 제 책상 뒤에는 제가 사무실에서 가장 좋아하는 부분인 큰 창문이 있습니다.

Question 2 **What do you remember about your first week at work? What were the best parts and the worst parts? Tell me about your first few days at your current job.** 당신의 직장에서의 첫주에 대해 무엇을 기억하고 있습니까? 무엇이 가장 좋은 부분이었고 무엇이 가장 나쁜 부분이었나요? 당신의 현재 직업에 대한 초반 며칠에 대해 말해주세요.

Step 1 모범답안 읽어보기

02-9.mp3

직장인과 관련되어 나오는 기출 문제와 모범답안을 읽고 MP3를 들어보자.

I was really excited when I started my job. The department manager talked about a lot of interesting projects. Of course, most of my time was spent on boring stuff. I had been unemployed for a while, so it was hard to adjust. Actually, it's still hard, but I am doing my best.

Step 2 모범답안 틀 익히기

MP3를 들으며 모범답안 틀을 외울 수 있을 만큼 여러 번 읽어보자. ▭ 부분은 본인이 원하는 표현으로 대체해도 좋다.

❶ I [1]was really excited when I started my job. 처음 일을 시작했을 때 저는 정말로 흥분되었습니다. ❷ The department manager talked about a lot of interesting projects. 부서 매니저는 많은 흥미로운 프로젝트들에 대해 말해주었습니다. ❸ Of course, most of my time was spent on [2]boring stuff. 물론 저의 대부분의 시간은 지루한 업무를 했습니다. ❹ I had been unemployed for a while, so it was hard to adjust. 저는 한동안 실직 상태였기 때문에 적응하기 힘들었습니다. ❺ Actually, it's still hard, but I am doing my best. 사실 그것은 여전히 힘들지만 저는 최선을 다하고 있습니다.

대체 가능 표현

[1]was really nervous 정말 불안했습니다, was a little worried 약간 걱정이 되었습니다, was really happy and glad 정말 행복하고 기뻤습니다 | [2]small stuff 사소한 일, supporting supervisors 상사들을 돕는 일

Step 3 해석 보고 말해보기

해석을 보면서 위의 모범답안을 떠올려 입 밖으로 말해보자. ▭ 부분은 본인만의 표현으로 바꾸어 말해도 좋다.

❶ 처음 일을 시작했을 때 저는 정말로 흥분되었습니다. ❷ 부서 매니저는 많은 흥미로운 프로젝트들에 대해 말해주었습니다. ❸ 물론 저의 대부분의 시간은 지루한 업무를 했습니다. ❹ 저는 한동안 실직 상태였기 때문에 적응하기 힘들었습니다. ❺ 사실 그것은 여전히 힘들지만 저는 최선을 다하고 있습니다.

Question 3 Do you have any good work stories? What are some memorable events from your worklife? Tell me about something interesting that happened at work. 당신은 직장에서의 재미있는 스토리가 있습니까? 당신의 직장 생활에서 어떤 기억할 만한 이벤트들이 있습니까? 직장에서 일어난 흥미로운 일에 대해 말해주세요.

Step 1 모범답안 읽어보기

02-10.mp3

직장인과 관련되어 나오는 기출 문제와 모범답안을 읽고 MP3를 들어보자.

We had just gotten a new email system at work. Everyone was still confused, and we got lots of wrong emails. One day, everyone got a breakup letter in their email. A lady in sales accidentally sent her breakup letter to everyone. Somebody told her what had happened, so she cried in front of everybody. It was one episode that I can remember now.

Step 2 모범답안 틀 익히기

MP3를 들으며 모범답안 틀을 외울 수 있을 만큼 여러 번 읽어보자. 부분은 본인이 원하는 표현으로 대체해도 좋다.

❶We had just gotten a new email system at work. 저희는 얼마 전에 직장에서 새로운 이메일 시스템을 도입했습니다. ❷Everyone was still confused, and we got lots of wrong emails. 모든 사람들은 여전히 혼란스러워했고 우리는 많은 잘못된 이메일을 받게 되었습니다. ❸One day, everyone got a breakup letter in their email. 하루는 모든 사람들이 이메일로 이별 편지를 받았습니다. ❹A lady in sales accidentally sent her breakup letter to everyone. 영업 부서의 한 여성이 실수로 모두에게 이별 편지를 보내게 된 것입니다. ❺Somebody told her what had happened, so she cried in front of everybody. 누군가 그녀에게 무슨 일이 일어났는지 말해주었고 그녀는 사람들 앞에서 울고 말았습니다. ❻ [1]It was one episode that I can remember now. 이것이 지금 제가 기억할 수 있는 하나의 에피소드입니다.

대체 가능 표현

[1]I felt sorry for her. 저는 그녀가 안됐다고 느꼈습니다. It was an unforgettable experience. 그것은 잊지 못할 경험이었습니다.

Step 3 해석 보고 말해보기

해석을 보면서 위의 모범답안을 떠올려 입 밖으로 말해보자. 부분은 본인만의 표현으로 바꾸어 말해도 좋다.

❶저희는 얼마 전에 직장에서 새로운 이메일 시스템을 도입했습니다. ❷모든 사람들은 여전히 혼란스러워했고 우리는 많은 잘못된 이메일을 받게 되었습니다. ❸하루는 모든 사람들이 이메일로 이별 편지를 받았습니다. ❹영업 부서의 한 여성이 실수로 모두에게 이별 편지를 보내게 된 것입니다. ❺누군가 그녀에게 무슨 일이 일어났는지 말해주었고 그녀는 사람들 앞에서 울고 말았습니다. ❻ 이것이 지금 제가 기억할 수 있는 하나의 에피소드입니다.

OPIc 시험장에서 벌어진 일

OPIc 시험장에서 일어났던 황당한 사건들의 후기를 공개합니다.

후기 1

얼마 전에 OPIc 시험장에서 황당한 일이 있어서 후기에 남겨요. 3번쯤 답을 하고 있는데 갑자기 뒤에서 이상한 소리가 들렸어요. 문제에 답하는 중이라 답을 끝내고 신경 써서 들어보니 대학생으로 보이는 남자 수험생이 노래를 부르고 있었습니다. '지지지지 베이베베이베, 지지지지 베이베베이베'를 반복하는데 소녀시대의 'Gee'란 곡이었죠. 시험장에 있던 수험생들이 이 황당한 남학생을 빤히 쳐다보는데도 그분은 자기 컴퓨터만 보면서 노래를 처음부터 끝까지 다 부르고 아무 일 없다는 듯이 다음 문제로 넘어갔습니다. 아마 제가 생각하기엔 자신이 좋아하는 노래에 대해 말해 보라는 질문이 나왔고 그에 대한 답으로 노래 한 곡을 통째로 불렀던 것 같아요. 저를 포함해 감독관도 낄낄거리며 웃는 데 정신이 없었죠. 다행히 금방 진정하고 다음 문제를 풀어 점수에 큰 영향을 미치진 않았지만 흔히 겪기 힘든 에피소드라서 글 남깁니다. ^^

후기 2

지난주에 두 번째 OPIc 시험을 봤는데요. 정말 황당한 일이 있었어요. 저는 가운데쯤 앉아서 시험을 보고 있는데 10분쯤 지나고 맨 앞쪽 자리에서 우당탕 시끄러운 소리가 들리는 거예요. 감독관도 놀라서 달려오고 시험 보는 모든 사람들이 쳐다봤죠.

그 소란의 당사자는 대학생으로 보이는 남자였는데 시험을 시작하고 몇 문제 진행하다 보니 생각보다 많이 어려웠나 봐요. 제대로 답을 못 하는 게 화가 났는지 중간에 나가려 했던 거죠. 그러면 곱게 나갈 것이지 가방 챙기고 나가면서 발로 의자를 걷어차고 책상을 주먹으로 치고, 큰소리로 욕하면서 나가더라고요 ㅋㅋ 한동안 시험장이 웅성웅성 하다가 응시생들은 다시 답변을 하기 시작했죠. 저도 살짝 페이스를 잃었지만 무사히 나머지 문제를 다 풀긴 했습니다. 이런 경우 흔치 않은 거죠?ㅋㅋㅋㅋ

▶ 다음 후기는 95페이지에…

DAY

3

DAY 3의 과업

12개 필수 선택 항목 중 주거지와 관련된 질문에 소재를 떠올려 막힘 없이 말할 수 있다.

Warming Up

Vocabulary & Pronunciation

Grammar | be동사, 일반동사의 의문문 만들기

설문지 선택 항목 | 주거지 관련 주제

롤플레이 | 주거지 관련 상황극 연습

Warming Up

주거지와 관련된 소재로 간단히 브레인스토밍을 해보자.

1 우리말 브레인스토밍

아래의 내용을 넣어 주거 생활을 우리말로 묘사해보자.

- 주거지 묘사와 집안일
- 집과 관련된 경험

Ex ❶저는 제 가족과 함께 방 3개의 아파트에서 살고 있습니다. 제 방은 부엌 근처에 있습니다. ❷아파트가 얼마나 큰지는 모르겠습니다. ❸시간이 있으면 저는 집 전체를 청소하려고 합니다. 집에서 식사를 할 때 저는 즉시 설거지를 하려고 합니다. ❹저희는 최근에 창문을 고쳐야 했습니다. 그것은 정말 보기가 안 좋았습니다.

주거지와 관련해서 꼭 말해야 될 성분을 기억하자!

❶방 개수와 구조 ❷집의 크기 ❸집안일 ❹최근에 집에서 있었던 일

2 영어 브레인스토밍

위의 예시 문장을 아래의 표현을 사용해 영어로 말해보자.

- a three-bedroom apartment 방 3개의 아파트
- how big the apartment is 아파트가 얼마나 큰지(아파트 규모가 얼마인지)
- clean the entire house 집 전체를 청소하다
- have a meal 식사를 하다
- wash the dishes 설거지를 하다
- fix a window 유리창을 고치다

예시 문장의 모범답안을 눈으로 한 번 읽어보자.

❶I live in a three-bedroom apartment with my family. My room is near the kitchen. ❷I don't know how big the apartment is. ❸When I have time, I try to clean the entire house. When I have a meal at home, I try to wash the dishes right away. ❹We recently had to fix a window. It looked really bad.

Vocabulary & Pronunciation

이번 단원에서 배울 단어와 그 발음을 익혀보자.

Day 03 Voca.mp3

Houses 주거지 형태

다세대 주택	apartment
아파트 단지	apartment complex
단독 주택	house
원룸	studio
기숙사	dormitory
하숙집	boarding house
고향	hometown
동네	neighborhood

Typical Routine 일상생활

일어나다	get up
잠자리에 들다	go to bed
샤워를 하다	take a shower
세수를 하다	wash face
이를 닦다	brush teeth
아침 식사를 하다	have breakfast
직장에 점심을 싸가다	bring lunch to work
가벼운 저녁을 먹다	have a light dinner

Housework 집안일 종류

식사 준비를 하다	prepare a meal
식탁을 차리다	set the table
설거지를 하다	wash the dishes
빨래를 하다	do the laundry
먼지를 털다	dust
쓸다	sweep
진공청소기를 돌리다	do vacuuming
바닥을 닦다	wipe the floor
쓰레기를 버리다	take out the trash
장보러 가다	go grocery shopping
정리하다	put away

1 be동사의 의문문 만들기

be동사가 있는 문장을 의문문으로 만들 때는 단순 도치(자리 바꿈)로 만들면 된다.

• 주어+be동사 → be동사+주어 ~?

Ex I am right. → Am I right?
내가 맞아. 내가 맞아?

You are happy. → Are you happy?
너는 행복하다. 너는 행복하니?

It is done. → Is it done?
그것은 끝났다. 그것은 끝났니?

She is nice to him. → Is she nice to him?
그녀는 그에게 잘해준다. 그녀는 그에게 잘해주니?

They are together. → Are they together?
그들은 함께 있다. 그들은 함께 있니?

2 일반동사의 의문문 만들기

be동사를 제외한 동사를 일반동사라고 하며, 이때는 보조동사 Do를 주어 앞에 넣어서 의문문을 만든다.

• 주어+일반동사 → Do[Does/Did]+주어+동사원형 ~?

Ex You have a cell phone. → Do you have a cell phone?
너는 휴대폰을 가지고 있다. 너는 휴대폰을 가지고 있니?

She enjoys the show. → Does she enjoy the show?
그녀는 그 쇼를 즐긴다. 그녀는 그 쇼를 즐기니?

They watched the movie. → Did they watch the movie?
그들은 그 영화를 봤다. 그들은 그 영화를 봤니?

3 의문사를 이용한 의문문 만들기

의문사 의문문이란 Who(누구), When(언제), Where(어디서), What(무엇), How(어떻게), Why(왜) 등의 의문사를 문장 앞에 붙여서 묻는 질문이다.

• be동사인 경우 → 의문사+be동사+주어 ~?

Ex Who is this lady?
이 여성은 누구니?

Where are you?
너는 어디에 있니?

What is it?
그게 무엇이니?

Why are you here?
왜 너는 여기에 있니?

• 일반동사인 경우 → 의문사+do동사+주어 ~?

Who do you like the most?
너는 누구를 가장 좋아하니?

Where do you go?
너는 어디에 가니?

What did he choose?
그는 무엇을 골랐니?

Why did you buy it?
왜 너는 그것을 샀니?

Question & Model Answer | 주거지 관련 설문지 주제

주거지와 관련되어 나오는 기출 문제와 모범답안을 익혀보자.

Question 1 **Please tell me about your home. What does it look like? How many rooms are there? Be as detailed as you can.** 당신 집에 대해 말해주세요. 어떻게 생겼습니까? 몇 개의 방이 있습니까? 최대한 자세하게 말해주세요.

Step 1 모범답안 읽어보기

03-1.mp3

주거지와 관련되어 나오는 기출 문제와 모범답안을 읽고 MP3를 들어보자.

I live in a three-bedroom apartment with my family. My room is near the kitchen. My parents' room is at the other end. I don't know how big the apartment is. My parents own this place, so I don't pay rent.

Step 2 모범답안 틀 익히기

MP3를 들으며 모범답안 틀을 외울 수 있을 만큼 여러 번 읽어보자. 부분은 본인이 원하는 표현으로 대체해도 좋다.

❶ I live in [1]a three-bedroom apartment with my family. 저는 제 가족과 함께 방 3개의 아파트에서 살고 있습니다. ❷ My room [2]is near the kitchen. 제 방은 부엌 근처에 있습니다. ❸ My parents' room is at the other end. 제 부모님의 방은 다른 쪽 끝에 있습니다. ❹ I don't know how big the apartment is. 저는 아파트가 얼마나 큰지 모르겠습니다. ❺ My parents own this place, so I don't pay rent. 제 부모님이 이 집을 소유하고 있기 때문에 저는 방세를 내지 않습니다.

대체 가능 표현

[1]a two-bedroom apartment 방 두 개 아파트 등 각자의 방 개수로 변경 가능 | [2]is the smallest 가장 작습니다. is near the living room 거실 근처에 있습니다. is at the end of the house 집 한쪽 끝에 있습니다

Step 3 해석 보고 말해보기

해석을 보면서 위의 모범답안을 떠올려 입 밖으로 말해보자. 부분은 본인만의 표현으로 바꾸어 말해도 좋다.

❶ 저는 제 가족과 함께 방 3개의 아파트에서 살고 있습니다. ❷ 제 방은 부엌 근처에 있습니다. ❸ 제 부모님의 방은 다른 쪽 끝에 있습니다. ❹ 저는 아파트가 얼마나 큰지 모르겠습니다. ❺ 제 부모님이 이 집을 소유하고 있기 때문에 저는 방세를 내지 않습니다.

Question 2 Tell me what you do to keep your home clean. What housework do you do? 집을 깨끗하게 유지하기 위해 하는 것에 대해 말해주세요. 당신은 어떤 집안일을 합니까?

Step 1 모범답안 읽어보기

03-2.mp3

주거지와 관련되어 나오는 기출 문제와 모범답안을 읽고 MP3를 들어보자.

When I have time, I try to clean the entire house. When I clean the house, first of all, I vacuum and wipe the floors. After that, I usually do the laundry. When I have a meal at home, I try to wash the dishes right away. I take out the garbage, and it is always my last chore.

Step 2 모범답안 틀 익히기

MP3를 들으며 모범답안 틀을 외울 수 있을 만큼 여러 번 읽어보자.

❶When I have time, I try to clean the entire house. 시간이 있으면 저는 집 전체를 청소하려고 합니다. ❷When I clean the house, first of all, I vacuum and wipe the floors. 집을 청소할 때 가장 먼저 저는 진공 청소기를 돌리고 바닥을 닦습니다. ❸After that, I usually do the laundry. 그 이후에 저는 주로 빨래를 합니다. ❹When I have a meal at home, I try to wash the dishes right away. 집에서 식사를 할 때 저는 즉시 설거지를 하려고 합니다. ❺I take out the garbage, and it is always my last chore. 쓰레기를 버리고 그리고 그것은 언제나 마지막 집안일입니다.

대체 가능 표현 (기타 추가할 수 있는 집안일)

I prepare a meal. 식사 준비를 합니다. I dust. 먼지를 텁니다. I sweep the floor. 바닥을 씁니다. I put things away. 물건을 정리합니다. I go grocery shopping. 장보러 갑니다.

Step 3 해석 보고 말해보기

해석을 보면서 위의 모범답안을 떠올려 입 밖으로 말해보자.

❶시간이 있으면 저는 집 전체를 청소하려고 합니다. ❷집을 청소할 때 가장 먼저 저는 진공 청소기를 돌리고 바닥을 닦습니다. ❸그 이후에 저는 주로 빨래를 합니다. ❹집에서 식사를 할 때 저는 즉시 설거지를 하려고 합니다. ❺쓰레기를 버리고 그리고 그것은 언제나 마지막 집안일입니다.

Question 3 Do you have any memories of where you are living now? What is the most memorable event that happened to you while you were at home? Tell me about it. 지금 살고 있는 곳에서 어떤 기억이 있습니까? 집에 있었을 때 가장 기억에 남는 일이 무엇입니까? 그것에 대해 말해주세요.

Step 1 모범답안 읽어보기

03-3.mp3

주거지와 관련되어 나오는 기출 문제와 모범답안을 읽고 MP3를 들어보자.

Last month, a boy threw a baseball through our window. I saw him do it, but he said he didn't. I wanted his parents to buy a new window, but his dad refused. I was really angry, so I called the police. The policemen came and asked the boy if he did it. The boy cried and said it was his fault. His dad was embarrassed and had to pay for our window.

Step 2 모범답안 틀 익히기

MP3를 들으며 모범답안 틀을 외울 수 있을 만큼 여러 번 읽어보자.

❶Last month, a boy threw a baseball through our window. 지난달에 한 소년이 저희 집 유리창으로 야구공을 던졌습니다. ❷I saw him do it, but he said he didn't. 저는 그가 한 것을 봤지만 그 소년은 자신이 안 했다고 말했습니다. ❸I wanted his parents to buy a new window, but his dad refused. 저는 그의 부모가 새 유리창을 사주기 바랐지만 소년의 아버지는 거절했습니다. ❹I was really angry, so I called the police. 저는 정말 화가 나서 경찰을 불렀습니다. ❺The policemen came and asked the boy if he did it. 경찰관들이 와서 소년에게 그가 그랬는지 물어봤습니다. ❻The boy cried and said it was his fault. 그 소년은 울었고 그것이 그의 잘못이라고 말했습니다. ❼His dad was embarrassed and had to pay for our window. 소년의 아버지는 민망해했고 저희 집 유리창 값을 물어줘야 했습니다.

대체 가능 표현 (마무리에 추가할 수 있는 표현)

It was one experience I can remember now. 그것은 지금 제가 기억할 수 있는 하나의 경험입니다. It was really annoying, and I got frustrated. 그것은 정말 짜증스러웠고 저는 답답했습니다.

Step 3 해석 보고 말해보기

해석을 보면서 위의 모범답안을 떠올려 입 밖으로 말해보자.

❶지난달에 한 소년이 저희 집 유리창으로 야구공을 던졌습니다. ❷저는 그가 한 것을 봤지만 그 소년은 자신이 안 했다고 말했습니다. ❸저는 그의 부모가 새 유리창을 사주기 바랐지만 소년의 아버지는 거절했습니다. ❹저는 정말 화가 나서 경찰을 불렀습니다. ❺경찰관들이 와서 소년에게 그가 그랬는지 물어봤습니다. ❻그 소년은 울었고 그것이 그의 잘못이라고 말했습니다. ❼소년의 아버지는 민망해했고 저희 집 유리창 값을 물어줘야 했습니다.

> **Question 4 I also live in an apartment complex now. Ask me three or four questions about my apartment.** 저도 역시 현재 아파트 단지에 살고 있습니다. 제가 사는 아파트에 대해서 서너 가지 질문을 해보세요.

Step 1 모범답안 읽어보기

03-4.mp3

주거지와 관련되어 나오는 기출 문제와 모범답안을 읽고 MP3를 들어보자.

I heard you live in an apartment complex now. What does your house look like? How many rooms are in your apartment? Can you describe your room in detail?

Step 2 모범답안 틀 익히기

MP3를 들으며 모범답안 틀을 외울 수 있을 만큼 여러 번 읽어보자.

❶I heard you live in an apartment complex now. 저는 당신이 현재 아파트 단지에 살고 있다고 들었습니다. ❷What does your house look like? 당신의 집은 어떤 모습입니까? ❸How many rooms are in your apartment? 방은 몇 개입니까? ❹Can you describe your room in detail? 당신의 방에 대해 자세히 설명해주시겠습니까?

대체 가능 표현 (기타 할 수 있는 질문)

Do you live with your family or roommates, or do you live alone? 당신은 가족이나 룸메이트와 삽니까 아니면 혼자 삽니까?, How is your neighborhood? 당신의 이웃은 어떻습니까?

Step 3 해석 보고 말해보기

해석을 보면서 위의 모범답안을 떠올려 입 밖으로 말해보자.

❶저는 당신이 현재 아파트 단지에 살고 있다고 들었습니다. ❷당신의 집은 어떤 모습입니까? ❸방은 몇 개입니까? ❹당신의 방에 대해 자세히 설명해주시겠습니까?

Question & Model Answer | 주거지 관련 Role-playing

주거지와 관련되어 나오는 롤플레이 기출 문제와 모범답안을 익혀보자.

Question 1 **This is a role-playing question. You have decided to get a new electric appliance for your house. Role play that you are at a store. Ask a store employee three or four questions about the appliance you want.** 이것은 롤플레이(상황극) 질문입니다. 당신은 집을 위한 새로운 가전제품을 사기로 결정했습니다. 당신이 가게에 있다고 상황극을 해보세요. 직원에게 당신이 사고 싶은 가전제품에 대하여 서너 가지를 물어보세요.

Step 1 모범답안 읽어보기

03-5.mp3

주거지와 관련되어 나오는 기출 문제와 모범답안을 읽고 MP3를 들어보자.

Hello. I want to buy a new appliance for my house. Do you have a large blender here? Is this blender strong enough to break up ice cubes? Can I pay in monthly installments? Or do I have to pay all at once? Thank you for your help.

Step 2 모범답안 틀 익히기

MP3를 들으며 모범답안 틀을 외울 수 있을 만큼 여러 번 읽어보자. 부분은 본인이 원하는 표현으로 대체해도 좋다.

❶Hello. I want to buy a new appliance for my house. 안녕하세요. 저는 저희 집을 위해 새로운 가전제품을 사기를 원합니다. ❷ [1]Do you have a large blender here? 여기 큰 믹서기가 있습니까? ❸Is this blender strong enough to break up ice cubes? 이 믹서기는 얼음을 갈 정도로 충분히 강합니까? ❹Can I pay in monthly installments? 할부 가능합니까? ❺Or do I have to pay all at once? 아니면 일시불로만 지불해야 합니까? ❻Thank you for your help. 도움에 감사합니다.

대체 가능 표현

[1]I need to buy a microwave. 저는 전자레인지가 필요합니다 Do you have a microwave here? 여기 전자레인지가 있습니까? [What is your recommendation for me? 당신의 추천 상품은 무엇입니까?. Which one do you recommend for me? 어떤 것을 저에게 추천하시겠습니까?]

Step 3 해석 보고 말해보기

해석을 보면서 위의 모범답안을 떠올려 입 밖으로 말해보자. 부분은 본인만의 표현으로 바꾸어 말해도 좋다.

❶안녕하세요. 저는 저희 집을 위해 새로운 가전제품을 사기를 원합니다. ❷ 여기 큰 믹서기가 있습니까? ❸이 믹서기는 얼음을 갈 정도로 충분히 강합니까? ❹할부 가능합니까? ❺아니면 일시불로만 지불해야 합니까? ❻도움에 감사합니다.

Question 2 **I am sorry. There is a problem that you need to resolve. When you got your new appliance home, you noticed a problem with it. Role play calling the store and find a way to fix the problem.** 당신이 해결해야 할 문제가 있습니다. 당신이 집에 새 가전제품을 가져왔을 때 거기 문제가 있는 것을 알게 되었습니다. 다시 가게에 전화한다고 가정하고 이 문제를 해결하기 위한 방법을 찾으세요.

Step 1 모범답안 읽어보기

03-6.mp3

주거지와 관련되어 나오는 기출 문제와 모범답안을 읽고 MP3를 들어보자.

Hello. I just bought a blender from you today. However, when I got home, I found a problem with it. I discovered that the power button does not work well. Do you offer repair services? If not, can I get a refund? Thank you.

Step 2 모범답안 틀 익히기

MP3를 들으며 모범답안 틀을 외울 수 있을 만큼 여러 번 읽어보자. ▭ 부분은 본인이 원하는 표현으로 대체해도 좋다.

❶ Hello. I just bought a blender from you today. 안녕하세요. 제가 오늘 거기서 믹서기를 샀습니다. ❷ However, when I got home, I found a problem with it. 그러나 제가 집에 왔을 때 이것의 문제를 발견했습니다. ❸ I discovered that the power button does not work well. 저는 전원 버튼이 잘 작동이 안 된다는 것을 발견했습니다. ❹ [1]Do you offer repair services? If not, can I get a refund? 수리 서비스가 제공됩니까? 만약 아니라면, 환불을 받을 수 있을까요? ❺ Thank you. 감사합니다.

대체 가능 표현

[1]I don't want to buy another model. 저는 다른 모델을 사고 싶지 않습니다. Can I exchange it to a new one? 이것을 새것으로 바꿀 수 있나요? What is your policy on exchanges? 교환에 대한 정책이 어떻게 됩니까?

Step 3 해석 보고 말해보기

해석을 보면서 위의 모범답안을 떠올려 입 밖으로 말해보자. ▭ 부분은 본인만의 표현으로 바꾸어 말해도 좋다.

❶ 안녕하세요. 제가 오늘 거기서 믹서기를 샀습니다. ❷ 그러나 제가 집에 왔을 때 이것의 문제를 발견했습니다. ❸ 저는 전원 버튼이 잘 작동이 안 된다는 것을 발견했습니다. ❹ 수리 서비스가 제공됩니까? 만약 아니라면, 환불을 받을 수 있을까요? ❺ 감사합니다.

Question 3 Excellent. That's the end of the situation. Has something like this happened to you before? Have you ever returned something to a store? Why did you have to return it? Tell me the whole story in detail. 좋습니다. 이것으로 상황은 끝났습니다. 전에 이런 일이 발생한 적이 있습니까? 가게에 무언가를 반환한 적이 있습니까? 왜 그것을 반환해야 했습니까? 전체 스토리를 자세하게 말해주세요.

Step 1 모범답안 읽어보기

03-7.mp3

주거지와 관련되어 나오는 기출 문제와 모범답안을 읽고 MP3를 들어보자.

I had to return a necklace once. It was a gift for my mother. The necklace had a gold chain. However, my mother is allergic to gold. I didn't know that, so I had to return it. The lady at the store was very understanding and let me have another one.

Step 2 모범답안 틀 익히기

MP3를 들으며 모범답안 틀을 외울 수 있을 만큼 여러 번 읽어보자.

❶ I had to return a necklace once. 한번은 제가 목걸이를 반환해야 했던 적이 있습니다. ❷ It was a gift for my mother. 그것은 제 어머니를 위한 선물이었습니다. ❸ The necklace had a gold chain. 그 목걸이는 금목걸이였습니다. ❹ However, my mother is allergic to gold. 그러나 어머니는 금에 대한 알레르기가 있습니다. ❺ I didn't know that, so I had to return it. 저는 그것을 몰랐고 그래서 그것을 반환해야 했습니다. ❻ The lady at the store was very understanding and let me have another one. 상점 여직원은 매우 이해심이 많았고 제가 다른 것을 사도록 해줬습니다.

대체 가능 표현 (마무리에 추가할 수 있는 표현)

Since that time, I am more cautious to choose a gift for my mother. 그 이후로 저는 어머니를 위한 선물을 고르는 데 좀 더 신중하게 되었습니다.

Step 3 해석 보고 말해보기

해석을 보면서 위의 모범답안을 떠올려 입 밖으로 말해보자.

❶ 한번은 제가 목걸이를 반환해야 했던 적이 있습니다. ❷ 그것은 제 어머니를 위한 선물이었습니다. ❸ 그 목걸이는 금목걸이였습니다. ❹ 그러나 어머니는 금에 대한 알레르기가 있습니다. ❺ 저는 그것을 몰랐고 그래서 그것을 반환해야 했습니다. ❻ 상점 여직원은 매우 이해심이 많았고 제가 다른 것을 사도록 해줬습니다.

DAY 4

DAY 4의 과업

12개 필수 선택 항목 중 영화 보기와 관련된 질문에 소재를 떠올려 막힘 없이 말할 수 있다.

Warming Up

Vocabulary & Pronunciation

Grammar | 인칭대명사의 격변화

설문지 선택 항목 | 영화 보기

롤플레이 | 영화 보기 관련 상황극 연습

Warming Up

영화 보기와 관련된 소재로 간단히 브레인스토밍을 해보자.

1 우리말 브레인스토밍

아래의 내용을 넣어 좋아하는 영화 종류와 영화관에서 하는 일을 우리말로 묘사해보자.

- 좋아하는 영화 장르와 좋아하는 이유
- 영화 보는 과정
- 영화관에서 있었던 일

Ex ❶저는 액션 영화 보는 것을 가장 좋아합니다. ❷그것들은 결코 지루하지 않습니다. 그것들은 보기에 아주 흥미롭습니다. ❸새로운 영화를 찾을 때 저는 인터넷을 검색합니다. 그 이후 저는 영화 한 편을 고르고 온라인에서 티켓을 예매합니다. 영화가 끝나면 저는 친구와 먹으러 갑니다. ❹한 달 전쯤에 제 친구들과 저는 영화를 보러 영화관에 갔습니다. 저희는 거기서 유명한 배우를 만났습니다.

영화 보기에서 꼭 말해야 될 성분을 기억하자!

❶좋아하는 영화 장르 ❷좋아하는 이유 ❸영화를 보는 과정 ❹영화관에서 있었던 일

2 영어 브레인스토밍

위의 예시 문장을 아래의 표현을 사용해 영어로 말해보자.

- action movies the most 액션 영화를 가장
- never boring 결코 지루하지 않은
- exciting to watch 보기에 흥미로운
- search the Internet 인터넷을 검색하다
- book tickets online 온라인에서 티켓을 예매하다
- about a month ago 한 달 전쯤에
- go to eat 먹으러 가다
- a famous actor 유명한 배우

예시 문장의 모범답안을 눈으로 한 번 읽어보자.

❶I like to watch action movies the most. ❷They are never boring. They are very exciting to watch. ❸To find a new movie to watch, I search the Internet. After that, I choose a movie, and I book tickets online. When the movie finishes, I go to eat with my friend. ❹About a month ago, my friends and I went to the theater to see a movie. We met a famous actor there.

Vocabulary & Pronunciation

이번 단원에서 배울 단어와 그 발음을 익혀보자.

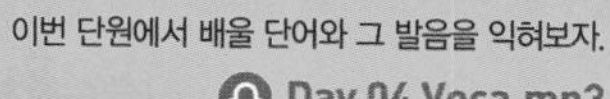

Movies 영화

감독	director
등장인물	character
영화배우(남자, 여자)	actor, actress
대본	script
명대사	famous line
영화 개봉	movie release
최신 개봉작	newest released movie
주연 배우 (남자, 여자)	leading actor, leading actress
자막	subtitle
줄거리	storyline

Movie Genres 영화 장르

액션	action
공포	horror
드라마	drama
로맨틱 코미디	romantic comedy
공상과학	science fiction
스릴러	thriller
애니메이션	animation
코미디	comedy
가족영화	family movie
블록버스터	blockbuster

Impressions 감상, 느낌

감동적인	touching, moving
웃긴	hilarious
잔인한	cruel
무서운, 끔찍한	horrible
눈물나게 하는 영화	tearjerker
반전의	reversal
사랑스러운	lovely
흥이 많은	cheering

1 인칭대명사의 종류

주격(이,가)	소유격(~의)	목적격(~을)	소유대명사(~의 것)
I	my	me	mine
you	your	you	yours
he	his	him	his
she	her	her	hers
it	its	it	it의 소유대명사는 없음
we	our	us	ours
they	their	them	theirs

2 인칭대명사의 격변화

- **주격 / 목적격**

Ex **I** like **him**. 나는 그를 좋아한다. **You** love **her**. 당신은 그녀를 사랑한다.

She gave it to **him**. 그녀가 그것을 그에게 주었다.

They caught **us** quickly. 그들은 우리를 빨리 따라잡았다.

- **소유격 / 소유대명사**

Ex I know **his** name, but he doesn't know **mine**. 나는 그의 이름을 알지만 그는 나의 이름을 모른다.

My car is red, and **my** friend likes **its** color. 내 차는 빨간색이고 내 친구는 내 차의 색을 좋아한다.

That is **his** book. 저것은 그의 책이다. That bag is **hers**. 저 가방은 그녀의 것이다.

3 기타 – 명사의 격변화

- **인칭대명사와 달리 명사는 주격과 목적격에서 차이를 두지 않는다.**

Ex **Kim** is nice to us. 김은 우리에게 친절하다. We like **Kim**. 우리는 김을 좋아한다.

Jane saw me. 제인은 나를 봤다. I called **Jane**. 나는 제인에게 전화했다.

- **명사의 소유격은 명사 뒤에 's를 붙여준다. 단 s로 끝나는 복수형에는 '(어퍼스트로피)만 붙여준다.**

Ex **Jane's** house is close to mine. 제인의 집은 우리 집과 가깝다.

She goes to a **girls'** high school. 그녀는 여고에 다닌다.

Question & Model Answer | 영화 보기 관련 설문지 주제

영화 보기와 관련되어 나오는 기출 문제와 모범답안을 익혀보자.

Question 1 You indicated that you like to watch movies. What movies do you like to watch? And why do you like to watch those movies the most?

당신은 영화 보는 것을 좋아한다고 했습니다. 무슨 영화를 좋아하나요? 그리고 왜 그 영화를 가장 좋아하나요?

Step 1 모범답안 읽어보기

04-1.mp3

영화 보기와 관련되어 나오는 기출 문제와 모범답안을 읽고 MP3를 들어보자.

Whenever I have time, I watch movies. I like to watch action movies the most. They are never boring. They are very exciting to watch. I like to watch science fiction movies as well as action movies. After watching these movies, I feel good.

Step 2 모범답안 틀 익히기

MP3를 들으며 모범답안 틀을 외울 수 있을 만큼 여러 번 읽어보자. 부분은 본인이 원하는 표현으로 대체해도 좋다.

❶ [1]Whenever I have time, I watch movies. 저는 시간이 있을 때마다 영화를 봅니다. ❷I like to watch [2]action movies the most. 저는 액션 영화 보는 것을 가장 좋아합니다. ❸They are never boring. 그것들은 결코 지루하지 않습니다. ❹They are very exciting to watch. 그것들은 보기에 아주 흥미롭습니다. ❺I like to watch [2]science fiction movies as well as [2]action movies. 저는 또한 액션 영화 만큼이나 SF 영화 보는 것을 좋아합니다. ❻After watching these movies, I feel good. 이 영화들을 보고 나면 저는 기분이 좋습니다.

대체 가능 표현

[1]when I am free 시간이 있을 때, on weekends 주말마다, once in a while 가끔씩 | [2]본인이 원하는 영화 장르로 변경 가능, action movies 액션 영화, romantic comedies 로맨틱 코미디, animations 애니메이션, family movies 가족영화, blockbusters 블록버스터 영화

Step 3 해석 보고 말해보기

해석을 보면서 위의 모범답안을 떠올려 입 밖으로 말해보자. 부분은 본인만의 표현으로 바꾸어 말해도 좋다.

❶ 저는 시간이 있을 때마다 영화를 봅니다. ❷저는 액션 영화 보는 것을 가장 좋아합니다. ❸그것들은 결코 지루하지 않습니다. ❹그것들은 보기에 아주 흥미롭습니다. ❺저는 또한 액션 영화만큼이나 SF 영화 보는 것을 좋아합니다. ❻이 영화들을 보고 나면 저는 기분이 좋습니다.

Question 2 What do you usually do when you go to see a movie? Discuss what you do before you go to the movie. Tell me in detail. 영화를 보러 갈 때 주로 어떻게 합니까? 영화 보러 가기 전에 무엇을 하는지 자세히 말해주세요.

Step 1 모범답안 읽어보기

04-2.mp3

영화 보기와 관련되어 나오는 기출 문제와 모범답안을 읽고 MP3를 들어보자.

To find a new movie to watch, I search the Internet. After that, I choose a movie, and I book tickets online. I go to the restroom before the movie starts. I turn off my cell phone during the movie. When the movie finishes, I go to eat with my friend.

Step 2 모범답안 틀 익히기

MP3를 들으며 모범답안 틀을 외울 수 있을 만큼 여러 번 읽어보자. 부분은 본인이 원하는 표현으로 대체해도 좋다.

❶ To find a new movie to watch, I search the Internet. 새로운 영화를 찾기 위해, 저는 인터넷을 검색합니다. ❷ After that, I choose a movie, and I book tickets online. 그 이후, 저는 영화 한 편을 고르고 온라인에서 티켓을 예매합니다. ❸ [1]I go to the restroom before the movie starts. 영화가 시작되기 전에 화장실에 갑니다. ❹ I turn off my cell phone during the movie. 영화 도중에는 휴대폰을 꺼놓습니다. ❺ When the movie finishes, [2]I go to eat with my friend. 영화가 끝나면 저는 친구와 함께 먹으러 갑니다.

대체 가능 표현

[1]I purchase popcorn combo 팝콘 콤보를 삽니다, I pick up the tickets 표를 찾습니다 | [2]we go to a restaurant and talk about the movie 우리는 식당으로 가서 영화에 대해 이야기합니다, we have a cup of coffee and talk about the movie 우리는 커피를 마시면서 영화에 대해 이야기합니다, I go to a pub to drink 술 마시러 술집에 갑니다

Step 3 해석 보고 말해보기

해석을 보면서 위의 모범답안을 떠올려 입 밖으로 말해보자. 부분은 본인만의 표현으로 바꾸어 말해도 좋다.

❶ 새로운 영화를 찾기 위해, 저는 인터넷을 검색합니다. ❷ 그 이후, 저는 영화 한 편을 고르고 온라인에서 티켓을 예매합니다. ❸ 영화가 시작되기 전에 화장실에 갑니다. ❹ 영화 도중에는 휴대폰을 꺼놓습니다. ❺ 영화가 끝나면 저는 친구와 함께 먹으러 갑니다.

Question 3 **When was the last time you went to see a movie? When you were there, did anything interesting happen? What happened? Please tell me about your recent experience at the movie.** 언제 마지막으로 영화를 보러 갔습니까? 당신이 거기 있을 때 무슨 일이 일어났습니까? 무엇이었습니까? 영화관에서 있었던 당신의 최근 경험에 대해 말해주세요.

Step 1 모범답안 읽어보기

04-3.mp3

영화 보기와 관련되어 나오는 기출 문제와 모범답안을 읽고 MP3를 들어보자.

About a month ago, my friends and I went to the theater to see a movie. When we got there, we saw a very handsome man in front of the ticket box. We were surprised and almost screamed! He was one of the most famous movie actors in Korea. I asked him for his autograph, and he happily gave it to me. It was like a dream come true. I will never forget that experience.

Step 2 모범답안 틀 익히기

MP3를 들으며 모범답안 틀을 외울 수 있을 만큼 여러 번 읽어보자. ______ 부분은 본인이 원하는 표현으로 대체해도 좋다.

❶ [1]About a month ago, my friends and I went to the theater to see a movie. 한 달 전쯤 제 친구들과 저는 영화를 보러 영화관에 갔습니다. ❷ When we got there, we saw [2]a very handsome man in front of the ticket box. 거기에 도착했을 때, 우리는 매표소 앞에서 아주 잘생긴 남자를 보았습니다. ❸ We were surprised and almost screamed! 우리는 깜짝 놀랐고 소리를 지를 뻔했습니다! ❹ He was [3]one of the most famous movie actors in Korea. 그는 한국에서 가장 유명한 배우들 중 한 명이었습니다. ❺ I asked him for his autograph, and he happily gave it to me. 저는 그에게 사인을 요청했고 그는 기꺼이 그것을 저에게 해주었습니다. ❻ It was like a dream come true. 꿈이 이루어진 것 같았습니다. ❼ I will never forget that experience. 저는 결코 그 경험을 잊지 못할 것입니다.

대체 가능 표현

[1]last month 지난달에, a few days ago 며칠 전에 | [2]a very beautiful woman 아주 아름다운 여인, a very gorgeous man 아주 매력적인 남성 | [3]one of my favorite music group members 내가 가장 좋아하는 음악 그룹 멤버 중의 한 명

Step 3 해석 보고 말해보기

해석을 보면서 위의 모범답안을 떠올려 입 밖으로 말해보자. ______ 부분은 본인만의 표현으로 바꾸어 말해도 좋다.

❶ 한 달 전쯤 제 친구들과 저는 영화를 보러 영화관에 갔습니다. ❷ 거기에 도착했을 때, 우리는 매표소 앞에서 아주 잘생긴 남자를 보았습니다. ❸ 우리는 깜짝 놀랐고 소리를 지를 뻔했습니다! ❹ 그는 한국에서 가장 유명한 배우들 중 한 명이었습니다. ❺ 저는 그에게 사인을 요청했고 그는 기꺼이 그것을 저에게 해주었습니다. ❻ 꿈이 이루어진 것 같았습니다. ❼ 저는 결코 그 경험을 잊지 못할 것입니다.

Question 4 **I also like to watch movies. Ask me three or four questions about the movie I like to watch.** 저도 역시 영화 보기를 좋아합니다. 제가 좋아하는 영화에 대해 서너 가지 질문을 해보세요.

Step 1 모범답안 읽어보기

04-4.mp3

영화 보기와 관련되어 나오는 기출 문제와 모범답안을 읽고 MP3를 들어보자.

I heard you enjoy watching movies. What is your favorite genre? Who do you usually watch movies with? How do you get some information when you choose the movie you will watch?

Step 2 모범답안 틀 익히기

MP3를 들으며 모범답안 틀을 외울 수 있을 만큼 여러 번 읽어보자.

❶I heard you enjoy watching movies. 저는 당신이 영화 보기를 즐긴다고 들었습니다. ❷What is your favorite genre? 당신이 가장 좋아하는 장르는 무엇입니까? ❸Who do you usually watch movies with? 영화는 주로 누구와 봅니까? ❹How do you get some information when you choose the movie you will watch? 당신이 볼 영화를 고를 때 어떻게 정보를 얻습니까?

대체 가능 표현 (기타 할 수 있는 질문)

What is one genre you do not enjoy watching? 당신이 즐겨보지 않는 영화 장르는 무엇입니까?. What made you enjoy watching the genre you prefer? 당신이 좋아하는 장르를 즐겨보는 이유는 무엇입니까?

Step 3 해석 보고 말해보기

해석을 보면서 위의 모범답안을 떠올려 입 밖으로 말해보자.

❶저는 당신이 영화 보기를 즐긴다고 들었습니다. ❷당신이 가장 좋아하는 장르는 무엇입니까? ❸영화는 주로 누구와 봅니까? ❹당신이 볼 영화를 고를 때 어떻게 정보를 얻습니까?

Question & Model Answer | 영화 보기 관련 Role-playing

영화 보기와 관련되어 나오는 롤플레이 기출 문제와 모범답안을 익혀보자.

Question 1 **I'm going to give you a situation. You and a friend want to see a movie. Pretend to call the theater and ask several questions before you buy tickets.** 당신에게 상황을 주겠습니다. 당신과 친구는 영화를 보고 싶습니다. 극장에 전화해서 표를 사기 전에 몇 가지 질문을 해 보세요.

Step 1 모범답안 읽어보기

04-5.mp3

영화 보기와 관련되어 나오는 기출 문제와 모범답안을 읽고 MP3를 들어보자.

Hello. Is this the ABC Movie Theater? Is your theater showing "Spider-Man"? I get sick watching 3D movies. When are the regular show times? I'd like two seats in a middle row. Are there any of those seats available? Thank you for your help.

Step 2 모범답안 틀 익히기

MP3를 들으며 모범답안 틀을 외울 수 있을 만큼 여러 번 읽어보자.

❶Hello. Is this the ABC Movie Theater? 안녕하세요. 거기가 ABC 영화관인가요? ❷Is your theater showing "Spider-Man"? 당신 극장에서 "스파이더맨"을 상영하고 있습니까? ❸I get sick watching 3D movies. When are the regular show times? 저는 3D 영화를 보면 멀미가 납니다. 영화의 정기상영 시간이 언제입니까? ❹I'd like two seats in a middle row. Are there any of those seats available? 저는 중앙의 두 좌석을 택하고 싶습니다. 그 좌석이 가능합니까? ❺Thank you for your help. 친절한 답변에 감사드립니다.

대체 가능 표현 (기타 추가할 수 있는 질문)

Can I book tickets on your website? 극장 웹사이트에서 티켓을 예매할 수 있습니까?, Can I buy tickets over the phone? 전화로 티켓을 살 수 있습니까?, Is it possible to change my tickets before it starts? 영화 시작 전에 제 티켓을 바꿀 수 있습니까?

Step 3 해석 보고 말해보기

해석을 보면서 위의 모범답안을 떠올려 입 밖으로 말해보자.

❶안녕하세요. 거기가 ABC 영화관인가요? ❷당신 극장에서 "스파이더맨"을 상영하고 있습니까? ❸저는 3D 영화를 보면 멀미가 납니다. 영화의 정기상영 시간이 언제입니까? ❹저는 중앙의 두 좌석을 택하고 싶습니다. 그 좌석이 가능합니까? ❺친절한 답변에 감사드립니다.

Question 2 **I am sorry, but there is a problem with the movie tickets. When you arrived at the cinema, you noticed that the tickets you were given were the wrong ones. You need to explain this situation to the person at the ticket box. Tell the person about this problem and ask the worker for some possible solutions to the problem.** 미안하지만, 영화 티켓에 문제가 있습니다. 당신이 극장에 도착했을 때 당신이 받은 티켓이 잘못된 티켓인 것을 알게 되었습니다. 당신은 매표소에 이 상황을 설명해야 합니다. 이 문제에 대해 말하고 이 문제에 대한 가능한 해결책을 물어보세요.

Step 1 모범답안 읽어보기

04-6.mp3

영화 보기와 관련되어 나오는 기출 문제와 모범답안을 읽고 MP3를 들어보자.

Excuse me. I bought two tickets for the 7 p.m. showing of "Spider-Man". However, the tickets that I got are for the 3D showing at 7:30 p.m. Can I change the tickets to a different showing? If not, can I just get a refund? I hope you can help me out with this problem. Thank you.

Step 2 모범답안 틀 익히기

MP3를 들으며 모범답안 틀을 외울 수 있을 만큼 여러 번 읽어보자. ▭ 부분은 본인이 원하는 표현으로 대체해도 좋다.

❶Excuse me. I bought two tickets for the 7 p.m. showing of "Spider-Man". 안녕하세요. 저는 저녁 7시에 상영하는 "스파이더맨" 영화 티켓 두 장을 샀습니다. ❷However, the tickets that I got are for the 3D showing at 7:30 p.m. 그러나 제가 가진 티켓은 저녁 7시 30분에 시작하는 3D 영화입니다. ❸Can I change the tickets to a different showing? 다른 상영시간으로 이 티켓들을 바꿔도 될까요? ❹If not, [1]can I just get a refund? 만약 안 된다면 환불을 받을 수 있을까요? ❺I hope you can help me out with this problem. Thank you. 당신이 이 문제에서 저를 도와줄 수 있기를 바랍니다. 감사합니다.

대체 가능 표현

[1]is it possible to exchange my tickets for another movie 다른 영화로 바꾸는 것이 가능합니까, what else can you suggest for me instead 대신 어떤 다른 것을 저에게 제안하실 수 있습니까

Step 3 해석 보고 말해보기

해석을 보면서 위의 모범답안을 떠올려 입 밖으로 말해보자. ▭ 부분은 본인만의 표현으로 바꾸어 말해도 좋다.

❶안녕하세요. 저는 저녁 7시에 상영하는 "스파이더맨" 영화 티켓 두 장을 샀습니다. ❷그러나 제가 가진 티켓은 저녁 7시 30분에 시작하는 3D 영화입니다. ❸다른 상영시간으로 이 티켓들을 바꿔도 될까요? ❹만약 안 된다면 환불을 받을 수 있을까요? ❺당신이 이 문제에서 저를 도와줄 수 있기를 바랍니다. 감사합니다.

Question 3 **Have you ever been in a situation like that and had to change your reservations? Tell me what happened. When and where did it happen? How did you resolve the problem? Tell me in as much detail as you can.** 당신은 그런 상황을 겪고 당신의 예약을 바꿔야 한 적이 있습니까? 무슨 일이었는지 말해주세요. 언제 어디서 그 일이 일어났나요? 당신은 그 문제를 어떻게 해결했습니까? 가능한 한 자세하게 말해주세요.

Step 1 모범답안 읽어보기

04-7.mp3

영화 보기와 관련되어 나오는 기출 문제와 모범답안을 읽고 MP3를 들어보자.

One time, I tried to reserve tickets for a movie. However, the person at the theater got confused about the title. When I got to the ticket box, there were no seats left. The person was really sorry about what happened, so he gave me a free ticket for another movie. I watched the other movie, but it was really bad. That was the only terrible experience I can remember.

Step 2 모범답안 틀 익히기

MP3를 들으며 모범답안 틀을 외울 수 있을 만큼 여러 번 읽어보자.

❶ One time, I tried to reserve tickets for a movie. 한번은 제가 영화 티켓을 예매하려고 했습니다. ❷ However, the person at the theater got confused about the title. 그런데 극장 직원이 제목을 착각했습니다. ❸ When I got to the ticket box, there were no seats left. 제가 매표소로 갔을 때 남은 자리가 없었습니다. ❹ The person was really sorry about what happened, so he gave me a free ticket for another movie. 그 사람은 이 일이 일어난 것에 너무 미안해했고 제게 다른 영화 티켓을 공짜로 주었습니다. ❺ I watched the other movie, but it was really bad. 저는 다른 영화를 봤는데 그것은 정말 형편없었습니다. ❻ That was the only terrible experience I can remember. 그것이 제가 기억할 수 있는 최악의 경험입니다.

대체 가능 표현 (마무리에 추가할 수 있는 표현)

Since that time, I must double check any tickets that I buy. 그 이후로 저는 제가 산 티켓을 반드시 두 번 체크합니다. It wasn't a great time, and I don't want to have a same experience again. 그것은 그다지 좋은 시간은 아니었으며 저는 다시는 같은 경험을 하고 싶지 않습니다.

Step 3 해석 보고 말해보기

해석을 보면서 위의 모범답안을 떠올려 입 밖으로 말해보자.

❶ 한번은 제가 영화 티켓을 예매하려고 했습니다. ❷ 그런데 극장 직원이 제목을 착각했습니다. ❸ 제가 매표소로 갔을 때 남은 자리가 없었습니다. ❹ 그 사람은 이 일이 일어난 것에 너무 미안해했고 제게 다른 영화 티켓을 공짜로 주었습니다. ❺ 저는 다른 영화를 봤는데 그것은 정말 형편없었습니다. ❻ 그것이 제가 기억할 수 있는 최악의 경험입니다.

DAY

5

DAY 5의 과업

12개 필수 선택 항목 중 공연 보기와 관련된 질문에 소재를 떠올려 막힘 없이 말할 수 있다.

Warming Up

Vocabulary & Pronunciation

Grammar | 지시대명사, 재귀대명사

설문지 선택 항목 | 공연 보기

롤플레이 | 공연 보기 관련 상황극 연습

공연 보기와 관련된 소재로 간단히 브레인스토밍을 해보자.

우리말 브레인스토밍

아래의 내용을 넣어 공연 관람에 대한 것을 우리말로 묘사해보자.

- 좋아하는 공연 설명
- 공연 전후 과정

Ex ❶ 저는 많은 종류의 쇼에 가는 것을 좋아합니다. 대부분 저는 뮤지컬이나 "난타" 같은 뮤직쇼를 보러 갑니다. 때때로 저는 연극을 보러 가는 것도 좋아합니다. ❷ 저는 쇼에 대한 정보를 얻기 위해 인터넷을 찾아봅니다. ❸ 쇼가 시작되기 전에 저는 화장실에 갑니다. ❹ 저는 쇼를 보고 나서 저녁을 먹습니다. ❺ 마지막으로 제가 갔던 뮤지컬은 "캣츠"였습니다. 저는 그것을 정말 즐겼습니다.

공연 관람과 관련해서 꼭 말해야 될 성분을 기억하자!

❶ 좋아하는 공연의 종류 ❷ 공연 정보를 얻는 방법 ❸ 공연 전 과정 ❹ 공연 후 과정 ❺ 마지막으로 관람한 공연 이름과 당시의 느낌

영어 브레인스토밍

위의 예시 문장을 아래의 표현을 사용해 영어로 말해보자.

- many kinds of shows 많은 종류의 쇼
- most of the time 대부분
- go to plays 연극을 보러 가다
- search the Internet 인터넷을 찾다
- get some information 정보를 얻다
- go to the restroom 화장실에 가다
- after watching the show 쇼를 보고 나서
- the last musical I went to 마지막으로 갔던 뮤지컬

예시 문장의 모범답안을 눈으로 한 번 읽어보자.

❶ I like to go to many kinds of shows. Most of the time, I go to musicals or music shows, like "Nanta". Sometimes, I also like to go to plays. ❷ I search the Internet to get some information about shows. ❸ Before the show starts, I go to the restroom. ❹ I have dinner after watching the show. ❺ The last musical I went to was called "Cats". I really enjoyed it.

Vocabulary & Pronunciation

이번 단원에서 배울 단어와 그 발음을 익혀보자.

Day 05 Voca.mp3

Performances 공연 종류

브로드웨이 뮤지컬	Broadway musical
연극	play
재즈 콘서트	jazz concert
클래식 콘서트	classic concert
케이팝 콘서트	K-pop concert
교향곡 연주회	symphony performance
댄스 공연	dance performance
매직쇼	magic show

Expression 느낌, 표현

감동받다	be impressed
잊을 수 없는	unforgettable
형편없는	terrible
이상한, 괴상한	weird
흥겨운	entertaining
신이 난	excited
독특한	unique
특이한	unusual

Before & After 전과 후

온라인에서 티켓을 예매하다	reserve tickets online
티켓 판매처에서 티켓을 구매하다	buy a ticket at the ticket booth
줄 서서 기다리다	wait in line
안내서를 챙기다	get the brochure
휴대폰을 끄다	turn off cell phone
큰 박수를 치다	give ~ a big hand
사진을 찍다	take pictures
기념품을 사다	buy a souvenir
공연에 대해 말하다	talk about the performance

1 지시대명사 this/that(단수형) – these/those(복수형)

- **this[these]는 말하는 사람과 가까이 있는 대상을 가리키며, 명사 앞에서 사용되기도 한다. 사람을 지칭할 때 this를 사용할 수 있다.**

Ex **This** is a pen. 이것은 펜이다.

He gave me **this** gift. 그는 내게 이 선물을 주었다.

These are pens. 이것들은 펜이다.

She told me **these** rules. 그녀는 내게 이런 규칙들을 말해주었다.

Who is **this**? 이 사람은 누구니?

- **that[those]은 말하는 사람과 떨어져 있는 대상을 가리키며, 명사 앞에서 사용되기도 한다. 사람을 지칭할 때 that을 사용할 수 있다.**

Ex **That** looks good. 저것이 좋아 보인다. (거리가 떨어져 있는 대상 지칭)

Give me **that** book. 거기 그 책을 주세요.

Those look much more expensive. 거기 있는 것들이 훨씬 비싸 보인다.

Those books seem interesting. 거기 그 책들이 흥미로워 보인다.

Who is **that**? 그 사람은 누구니?

2 재귀대명사(oneself, ourselves, themselves)

- **문장 속에서 주어와 목적어가 같은 대상일 때 재귀대명사를 쓴다.**

Ex He killed **himself**. 그가 자기 자신을 죽였다(자살했다).

This lady looked at **herself** in the mirror. 이 여성은 거울 속의 자신을 쳐다보았다.

They seemed to be enjoying **themselves**. 그들은 (스스로를) 즐기는 것 같다.

We blamed **ourselves** after that accident. 그 사건 이후로 우리는 (스스로를) 자책했다.

- **주어나 목적어를 강조할 때 재귀대명사를 명사 뒤에 붙여 사용한다.**

Ex Jane **herself** made this cake. 제인이 (직접) 이 케이크를 만들었다. (제인을 강조)

My father **himself** fixed this problem. 아버지가 (직접) 이 문제를 고쳤다. (아버지를 강조)

My sister wrote this letter **herself**. 누나가 (직접) 이 편지를 썼다.

We are thinking of going there **ourselves**. 우리는 (직접) 거기에 가는 것을 생각하고 있다.

Question & Model Answer | 공연 보기 관련 설문지 주제

공연 보기와 관련되어 나오는 기출 문제와 모범답안을 익혀보자.

Question 1 **You indicated that you enjoy the theater. Which kinds of performance do you like to watch? Do you prefer dramas, dance performances, or music shows? Why?** 당신은 공연을 즐겨본다고 했습니다. 어떤 종류의 공연을 좋아합니까? 드라마, 댄스 공연, 아니면 뮤직쇼? 왜 좋아합니까?

Step 1 모범답안 읽어보기

05-1.mp3

공연 보기와 관련되어 나오는 기출 문제와 모범답안을 읽고 MP3를 들어보자.

I like to go to many kinds of shows. Most of the time, I go to musicals or music shows, like "Nanta". Sometimes, I also like to go to plays. I would go to a dance performance if it were the kind of music I like. Live music is my favorite. I like any kinds of performances because they always make me feel so good.

Step 2 모범답안 틀 익히기

MP3를 들으며 모범답안 틀을 외울 수 있을 만큼 여러 번 읽어보자.

❶I like to go to many kinds of shows. 저는 많은 종류의 쇼에 가기를 좋아합니다. ❷Most of the time, I go to musicals or music shows, like "Nanta". 대부분 저는 뮤지컬이나 "난타" 같은 뮤직쇼를 보러 갑니다. ❸Sometimes, I also like to go to plays. 때때로 저는 연극 공연에 가는 것도 좋아합니다. ❹I would go to a dance performance if it were the kind of music I like. 만약 제가 좋아하는 음악 종류라면 댄스 공연에 가는 것도 좋아합니다. ❺Live music is my favorite. 라이브 음악은 제가 가장 좋아하는 것입니다. ❻I like any kinds of performances because they always make me feel so good. 저는 모든 종류의 공연을 좋아합니다. 왜냐하면 그것들은 언제나 제 기분을 좋게 해주기 때문입니다.

Step 3 해석 보고 말해보기

해석을 보면서 위의 모범답안을 떠올려 입 밖으로 말해보자.

❶저는 많은 종류의 쇼에 가기를 좋아합니다. ❷대부분 저는 뮤지컬이나 "난타" 같은 뮤직쇼를 보러 갑니다. ❸때때로 저는 연극 공연에 가는 것도 좋아합니다. ❹만약 제가 좋아하는 음악 종류라면 댄스 공연에 가는 것도 좋아합니다. ❺라이브 음악은 제가 가장 좋아하는 것입니다. ❻저는 모든 종류의 공연을 좋아합니다. 왜냐하면 그것들은 언제나 제 기분을 좋게 해주기 때문입니다.

Question 2 What do you do to prepare to go to a show? Be as detailed as possible. 당신은 쇼를 보러 가기 위해 어떤 것을 준비합니까? 가능한 한 자세하게 말해주세요.

Step 1 모범답안 읽어보기

05-2.mp3

공연 보기와 관련되어 나오는 기출 문제와 모범답안을 읽고 MP3를 들어보자.

I search the Internet to get some information about shows. Usually, I reserve tickets online and then pay at the door. I don't dress up too much, but I don't wear my work clothes either. Before the show starts, I go to the restroom. If I go with my friend, we have dinner after the show. We eat and laugh a lot during this time and I love this moment.

Step 2 모범답안 틀 익히기

MP3를 들으며 모범답안 틀을 외울 수 있을 만큼 여러 번 읽어보자. 부분은 본인이 원하는 표현으로 대체해도 좋다.

❶ I search the Internet to get some information about shows. 저는 쇼에 대한 정보를 얻기 위해 인터넷을 찾아봅니다. ❷ Usually, I reserve tickets online and then [1]pay at the door. 주로 저는 온라인에서 티켓을 예매하고 그런 다음 현장에서 결제합니다. ❸ I don't dress up too much, but I don't wear my work clothes either. 저는 너무 차려 입지는 않지만 일터에서 입는 옷도 입지 않습니다. ❹ Before the show starts, I [2]go to the restroom. 쇼가 시작되기 전에 저는 화장실에 갑니다. ❺ If I go with my friend, we [3]have dinner after the show. 만약 제가 친구와 가면 저희는 쇼가 끝난 이후에 저녁을 먹습니다. ❻ We eat and laugh a lot during this time and I love this moment. 저희는 이 시간 동안 많이 먹고 많이 웃으며 저는 이 순간을 정말 좋아합니다.

대체 가능 표현

[1]purchase them online 온라인에서 구매하다 | [2]turn off my cell phone 휴대폰을 끄다 | [3]go to a pub 술집에 가다, go to a coffee shop 커피숍에 가다

Step 3 해석 보고 말해보기

해석을 보면서 위의 모범답안을 떠올려 입 밖으로 말해보자. 부분은 본인만의 표현으로 바꾸어 말해도 좋다.

❶ 저는 쇼에 대한 정보를 얻기 위해 인터넷을 찾아봅니다. ❷ 주로 저는 온라인에서 티켓을 예매하고 그런 다음 현장에서 결제합니다. ❸ 저는 너무 차려 입지는 않지만 일터에서 입는 옷도 입지 않습니다. ❹ 쇼가 시작되기 전에 저는 화장실에 갑니다. ❺ 만약 제가 친구와 가면 저희는 쇼가 끝난 이후에 저녁을 먹습니다. ❻ 저희는 이 시간 동안 많이 먹고 많이 웃으며 저는 이 순간을 정말 좋아합니다.

Question 3 **Tell me about the last concert or musical you saw. Where was it and who was performing? When was it? Did you go with anyone? Tell me about the experience in detail.** 당신이 본 마지막 콘서트나 뮤지컬에 대해 말해주세요. 어디였고 누가 공연했습니까? 언제였습니까? 누구와 함께 갔습니까? 그 경험에 대해 자세하게 말해주세요.

Step 1 모범답안 읽어보기

05-3.mp3

공연 보기와 관련되어 나오는 기출 문제와 모범답안을 읽고 MP3를 들어보자.

The last musical I went to was called "Cats". It was the Broadway cast, so I didn't recognize any of the actors. It was in Gangnam last winter. I wanted to go with my friend, but she said that she had seen the musical already. So my high school friend Jun went with me. We really enjoyed it.

Step 2 모범답안 틀 익히기

MP3를 들으며 모범답안 틀을 외울 수 있을 만큼 여러 번 읽어보자. 부분은 본인이 원하는 표현으로 대체해도 좋다.

❶The last musical I went to was called [1]"Cats". 마지막으로 제가 갔던 뮤지컬은 "캣츠"였습니다. ❷It was the Broadway cast, so I didn't recognize any of the actors. 그것은 브로드웨이 캐스팅이어서 저는 배우들을 전혀 알지 못했습니다. ❸It was [2]in Gangnam last winter. 지난 겨울 강남이었습니다. ❹I wanted to go with my friend, but she said that [3]she had seen the musical already. 저는 친구와 가고 싶었지만 그녀는 이미 그 뮤지컬을 봤다고 했습니다. ❺So my high school friend Jun went with me. 그래서 제 고등학교 친구인 준이 저와 함께 갔습니다. ❻We really enjoyed it. 저희는 그것을 정말 즐겼습니다.

대체 가능 표현

[1]본인이 관람한 공연으로 변경 가능 | [2]장소와 시간 변경 가능, in Jongno last summer 지난 여름 종로 | [3]she was not feeling good 그녀는 몸이 안 좋았습니다, she had another appointment 그녀는 다른 약속이 있었습니다

Step 3 해석 보고 말해보기

해석을 보면서 위의 모범답안을 떠올려 입 밖으로 말해보자. 부분은 본인만의 표현으로 바꾸어 말해도 좋다.

❶마지막으로 제가 갔던 뮤지컬은 "캣츠"였습니다. ❷그것은 브로드웨이 캐스팅이어서 저는 배우들을 전혀 알지 못했습니다. ❸ 지난 겨울 강남이었습니다. ❹저는 친구와 가고 싶었지만 그녀는 이미 그 뮤지컬을 봤다고 했습니다. ❺그래서 제 고등학교 친구인 준이 저와 함께 갔습니다. ❻저희는 그것을 정말 즐겼습니다.

Question 4 I also love to see theater shows and events. Ask me three or four questions about my favorite performances I often see. 저도 역시 극장 쇼나 이벤트 보는 것을 좋아합니다. 제가 자주 보는 공연에 대해 서너 가지 질문을 해보세요.

Step 1 모범답안 읽어보기

05-4.mp3

공연 보기와 관련되어 나오는 기출 문제와 모범답안을 읽고 MP3를 들어보자.

I heard you enjoy seeing live performances. What is your favorite performance you have seen? Where do you usually see the performances? Who do you see the performances with?

Step 2 모범답안 틀 익히기

MP3를 들으며 모범답안 틀을 외울 수 있을 만큼 여러 번 읽어보자.

❶I heard you enjoy seeing live performances. 저는 당신이 공연을 즐겨본다고 들었습니다. ❷What is your favorite performance you have seen? 가장 즐겨본 공연은 무엇입니까? ❸Where do you usually see the performances? 주로 어디에서 공연을 봅니까? ❹Who do you see the performances with? 누구와 공연을 봅니까?

대체 가능 표현 (기타 할 수 있는 질문)

What made you enjoy live performances? 당신이 공연을 즐겨보는 이유는 무엇입니까?. Can you tell me about the most memorable performances you have ever seen? 당신이 본 것 중에서 가장 기억에 남는 공연에 대해 말해주겠습니까?

Step 3 해석 보고 말해보기

해석을 보면서 위의 모범답안을 떠올려 입 밖으로 말해보자.

❶저는 당신이 공연을 즐겨본다고 들었습니다. ❷가장 즐겨본 공연은 무엇입니까? ❸주로 어디에서 공연을 봅니까? ❹누구와 공연을 봅니까?

Question 5 I also like to go to concerts. Ask me three or four questions about the concerts I like to watch. 저도 콘서트에 가는 것을 좋아합니다. 제가 좋아하는 콘서트에 대해 나에게 서너 가지 질문을 해보세요.

Step 1 모범답안 읽어보기

05-5.mp3

공연 보기와 관련되어 나오는 기출 문제와 모범답안을 읽고 MP3를 들어보자.

I heard that you like to go to concerts as much as I do. What types of concerts do you like to see? What made you enjoy those types of concert at first? Who do you usually go to concerts with and why?

Step 2 모범답안 틀 익히기

MP3를 들으며 모범답안 틀을 외울 수 있을 만큼 여러 번 읽어보자.

❶I heard that you like to go to concerts as much as I do. 저는 당신이 저만큼 콘서트에 가는 것을 즐긴다고 들었습니다. ❷What types of concerts do you like to see? 어떤 종류의 콘서트를 즐겨봅니까? ❸What made you enjoy those types of concert at first? 처음에 그런 종류의 콘서트를 좋아하게 된 이유가 무엇입니까? ❹Who do you usually go to concerts with and why? 당신은 주로 누구와 콘서트를 가고 그 이유는 무엇입니까?

대체 가능 표현 (기타 할 수 있는 질문)

How do you find information about the concerts? 그 콘서트에 대해 어떻게 정보를 얻습니까?. Do you like music shows or plays? 뮤직쇼를 좋아합니까, 연극을 좋아합니까?

Step 3 해석 보고 말해보기

해석을 보면서 위의 모범답안을 떠올려 입 밖으로 말해보자.

❶저는 당신이 저만큼 콘서트에 가는 것을 즐긴다고 들었습니다. ❷어떤 종류의 콘서트를 즐겨봅니까? ❸처음에 그런 종류의 콘서트를 좋아하게 된 이유가 무엇입니까? ❹당신은 주로 누구와 콘서트를 가고 그 이유는 무엇입니까?

Question & Model Answer | 공연 보기 관련 Role-playing

공연 보기와 관련되어 나오는 롤플레이 기출 문제와 모범답안을 익혀보자.

Question 1 This is a role-playing question. A friend of yours wants to go to the theater with you. Role play calling your friend and ask him or her three or four questions about the show. 이것은 롤플레이 문제입니다. 친구가 당신과 공연장에 가고 싶어합니다. 당신 친구에게 전화해서 그 쇼에 대해 서너 가지 질문을 해주세요.

Step 1 모범답안 읽어보기

05-6.mp3

공연 보기와 관련되어 나오는 기출 문제와 모범답안을 읽고 MP3를 들어보자.

Hello, Sunhee? Hi, it's ______. I want to ask you about the show this weekend. First, where will it be? Is it close by? How long will it last? Will it take longer than three hours? Lastly, if something happens and I can't make it, what do you want me to do? Should I call you first? Thanks. I'm looking forward to it. It's going to be fun! Bye!

Step 2 모범답안 틀 익히기

MP3를 들으며 모범답안 틀을 외울 수 있을 만큼 여러 번 읽어보자.

❶Hello, Sunhee? Hi, it's ______. I want to ask you about the show this weekend. 여보세요, 선희니? 안녕, 나 ______야. 이번 주말 쇼에 대해 물어보고 싶어. ❷First, where will it be? Is it close by? 첫째로, 어디에서 (공연이) 열리지? 가까운 곳이야? ❸How long will it last? Will it take longer than three hours? 얼마나 오래 하지? 3시간 이상 걸릴까? ❹Lastly, if something happens and I can't make it, what do you want me to do? Should I call you first? 마지막으로 만약 무슨 일이 생겨서 못 가게 되면 내가 어떻게 해야 할까? 먼저 전화할까? ❺Thanks. I'm looking forward to it. It's going to be fun! Bye! 고마워. 기대가 되네. 재미있을 거 같아! 안녕!

Step 3 해석 보고 말해보기

해석을 보면서 위의 모범답안을 떠올려 입 밖으로 말해보자.

❶여보세요, 선희니? 안녕, 나 ______야. 이번 주말 쇼에 대해 물어보고 싶어. ❷첫째로, 어디에서 (공연이) 열리지? 가까운 곳이야? ❸얼마나 오래 하지? 3시간 이상 걸릴까? ❹마지막으로 만약 무슨 일이 생겨서 못 가게 되면 내가 어떻게 해야 할까? 먼저 전화할까? ❺고마워. 기대가 되네. 재미있을 거 같아! 안녕!

Question 2 There is a problem that you need to resolve. You have reserved tickets for a concert. However, the morning of the concert, you wake up feeling very sick. Call your friend and tell him or her what has happened. Since you can't go to the concert, give your friend two or three possible solutions. 당신이 해결해야 할 문제가 있습니다. 당신은 콘서트 티켓을 예매했습니다. 그러나 콘서트 날 아침에 일어나니 몸이 몹시 안 좋습니다. 친구에게 전화해서 무슨 일인지 말해주세요. 당신이 콘서트에 가지 못하니 친구에게 가능한 두세 가지 해결책을 제시해주세요.

Step 1 모범답안 읽어보기

05-7.mp3

공연 보기와 관련되어 나오는 기출 문제와 모범답안을 읽고 MP3를 들어보자.

Sunhee? Hi, it's ________. I am really sick. I feel bad, so I can't go to the concert tonight. However, I thought you could call Jane. She might like to go. I'm going to find another show for us to go to together. Next time, I will buy the tickets. And we should have dinner this weekend. I feel bad, so dinner is on me. Thank you for understanding.

Step 2 모범답안 틀 익히기

Mp3를 들으며 모범답안 틀을 외울 수 있을 만큼 여러 번 읽어보자.

❶Sunhee? Hi, it's ______. I am really sick. I feel bad, so I can't go to the concert tonight. 선희니? 안녕. 나 ______야. 나 정말 아파. 심각해. 그래서 오늘 밤 콘서트에 갈 수가 없어. ❷However, I thought you could call Jane. She might like to go. 그런데 내 생각에 네가 제인에게 전화를 하면 될 거 같아. 그녀는 아마 가려고 할 거야. ❸I'm going to find another show for us to go to together. 다음에 함께 가기 위해 또 다른 쇼를 찾아보도록 할게. ❹Next time, I will buy the tickets. 다음 번에 내가 티켓을 사도록 할게. ❺And we should have dinner this weekend. I feel bad, so dinner is on me. 그리고 이번 주말에 우리 함께 저녁 먹자. 마음이 불편하니까 저녁은 내가 살게. ❻Thank you for understanding. 이해해줘서 고마워.

Step 3 해석 보고 말해보기

해석을 보면서 위의 모범답안을 떠올려 입 밖으로 말해보자.

❶선희니? 안녕. 나 ________야. 나 정말 아파. 심각해, 그래서 오늘 밤 콘서트에 갈 수가 없어. ❷그런데 내 생각에 네가 제인에게 전화를 하면 될 거 같아. 그녀는 아마 가려고 할 거야. ❸다음에 함께 가기 위해 또 다른 쇼를 찾아보도록 할게. ❹다음 번에 내가 티켓을 사도록 할게. ❺그리고 이번 주말에 우리 함께 저녁 먹자. 마음이 불편하니까 저녁은 내가 살게. ❻이해해줘서 고마워.

Question 3 **Excellent. That's the end of the situation. Have you ever had to cancel an appointment before? Why did you cancel? What did you say to cancel your appointment? Tell me about it in detail.** 좋습니다. 상황이 끝났습니다. 당신은 전에 약속을 취소한 적이 있습니까? 왜 취소했습니까? 약속을 취소할 때 당신은 뭐라고 했습니까? 자세하게 말해주세요.

Step 1 모범답안 읽어보기

05-8.mp3

공연 보기와 관련되어 나오는 기출 문제와 모범답안을 읽고 MP3를 들어보자.

Yes, I was in a similar situation once. A friend of mine bought movie tickets for us. Unfortunately, the day before the show, I got really sick. So, I couldn't go. Actually, when I called my friend, I couldn't even speak because I was so sick. Instead, I messaged him and explained what happened. He understood, but I still felt bad. So, I bought him some beer when I felt better.

Step 2 모범답안 틀 익히기

MP3를 들으며 모범답안 틀을 외울 수 있을 만큼 여러 번 읽어보자. ______ 부분은 본인이 원하는 표현으로 대체해도 좋다.

❶Yes, I was in a similar situation once. 네, 저는 한번은 그와 비슷한 상황에 처한 적이 있습니다. ❷A friend of mine bought movie tickets for us. 제 친구가 우리가 볼 영화 티켓을 샀습니다. ❸Unfortunately, the day before the show, I got really sick. So, I couldn't go. 불행히도 쇼가 시작되기 전날에 저는 정말 아파서 갈 수가 없었습니다. ❹Actually, when I called my friend, I couldn't even speak because I was so sick. 사실, 제가 친구에게 전화했을 때 저는 너무 아파서 말도 할 수 없었습니다. ❺Instead, I messaged him and explained what happened. 대신, 저는 친구에게 메시지를 보내서 무슨 일인지 설명했습니다. ❻He understood, but I still felt bad. So, I [1]bought him some beer when I felt better. 그는 이해해줬지만 저는 여전히 마음이 안 좋았습니다. 그래서 제가 나았을 때 저는 그에게 맥주를 사주었습니다.

대체 가능 표현

[1]treated him to lunch 점심을 대접했다, reserved a new movie for him 그를 위해 새로운 영화를 예약했다

Step 3 해석 보고 말해보기

해석을 보면서 위의 모범답안을 떠올려 입 밖으로 말해보자. ______ 부분은 본인만의 표현으로 바꾸어 말해도 좋다.

❶네, 저는 한번은 그와 비슷한 상황에 처한 적이 있습니다. ❷제 친구가 우리가 볼 영화 티켓을 샀습니다. ❸불행히도 쇼가 시작되기 전날에 저는 정말 아파서 갈 수가 없었습니다. ❹사실, 제가 친구에게 전화했을 때 저는 너무 아파서 말도 할 수 없었습니다. ❺대신, 저는 친구에게 메시지를 보내서 무슨 일인지 설명했습니다. ❻그는 이해해줬지만 저는 여전히 마음이 안 좋았습니다. 그래서 제가 나았을 때 저는 그에게 맥주를 사주었습니다.

후기 3

OPIc 시험을 보고 저와 같은 실수를 다른 분들은 하지 않았으면 하는 마음에 창피하지만 후기를 남겨요. OPIc 시험이 처음이라 온라인으로 접수하고 결제하는 과정이 헷갈렸습니다. 그래도 무사히 접수하고 시험 날짜와 시험장 시간까지 꼼꼼히 확인한 후 프린트까지 해서 시험장에 갔죠. 아는 분도 있겠지만 OPIc이 총 5개 언어로 시험이 가능하잖아요. 전 영어 시험을 접수했다고 클릭했죠. 근데 이름이 없다면서 오류가 나더라고요. 당황해서 감독관을 불렀어요. 감독관이 와서 제 화면을 살펴보더니 저를 보고 웃더라고요. 글쎄 제가 접수할 때 5개의 언어 중에서 한국어 언어 시험을 접수했더라고요. OPIc 접수 사이트에서 언어 선택을 하라고 하길래 아무 생각 없이 한국어를 선택했는데…ㅠㅜ 글쎄 그게 시험 언어 선택이었던 거죠. 감독관은 취소나 변경이 안 된다고 다시 접수하는 방법밖에 없다고 했습니다. 그냥 나오고 싶었지만 돈이 아까워서 그냥 시험을 봤어요. 요새 한국어 능력 시험도 본다고 하니까요. 근데 글쎄 점수가 IM 3밖에 안 나왔어요! 세상에, 당연히 만점인 AL 나올 줄 알았는데, 모국어로 IM 3라니요. 한국어로 시험 봐도 만점 못 받는 저는 어쩌나요? ㅋㅋㅋㅋㅋ

DAY

6

DAY 6의 과업

12개 필수 선택 항목 중 공원 가기와 관련된 질문에 소재를 떠올려 막힘 없이 말할 수 있다.

Warming Up

Vocabulary & Pronunciation

Grammar | 명사의 복수형, 복수형 발음 법칙

설문지 선택 항목 | 공원 가기

롤플레이 | 공원 가기 관련 상황극 연습

Warming Up

공원 가기와 관련된 소재로 간단히 브레인스토밍을 해보자.

1 우리말 브레인스토밍

아래의 내용을 넣어 공원 가기와 관련된 것을 우리말로 묘사해보자.

- 자주 가는 공원 설명
- 가장 최근에 공원을 방문한 경험

Ex ❶ 제가 가장 좋아하는 공원은 벚꽃공원입니다. 그것은 저희 집 근처에 있습니다. ❷ (거기에는) 당연히 많은 벚꽃나무가 있습니다. 그 공원은 그다지 붐비지 않습니다. ❸ 때때로 저는 공원 주변에서 자전거를 탑니다. 많은 사람들이 그 공원에서 달리기를 합니다. ❹ 최근에 저는 몇몇 학교 친구들과 한강공원에 갔었습니다. 거기서 친구들과 좋은 시간을 보냈습니다.

공원 가기와 관련해서 꼭 말해야 될 성분을 기억하자!

❶ 자주 가는 공원과 위치 ❷ 공원 모습 ❸ 공원에서 하는 활동 ❹ 마지막으로 공원에 갔던 때와 느낌

2 영어 브레인스토밍

위의 예시 문장을 아래의 표현을 사용해 영어로 말해보자.

- Cherry Blossom Park 벚꽃공원
- near my house 집 근처
- not very busy 그다지 붐비지 않는
- ride my bike 자전거를 타다
- Han River Park 한강공원
- have a good time 좋은 시간을 보내다

예시 문장의 모범답안을 눈으로 한 번 읽어보자.

❶ My favorite park is Cherry Blossom Park. It's near my house. ❷ There are lots of cherry blossom trees of course. The park isn't very busy. ❸ Sometimes, I ride my bike around the park. Lots of people run in the park. ❹ Lately, I went to Han River Park with some of my school friends. I had a good time with my friends there.

이번 단원에서 배울 단어와 그 발음을 익혀보자.
Day 06 Voca.mp3

Parks 공원 종류

국립공원	national park
지역공원	local park
강가 공원	riverside park
놀이공원	amusement park
테마파크	theme park
놀이터	playground

Activities 공원 내 활동

일광욕을 하다	take a sunbath
벤치에 앉다	sit on a bench
피크닉을 하다	have a picnic
산책하다	take a walk
트랙 위를 뛰다	jog on a track
자전거를 타다	ride a bike
개를 산책시키다	walk a dog
나무 밑에서 쉬다	take a rest under the tree
비둘기에게 먹이를 주다	feed doves

Description 공원 안 묘사

입구	entrance
잔디	grass
벤치	bench
분수	fountain
스낵바	snack bar
휴지통	trash can
모래밭	sandbox
산책로	promenade
자전거 도로	bike trail
러닝트랙	running track
배드민턴 코트	badminton court
농구 코트	basketball court

1 명사의 복수형

• 규칙 복수형

1. **대부분의 명사는 -s를 붙인다.**

Ex night – nights 밤 ticket – tickets 티켓 bag – bags 가방

2. **-s, -z, -x, -sh, -ch로 끝나는 명사는 -es를 붙인다.**

Ex bus – buses 버스 quiz – quizes 퀴즈 dish – dishes 접시

3. **-f(e)로 끝나는 명사는 -f(e)를 -ves로 고치거나 그대로 -s를 붙인다.**

Ex life – lives 삶, 인생 wolf – wolves 늑대 roof – roofs 지붕

4. **자음+y로 끝나는 명사는 y를 i로 고치고 -es를 붙인다.**

Ex candy – candies 사탕 baby – babies 아기 city – cities 도시

5. **모음+y로 끝나는 명사는 -s만 붙인다.**

Ex boy – boys 소년 toy – toys 장난감 key – keys 열쇠

• 불규칙 복수형

1. **-(e)s를 붙이지 않고 단어가 완전히 바뀌는 경우**

Ex mouse – mice 쥐 foot – feet 발 child – children 아이

2. **단수형과 복수형이 같은 경우**

Ex a fish – two fish 물고기 a sheep – two sheep 양 a series – two series 시리즈

2 복수형 명사의 발음 원칙

유성음은 발음할 때 목구멍이 울리는 소리로 [d], [b], [g], [z] 등의 자음과 모든 모음을 말하며, 무성음은 발음할 때 목구멍이 울리지 않는 소리로 [t], [p], [k], [s] 등의 자음을 말한다.

• 유성음+(e)s : [z]로 발음한다

Ex star – stars[z] 별 seed – seeds[z] 씨앗 son – sons[z] 아들

• 무성음+(e)s : [s]로 발음한다

Ex map – maps[s] 지도 cake – cakes[s] 케이크 stamp – stamps[s] 우표

• 발음기호 [s] [z] [tʃ] [ʃ] [dʒ]+-es : [iz]로 발음한다

Ex page – pages[iz] 페이지 size – sizes[iz] 크기 church – churches[iz] 교회

Question & Model Answer | 공원 가기 관련 설문지 주제

공원 가기와 관련되어 나오는 기출 문제와 모범답안을 익혀보자.

Question 1 **You said you enjoy going to the park in your free time. Tell me about your favorite park in detail. Where is it? What do you like about it?** 당신은 여가 시간에 공원에 가는 것을 즐긴다고 했습니다. 좋아하는 공원에 대해 자세하게 말해주세요. 어디에 있나요? 어떤 것에 대해 좋아합니까?

Step 1 모범답안 읽어보기

06-1.mp3

공원 가기와 관련되어 나오는 기출 문제와 모범답안을 읽고 MP3를 들어보자.

My favorite park is Cherry Blossom Park. It's near my house. There are lots of cherry blossom trees of course. In addition, many people bring their dogs. I like to play with the dogs because I want one. The park also has a lake with ducks in it. The lake is surrounded by a walking track.

Step 2 모범답안 틀 익히기

MP3를 들으며 모범답안 틀을 외울 수 있을 만큼 여러 번 읽어보자.

❶ My favorite park is Cherry Blossom Park. It's near my house. 제가 가장 좋아하는 공원은 벚꽃공원입니다. 그것은 저희 집 근처에 있습니다. ❷ There are lots of cherry blossom trees of course. 거기에는 물론 많은 벚꽃 나무들이 있습니다. ❸ In addition, many people bring their dogs. 또한 많은 사람들이 반려견을 데리고 옵니다. ❹ I like to play with the dogs because I want one. 저도 한 마리를 키우고 싶기 때문에 저는 강아지들과 노는 것을 좋아합니다. ❺ The park also has a lake with ducks in it. 공원은 또한 오리들이 사는 호수도 있습니다. ❻ The lake is surrounded by a walking track. 호수는 워킹트랙으로 둘러싸여 있습니다.

대체 가능 표현 (기타 표현할 수 있는 공원 모습)

The trees are in full bloom now. 나무들이 지금 활짝 피어 있습니다. There are fallen leaves on the ground. 땅 위에는 낙엽들이 있습니다

Step 3 해석 보고 말해보기

해석을 보면서 위의 모범답안을 떠올려 입 밖으로 말해보자.

❶ 제가 가장 좋아하는 공원은 벚꽃공원입니다. 그것은 저희 집 근처에 있습니다. ❷ 거기에는 물론 많은 벚꽃 나무들이 있습니다. ❸ 또한 많은 사람들이 반려견을 데리고 옵니다. ❹ 저도 한 마리를 키우고 싶기 때문에 강아지들과 노는 것을 좋아합니다. ❺ 공원은 또한 오리들이 사는 호수도 있습니다. ❻ 호수는 워킹트랙으로 둘러싸여 있습니다.

Question 2 Tell me about the people you might meet in the park. Describe the people. What do they enjoy doing in the park? What do you enjoy doing there? Tell me in detail. 당신이 공원에서 만나는 사람들에 대해 말해주세요. 그들은 공원에서 어떤 일을 즐겨하나요? 당신은 거기에서 어떤 것을 즐겨합니까? 자세히 말해주세요.

Step 1 모범답안 읽어보기

06-2.mp3

공원 가기와 관련되어 나오는 기출 문제와 모범답안을 읽고 MP3를 들어보자.

The park isn't very busy. Most of the visitors are old people. They mostly just sit and talk with each other. Like I said, I like to play with the dogs. Sometimes, I ride my bike around the park. Lots of people run in the park, too.

Step 2 모범답안 틀 익히기

MP3를 들으며 모범답안 틀을 외울 수 있을 만큼 여러 번 읽어보자.

❶The park isn't very busy. 그 공원은 그다지 붐비지 않습니다. ❷Most of the visitors are old people. 대부분의 방문자들은 나이 드신 어르신들입니다. ❸They mostly just sit and talk with each other. 그들은 대부분 그냥 앉아서 다른 사람과 이야기를 나눕니다. ❹Like I said, I like to play with the dogs. 제가 말한 것처럼, 저는 강아지들과 노는 것을 좋아합니다. ❺Sometimes, I ride my bike around the park. 때때로 저는 공원 주변에서 자전거를 탑니다. ❻Lots of people run in the park, too. 많은 사람들이 공원에서 뛰기도 합니다.

대체 가능 표현 (기타 표현할 수 있는 공원 활동)

Some people take a slow walk along paths. 어떤 사람들은 산책로를 따라 느리게 산책합니다. Young people like riding inline skating. 젊은 사람들은 인라인 스케이트 타는 것을 좋아합니다. Old people enjoy playing Korean chess, Janggi. 노인들은 한국 체스인 장기 두는 것을 즐깁니다.

Step 3 해석 보고 말해보기

해석을 보면서 위의 모범답안을 떠올려 입 밖으로 말해보자.

❶그 공원은 그다지 붐비지 않습니다. ❷대부분의 방문자들은 나이 드신 어르신들입니다. ❸그들은 대부분 그냥 앉아서 다른 사람과 이야기를 나눕니다. ❹제가 말한 것처럼, 저는 강아지들과 노는 것을 좋아합니다. ❺때때로 저는 공원 주변에서 자전거를 탑니다. ❻많은 사람들이 공원에서 뛰기도 합니다.

Question 3 **Have you gone to a park recently? Tell me about the last time you visited a park. Which park was it? Did you go with anyone? What did you do? Be as detailed as you can.** 최근에 공원에 간 적이 있습니까? 마지막으로 공원에 간 것에 대해 말해주세요. 어느 공원이었나요? 누구와 함께 갔나요? 무엇을 했나요? 가능한 한 자세하게 말해주세요.

Step 1 모범답안 읽어보기

06-3.mp3

공원 가기와 관련되어 나오는 기출 문제와 모범답안을 읽고 MP3를 들어보자.

Last month, I went to Han River Park with some of my school friends. We ordered chicken and beer. We met at noon, and we stayed there until 10 p.m. Some of my friends started working recently. So the rest of us had lots of questions about their jobs. I had a good time with my friends.

Step 2 모범답안 틀 익히기

MP3를 들으며 모범답안 틀을 외울 수 있을 만큼 여러 번 읽어보자. 부분은 본인이 원하는 표현으로 대체해도 좋다.

❶ Last month, I went to Han River Park with some of my school friends. 지난달에 저는 몇몇 학교 친구들과 한강공원에 갔었습니다. ❷ [1]We ordered chicken and beer. 저희는 치킨과 맥주를 주문했습니다. ❸ We met at noon, and we stayed there until 10 p.m. 저희는 정오에 만나서 밤 10시까지 머물렀습니다. ❹ Some of my friends started working recently. 친구들 중 몇 명은 최근 일을 시작했습니다. ❺ So the rest of us had lots of questions about their jobs. 그래서 나머지 친구들은 그들에 일에 대해 많은 질문을 했습니다. ❻ I had a good time with my friends. 저는 친구들과 좋은 시간을 보냈습니다.

대체 가능 표현

[1]We went on a picnic. 우리는 소풍을 갔습니다. We ate noodles and dumplings at a snack bar. 우리는 스낵바에서 국수와 만두를 먹었습니다. We sat on the bench and had a small talk. 우리는 벤치에 앉아 잡담을 나눴습니다.

Step 3 해석 보고 말해보기

해석을 보면서 위의 모범답안을 떠올려 입 밖으로 말해보자. 부분은 본인만의 표현으로 바꾸어 말해도 좋다.

❶ 지난달에 저는 몇몇 학교 친구들과 한강공원에 갔었습니다. ❷ 저희는 치킨과 맥주를 주문했습니다. ❸ 저희는 정오에 만나서 밤 10시까지 머물렀습니다. ❹ 친구들 중 몇 명은 최근 일을 시작했습니다. ❺ 그래서 나머지 친구들은 그들에 일에 대해 많은 질문을 했습니다. ❻ 저는 친구들과 좋은 시간을 보냈습니다.

Question 4 I also enjoy going to a park. Ask me three or four questions about the park I like to visit. 저도 역시 공원에 가는 것을 좋아합니다. 제가 즐겨가는 공원에 대해 서너 가지 질문을 해 보세요.

Step 1 모범답안 읽어보기

06-4.mp3

공원 가기와 관련되어 나오는 기출 문제와 모범답안을 읽고 MP3를 들어보자.

I heard you enjoy going to a park. Which park do you like to go to the most? What does it look like? What do you usually do at the park? Who do you go to the park with?

Step 2 모범답안 틀 익히기

MP3를 들으며 모범답안 틀을 외울 수 있을 만큼 여러 번 읽어보자.

❶I heard you enjoy going to a park. 저는 당신이 공원에 가는 것을 즐긴다고 들었습니다. ❷Which park do you like to go to the most? 어느 공원에 가는 것을 가장 좋아합니까? ❸What does it look like? 그곳은 어떤 모습입니까? ❹What do you usually do at the park? 당신은 공원에서 주로 무엇을 합니까? ❺Who do you go to the park with? 누구와 공원에 갑니까?

대체 가능 표현 (기타 할 수 있는 질문)

What are some activities you can do at the park? 당신이 공원에서 할 수 있는 활동들은 무엇입니까?, What time of the day do you go to the park? 당신은 하루 중 언제 공원에 갑니까?

Step 3 해석 보고 말해보기

해석을 보면서 위의 모범답안을 떠올려 입 밖으로 말해보자.

❶저는 당신이 공원에 가는 것을 즐긴다고 들었습니다. ❷어느 공원에 가는 것을 가장 좋아합니까? ❸그곳은 어떤 모습입니까? ❹당신은 공원에서 주로 무엇을 합니까? ❺누구와 공원에 갑니까?

Question & Model Answer | 공원 가기 관련 Role-playing

공원 가기와 관련되어 나오는
롤플레이 기출 문제와
모범답안을 익혀보자.

Question 1 **This is a role-playing question and I will ask you to act it out. One of your friends has asked you to go to the park with him or her this weekend. Role play calling your friend and ask your friend three or four questions about his or her plan.** 다음은 당신이 해결해야 할 롤플레이 질문입니다. 당신 친구 중 한 명이 이번 주말에 공원에 같이 가자고 요청했습니다. 친구에게 전화 건다고 가정하고 그 또는 그녀의 계획에 관해 서너 가지 질문을 해주세요.

Step 1 모범답안 읽어보기

06-5.mp3

공원 가기와 관련되어 나오는 기출 문제와 모범답안을 읽고 MP3를 들어보자.

Hello, Jun. I am looking forward to going to the park with you this weekend. Which park are we going to? Is it just going to be the two of us? Or are other people going, too? What time should we meet? Will we get food at the park? Or should I eat before we meet? I hope we have a fun time. Bye.

Step 2 모범답안 틀 익히기

MP3를 들으며 모범답안 틀을 외울 수 있을 만큼 여러 번 읽어보자.

❶Hello, Jun. I am looking forward to going to the park with you this weekend. 안녕, 준. 나는 너와 이번 주말에 공원에 가는 것을 기대하고 있어. ❷ Which park are we going to? 우리는 어느 공원에 가는 거야? ❸Is it just going to be the two of us? Or are other people going, too? 우리 둘만 가는 거니? 아니면 다른 사람도 가는 거야? ❹What time should we meet? 몇 시에 만나야 될까? ❺Will we get food at the park? Or should I eat before we meet? 우리는 공원에서 음식을 먹을 거야? 아니면 만나기 전에 내가 식사를 하고 가야 할까? ❻I hope we have a fun time. Bye. 좋은 시간을 가졌으면 좋겠다. 안녕.

Step 3 해석 보고 말해보기

해석을 보면서 위의 모범답안을 떠올려 입 밖으로 말해보자.

❶안녕, 준. 나는 너와 이번 주말에 공원에 가는 것을 기대하고 있어. ❷우리는 어느 공원에 가는 거야? ❸우리 둘만 가는 거니? 아니면 다른 사람도 가는 거야? ❹몇 시에 만나야 될까? ❺우리는 공원에서 음식을 먹을 거야? 아니면 만나기 전에 내가 식사를 하고 가야 할까? ❻좋은 시간을 가졌으면 좋겠다. 안녕.

Question 2 **Unfortunately, there is a problem that you have to resolve. You are supposed to meet your friend at the park today. However, something urgent has come up, so now you can't go. Call your friend and tell him or her what's happened. Then, offer some suggestions to resolve the problem.** 불행히도 당신은 해결해야 할 문제가 있습니다. 당신은 오늘 공원에서 친구를 만나기로 했는데 급한 일이 생겨서 갈 수 없게 되었습니다. 친구에게 전화해서 무슨 일인지 말해주세요. 그런 다음 이 문제를 해결하기 위한 몇 가지 제안을 해보세요.

Step 1 모범답안 읽어보기

06-6.mp3

공원 가기와 관련되어 나오는 기출 문제와 모범답안을 읽고 MP3를 들어보자.

Hey, I'm sorry, but I have to cancel today. My uncle decided to visit us, and mom wants me to stay home. Are you free tomorrow? We can go to the park tomorrow. Or we can see a movie tonight. I'll be free after dinner. Let me know what you want to do.

Step 2 모범답안 틀 익히기

MP3를 들으며 모범답안 틀을 외울 수 있을 만큼 여러 번 읽어보자.

❶ Hey, I'm sorry, but I have to cancel today. 미안하지만 오늘 취소를 해야 할 것 같아. ❷ My uncle decided to visit us, and mom wants me to stay home. 삼촌이 갑자기 방문하기로 결정하셔서 엄마는 내가 집에 있기를 원하셔. ❸ Are you free tomorrow? We can go to the park tomorrow. 내일 시간 되니? 우리 내일 공원에 가자. ❹ Or we can see a movie tonight. I'll be free after dinner. 아니면 우리 오늘 밤에 영화를 볼 수도 있어. 저녁 식사 이후에는 시간이 될 거야. ❺ Let me know what you want to do. 네가 원하는 게 무엇인지 알려줘.

대체 가능 표현 (기타 할 수 있는 제안)

If you don't want to do that, we can visit the park a week from now. 만약 그것을 하고 싶지 않으면 일주일 후에 공원에 갈 수도 있어. Why don't you call Jane? She might have time for you. 제인에게 전화해볼래? 그녀는 아마 너를 위해 시간을 낼 수 있을 거야.

Step 3 해석 보고 말해보기

해석을 보면서 위의 모범답안을 떠올려 입 밖으로 말해보자.

❶ 미안하지만 오늘 취소를 해야 할 것 같아. ❷ 삼촌이 갑자기 방문하기로 결정하셔서 엄마는 내가 집에 있기를 원하셔. ❸ 내일 시간 되니? 우리 내일 공원에 가자. ❹ 아니면 우리 오늘 밤에 영화를 볼 수도 있어. 저녁 식사 이후에는 시간이 될 거야. ❺ 네가 원하는 게 무엇인지 알려줘.

Question 3 Excellent. That's the end of the situation. Has something like this happened to you? Have you ever needed to cancel plans because something urgent came up? What happened? Tell me the whole story in detail. 좋습니다. 상황이 끝났습니다. 당신에게 이런 일이 일어난 적이 있습니까? 무언가 급한 일이 생겨서 계획을 취소해야 했던 적이 있었습니까? 무슨 일이었습니까? 자세하게 전체 이야기를 해주세요.

Step 1 모범답안 읽어보기

06-7.mp3

공원 가기와 관련되어 나오는 기출 문제와 모범답안을 읽고 MP3를 들어보자.

I had a date once. However, that morning, I got hit by a scooter. I had to go to the hospital. It wasn't serious, but I had to cancel the date. I tried to reschedule it, but our schedules didn't match. It was really depressing.

Step 2 모범답안 틀 익히기

MP3를 들으며 모범답안 틀을 외울 수 있을 만큼 여러 번 읽어보자. ▭ 부분은 본인이 원하는 표현으로 대체해도 좋다.

❶ I had a date once. 한번은 데이트가 있었습니다. ❷ However, that morning, I got hit by a scooter. 그러나 그날 아침에 저는 스쿠터에 치이고 말았습니다. ❸ I had to go to the hospital. 저는 병원에 가야 했습니다. ❹ [1]It wasn't serious, but I had to cancel the date. 심각한 것은 아니었지만 저는 데이트를 취소해야만 했습니다. ❺ I tried to reschedule it, but our schedules didn't match. 저는 데이트 스케줄을 다시 잡으려고 노력했지만 저희의 스케줄이 서로 맞지 않았습니다. ❻ It was really depressing. 정말 우울했습니다.

대체 가능 표현

[1]I had to take several tests just in case. 만약을 대비해서 저는 몇 가지 테스트를 받아야 했습니다. I called her to explain this situation, and she understood everything. 저는 이 상황을 설명하려고 그녀에게 전화를 했고 그녀는 모든 것을 이해했습니다.

Step 3 해석 보고 말해보기

해석을 보면서 위의 모범답안을 떠올려 입 밖으로 말해보자. ▭ 부분은 본인만의 표현으로 바꾸어 말해도 좋다.

❶ 한번은 데이트가 있었습니다. ❷ 그러나 그날 아침에 저는 스쿠터에 치이고 말았습니다. ❸ 저는 병원에 가야 했습니다. ❹ 심각한 것은 아니었지만 저는 데이트를 취소해야만 했습니다. ❺ 저는 데이트 스케줄을 다시 잡으려고 노력했지만 저희의 스케줄이 서로 맞지 않았습니다. ❻ 정말 우울했습니다.

DAY 7

DAY 7의 과업

12개 필수 선택 항목 중 집안일 거들기와 관련된 질문에 소재를 떠올려 막힘 없이 말할 수 있다.

Warming Up

Vocabulary & Pronunciation

Grammar | 명사처럼 쓰이는 to부정사

설문지 선택 항목 | 집안일 거들기 관련 주제

돌발주제 | 집안 개선 프로젝트

Warming Up

집안일 거들기와 관련된 소재로 간단히 브레인스토밍을 해보자.

1 우리말 브레인스토밍

아래의 내용을 넣어 집안일 거들기와 관련된 것을 우리말로 묘사해보자.

- 가족들 간의 집안일 분담
- 자신이 맡은 집안일과 그 일을 어떻게 처리하는지 설명

Ex ❶ 저는 가족: 부모님, 제 여동생 (또는 남동생)과 함께 삽니다. ❷ 학기 중에는 우리는 많은 집안일을 하지 않습니다. 왜냐하면 엄마는 저희가 공부에 집중하길 원하시기 때문입니다. ❸ 제가 어릴 적에 제 첫 번째 책임은 제 방을 청소하는 것이었습니다. 저는 또한 쓰레기를 버려야 했습니다. ❹ 저는 제 책임을 진지하게 받아들였습니다.

집안일 거들기와 관련해서 꼭 말해야 될 성분을 기억하자!

❶ 함께 사는 가족 ❷ 학기 중에 하는 집안일 ❸ 어릴 적 맡았던 집안일 ❹ 집안일에 대한 책임감

2 영어 브레인스토밍

위의 예시 문장을 아래의 표현을 사용해 영어로 말해보자.

- during the school year 학기 중에는
- have many chores 많은 집안일을 하다
- focus on -ing ~에 집중하다
- first responsibility 첫 번째 책임
- take out the trash 쓰레기를 버리다
- take A seriously A를 진지하게 받아들이다

예시 문장의 모범답안을 눈으로 한 번 읽어보자.

❶ I live with my family: my parents, and my sister (or brother). ❷ During the school year, we don't have many chores because Mom wants us to focus on studying. ❸ When I was a kid, my first responsibility was to clean my room. I also had to take out the trash. ❹ I took those responsibilities seriously.

Vocabulary & Pronunciation

이번 단원에서 배울 단어와 그 발음을 익혀보자.

Day 07 Voca.mp3

Household Chores 집안일 종류

설거지하다	wash the dishes
빨래하다	do the laundry
빨래를 널다	hang out the laundry
집 청소를 하다	clean the house
진공청소기를 돌리다	vacuum
바닥을 쓸다	sweep the floor
바닥을 닦다	wipe the floor
바닥을 대걸레질하다	mop the floor
가구의 먼지를 털다	dust the furniture
쓰레기를 버리다	take out the trash
다림질하다	do the ironing
시장 보기	grocery shopping
식탁을 차리다	set the table
식사를 준비하다	prepare a meal
요리하다	do the cooking
남은 음식을 버리다	throw out all of the leftovers
우편물을 가지고 오다	pick up the mail
정원을 가꾸다	do gardening

Home Improvement Projects
집안 개선 프로젝트

리모델링하다	do renovations, renew the interior of one's house, redecorate
수리공을 부르다	call a repairman
얼룩을 지우다	remove stains
벽지를 갈다	change the wallpaper
새 욕조를 설치하다	install a new bathtub
유리창을 갈다	replace a window
바닥을 새로 깔다	do a new flooring job
조명을 바꾸다	change a light
문을 수리하다	repair the door
에어컨을 설치하다	put in an air conditioning system

Grammar | 명사처럼 쓰이는 to부정사

영어로 말할 때 꼭 필요한 문법을 간단하게 배워보자.

1 주어 역할 하는 to부정사

to부정사가 주어인 경우 문장에서 주어 자리에 쓰이며 '~하는 것은[이,가]'이라고 해석한다. 하지만 to부정사가 길 경우 문장 초반에 쓰는 경우는 별로 없기 때문에 대부분 주어 자리에 it을 쓰고 원래 주어인 to부정사는 문장 끝으로 보낸다.

Ex It is important **to keep** your room clean. 네 방을 깨끗하게 유지하는 것은 중요하다.

It is hard **to see** it often. 그것을 자주 보는 것은 힘들다.

It is easier **to wash** the dishes. 설거지하는 것이 더 쉽다.

It is always touching **to help** other people. 다른 사람을 돕는 것은 언제나 감동적이다.

2 목적어 역할 하는 to부정사

목적어로 사용되는 to부정사는 '~하기를', '~하는 것을'이라고 해석하며 동사 다음에 오는 목적어 자리에 쓰인다.

Ex I want **to eat** something. 나는 무언가를 먹고 싶다.

I like **to dance** together. 나는 함께 춤추는 것을 좋아한다.

I plan **to go** there someday. 나는 언젠가 그곳에 가는 것을 계획하고 있다.

You didn't try **to fix** the problem. 너는 그 문제를 고치려고 노력하지 않았다.

We agreed **to clean** the house together. 우리는 함께 집을 청소하는 것을 동의했다.

3 보어 역할 하는 to부정사

보통 be동사 다음에 위치하여 '주어=무엇이다(동급)'를 설명하는 to부정사로 '~은 ~하는 것이다'로 해석할 수 있다.

Ex My brother's wish is **to meet** her. 내 남동생의 소원은 그녀를 만나는 것이다.

His role is **to help** my mother. 그의 역할은 나의 어머니를 돕는 것이다.

My hobby is **to collect** CDs. 내 취미는 CD를 모으는 것이다.

Their goal is **to be** winners. 그들의 목표는 승자가 되는 것이다.

His next plan is **to pass** the test. 그의 다음 계획은 그 시험을 통과하는 것이다.

4 기타 의문사와 함께 쓰이는 to부정사

Ex I don't know **what to do.** 나는 무엇을 해야 할지 모르겠다.

He asked me **when to come.** 그는 나에게 언제 와야 하는지 물었다.

I decided **whom to go** with. 나는 누구와 갈지 결정했다.

He taught me **how to use** it. 그는 나에게 그것을 어떻게 사용하는지 가르쳐주었다.

Question & Model Answer | 집안일 거들기 관련 설문지 주제

집안일 거들기와 관련되어 나오는 기출 문제와 모범답안을 익혀보자.

Question 1 Do you live with your family or roommates? How do you decide who will do which chores around the house? 당신은 가족이나 룸메이트와 사나요? 누가 어떤 집안일을 할 것인지 어떻게 결정합니까?

Step 1 모범답안 읽어보기

07-1.mp3

집안일 거들기와 관련되어 나오는 기출 문제와 모범답안을 읽고 MP3를 들어보자.

I live with my family: my parents, and my sister (or brother). Dad made a rule: If you make a mess, you clean it up. That rule covers most of the chores. During the school year, we don't have many chores because Mom wants us to focus on studying. If we have to do some chores, Mom just tells us what to do.

Step 2 모범답안 틀 익히기

MP3를 들으며 모범답안 틀을 외울 수 있을 만큼 여러 번 읽어보자. 부분은 본인이 원하는 표현으로 대체해도 좋다.

❶ I live with [1]my family: my parents, and my sister (or brother). 저는 가족: 부모님, 제 여동생 (또는 남동생)과 함께 삽니다. ❷ [2]Dad made a rule: If you make a mess, you clean it up. 아빠는 규칙을 만드셨습니다. '만약 네가 어지르면 네가 치워라.' ❸ That rule covers most of the chores. 그 규칙은 대부분의 집안일을 포함합니다. ❹ [3]During the school year, we don't have many chores because Mom wants us to focus on studying. 학기 중에는 우리는 많은 집안일을 하지 않습니다. 왜냐하면 엄마는 저희가 공부에 집중하길 원하시기 때문입니다. ❺ If we have to do some chores, Mom just tells us what to do. 만약 저희가 집안일을 해야 한다면, 엄마는 저희에게 무엇을 해야 할지만 말씀하십니다.

대체 가능 표현

[1]my grandparents 조부모님, my roommate 동거인, my friend 친구 | [2]mom 엄마, the leader of the house 집안의 리더 | [3]during the weekend 주말 동안, on weekdays 주중에는, during school vacation 학교 방학 중에는

Step 3 해석 보고 말해보기

해석을 보면서 위의 모범답안을 떠올려 입 밖으로 말해보자. 부분은 본인만의 표현으로 바꾸어 말해도 좋다.

❶ 저는 가족: 부모님, 제 여동생 (또는 남동생)과 함께 삽니다. ❷ 아빠는 규칙을 만드셨습니다. '만약 네가 어지르면 네가 치워라.' ❸ 그 규칙은 대부분의 집안일을 포함합니다. ❹ 학기 중에는 우리는 많은 집안일을 하지 않습니다. 왜냐하면 엄마는 저희가 공부에 집중하길 원하시기 때문입니다. ❺ 만약 저희가 집안일을 해야 한다면, 엄마는 저희에게 무엇을 해야 할지만 말씀하십니다.

Question 2 **When you were young, what responsibilities did you have at home? How did you do them?** 당신이 어렸을 때 집에서 어떤 책임을 맡았나요? 그것들을 어떻게 했습니까?

Step 1 모범답안 읽어보기

07-2.mp3

집안일 거들기와 관련되어 나오는 기출 문제와 모범답안을 읽고 MP3를 들어보자.

When I was a kid, my first responsibility was to clean my room. If my mom cleaned my room, she threw things away. So I took that responsibility seriously. I also had to take out the trash. We lived on the fifth floor, and there was no elevator. On the plus side, those stairs were good exercise.

Step 2 모범답안 틀 익히기

MP3를 들으며 모범답안 틀을 외울 수 있을 만큼 여러 번 읽어보자. 부분은 본인이 원하는 표현으로 대체해도 좋다.

❶ When I was a kid, my first responsibility was [1]to clean my room. 제가 어릴 적에 제 첫 번째 책임은 제 방을 청소하는 것 이었습니다. ❷ If my mom cleaned my room, she threw things away. 만약 엄마가 제 방을 청소하면 물건을 버리곤 했습니다. ❸ So I took that responsibility seriously. 그래서 저는 제 책임을 진지하게 받아들였습니다. ❹ I also had to [2]take out the trash. 저는 또한 쓰레기를 버려야 했습니다. ❺ We lived on the fifth floor, and there was no elevator. 저희는 5층에 살았는데 엘리베이터가 없었습니다. ❻ On the plus side, those stairs were good exercise. 좋은 면으로 (생각하면) 계단 오르내리기는 좋은 운동이었습니다.

대체 가능 표현

[1]to wash the dishes 설거지를 하는 것, to put things back 물건을 제자리에 놓는 것, to pack my school bag 학교 가방을 챙기는 것 | [2]do the laundry 빨래를 하다, set the table 식탁을 차리다, help my mom 엄마를 돕다

Step 3 해석 보고 말해보기

해석을 보면서 위의 모범답안을 떠올려 입 밖으로 말해보자. 부분은 본인만의 표현으로 바꾸어 말해도 좋다.

❶ 제가 어릴 적에 제 첫 번째 책임은 제 방을 청소하는 것이었습니다. ❷ 만약 엄마가 제 방을 청소하면 물건을 버리곤 했습니다. ❸ 그래서 저는 제 책임을 진지하게 받아들였습니다. ❹ 저는 또한 쓰레기를 버려야 했습니다. ❺ 저희는 5층에 살았는데 엘리베이터가 없었습니다. ❻ 좋은 면으로 (생각하면) 계단 오르내리기는 좋은 운동이었습니다.

Question 3 Was there a time, as a child, when you failed to fulfill a responsibility? What happened as a result? Tell me the story in detail. 당신이 어릴 때 맡은 책임을 완수하지 못한 적이 있습니까? 그 결과로 무슨 일이 있었나요? 그 이야기를 자세히 말해주세요.

Step 1 모범답안 읽어보기

07-3.mp3

집안일 거들기와 관련되어 나오는 기출 문제와 모범답안을 읽고 MP3를 들어보자.

Once, I tried to make taking out the trash easier. Instead of walking down the stairs, I went to my window. I tried to throw the trash bag onto the pile on the street. However, I missed, and the bag hit a car. The bag exploded, and trash got all over the car. I had to apologize to the owner of the car.

Step 2 모범답안 틀 익히기

MP3를 들으며 모범답안 틀을 외울 수 있을 만큼 여러 번 읽어보자. ___ 부분은 본인이 원하는 표현으로 대체해도 좋다.

❶ Once, I tried to make taking out the trash easier. 한번은 제가 쓰레기 버리기를 좀 더 쉽게 하려고 시도한 적이 있었습니다. ❷ Instead of walking down the stairs, I went to my window. 저는 계단을 내려가는 대신에 창문으로 갔습니다. ❸ I tried to throw the trash bag onto the pile on the street. 저는 거리의 쓰레기 더미 위로 쓰레기 봉투를 던지려고 했습니다. ❹ However, I missed, and [1]the bag hit a car. 하지만 저는 실수를 했고 봉투가 차에 떨어지고 말았습니다. ❺ The bag exploded, and trash got all over [2]the car. 봉투가 터졌고 그 차 위에 온통 흩어지고 말았습니다. ❻ [3]I had to apologize to the owner of the car. 저는 그 차 주인에게 사과해야 했습니다.

대체 가능 표현

[1]the bag hit the street 쓰레기 봉투가 거리에 떨어졌다, the bag hit something 쓰레기 봉투가 무언가를 쳤다, the bag hit somebody 쓰레기 봉투가 누군가에게 떨어졌다 | [2]the street 거리 | [3]I had to clean the street. 저는 거리를 청소해야 했습니다. I had to apologize to the person. 저는 그 사람에게 사과해야 했습니다.

Step 3 해석 보고 말해보기

해석을 보면서 위의 모범답안을 떠올려 입 밖으로 말해보자. ___ 부분은 본인만의 표현으로 바꾸어 말해도 좋다.

❶ 한번은 제가 쓰레기 버리기를 좀 더 쉽게 하려고 시도한 적이 있었습니다. ❷ 저는 계단을 내려가는 대신에 창문으로 갔습니다. ❸ 저는 거리의 쓰레기 더미 위로 쓰레기 봉투를 던지려고 했습니다. ❹ 하지만 저는 실수를 했고 봉투가 차에 떨어지고 말았습니다. ❺ 봉투가 터졌고 그 차 위에 온통 흩어지고 말았습니다. ❻ 저는 그 차 주인에게 사과해야 했습니다.

Question 4 I also do household chores. Ask me three or four questions about my household chores I do in my house. 저도 역시 집안일을 합니다. 제가 하는 집안일에 대해서 서너 가지 질문을 해보세요.

Step 1 모범답안 읽어보기

07-4.mp3

집안일 거들기와 관련되어 나오는 기출 문제와 모범답안을 읽고 MP3를 들어보자.

I heard you do chores around the house. What is one chore you enjoy doing? How about one you hate doing? Do you take turns doing the chores?

Step 2 모범답안 틀 익히기

MP3를 들으며 모범답안 틀을 외울 수 있을 만큼 여러 번 읽어보자.

❶ I heard you do chores around the house. 저는 당신이 집안일을 한다고 들었습니다. ❷ What is one chore you enjoy doing? 당신이 즐겨하는 집안일은 무엇입니까? ❸ How about one you hate doing? 당신이 하기 싫어하는 집안일은요? ❹ Do you take turns doing the chores? 당신은 차례대로 집안일을 합니까?

대체 가능 표현 (기타 할 수 있는 질문)

Does anyone help you with the chores? 당신의 집안일을 누가 도와줍니까?, What were the last household chores that you did? 당신이 마지막으로 한 집안일은 무엇이었습니까?

Step 3 해석 보고 말해보기

해석을 보면서 위의 모범답안을 떠올려 입 밖으로 말해보자.

❶ 저는 당신이 집안일을 한다고 들었습니다. ❷ 당신이 즐겨하는 집안일은 무엇입니까? ❸ 당신이 하기 싫어하는 집안일은요? ❹ 당신은 차례대로 집안일을 합니까?

Question & Model Answer | 집안일 관련 돌발 주제 - 집안 개선 프로젝트

집안 개선 프로젝트와 관련되어 나오는 기출 문제와 모범답안을 익혀보자.

Question 1 **Tell me about a home improvement project you have done. What was the project? Were you successful? Be as detailed as you can.** 당신이 한 집안 개선 프로젝트에 대해 말해주세요. 프로젝트가 뭐였나요? 성공적이었나요? 가능한 한 자세히 말해주세요.

Step 1 모범답안 읽어보기

07-5.mp3

집안 개선 프로젝트와 관련되어 나오는 기출 문제와 모범답안을 읽고 MP3를 들어보자.

When we bought our house, there was a wall between the kitchen and the living room. The wall between the rooms was inconvenient. So we knocked down the wall. It opened up the rooms nicely. We also had to install a brace for the ceiling. It was a really big project for us.

Step 2 모범답안 틀 익히기

MP3를 들으며 모범답안 틀을 외울 수 있을 만큼 여러 번 읽어보자. ▭ 부분은 본인이 원하는 표현으로 대체해도 좋다.

❶ When we bought our house, there was a wall between the kitchen and the living room. 저희가 집을 샀을 때 부엌과 거실 사이에 벽이 있었습니다. ❷ The wall between the rooms was inconvenient. 방 사이의 벽은 불편했습니다. ❸ So we [1]knocked down the wall. 그래서 저희는 그 벽을 부쉈습니다. ❹ It opened up the rooms nicely. 그것은 방들을 근사하게 개방시켰습니다. ❺ We also had to [2]install a brace for the ceiling. 저희는 또한 천장을 위한 버팀목을 설치해야 했습니다. ❻ It was a really big project for us. 그것은 저희에게 정말 큰 프로젝트였습니다.

대체 가능 표현

[1]tore down, pulled down, removed 철거했다 | [2]clean the rooms 방들을 청소하다, install a new light 새 조명을 달다, cover the floor 바닥을 메우다

Step 3 해석 보고 말해보기

해석을 보면서 위의 모범답안을 떠올려 입 밖으로 말해보자. ▭ 부분은 본인만의 표현으로 바꾸어 말해도 좋다.

❶ 저희가 집을 샀을 때 부엌과 거실 사이에 벽이 있었습니다. ❷ 방 사이의 벽은 불편했습니다. ❸ 그래서 저희는 그 벽을 부쉈습니다. ❹ 그것은 방들을 근사하게 개방시켰습니다. ❺ 저희는 또한 천장을 위한 버팀목을 설치해야 했습니다. ❻ 그것은 저희에게 정말 큰 프로젝트였습니다.

Question 2 During the home improvement project, what were your responsibilities? Who helped you with the project? What did they do? Explain the full process. 집안 개선 프로젝트를 하는 동안 당신의 책임은 무엇이었나요? 누가 그 프로젝트를 도왔나요? 그들은 무엇을 했나요? 전체 과정을 설명해주세요.

Step 1 모범답안 읽어보기

07-6.mp3

집안 개선 프로젝트와 관련되어 나오는 기출 문제와 모범답안을 읽고 MP3를 들어보자.

My father did all of the planning for the project. I helped with the actual work though. First, we had to check that the wall was safe to knock down. There was only one support beam. So we knocked down most of the wall, and then we installed the brace. After that, we knocked down the rest and covered the floor.

Step 2 모범답안 틀 익히기

MP3를 들으며 모범답안 틀을 외울 수 있을 만큼 여러 번 읽어보자. [ ] 부분은 본인이 원하는 표현으로 대체해도 좋다.

❶ [1]My father did all of the planning for the project. 아버지가 프로젝트를 위한 모든 계획을 짰습니다. ❷ I helped with the actual work though. 비록 제가 실제 일을 돕긴 했지만요. ❸ First, we had to check that the wall was safe to knock down. 첫 번째로 저희는 그 벽이 철거해도 안전한지 점검했습니다. ❹ There was only one support beam. 거기에는 한 개의 보조 기둥만이 박혀 있었습니다. ❺ So we knocked down most of the wall, and then we installed the brace. 그래서 저희는 대부분의 벽을 철거했고 그러고 나서 버팀목을 설치했습니다. ❻ After that, we knocked down the rest and covered the floor. 그 이후에 저희는 나머지를 철거하고 바닥을 메웠습니다.

대체 가능 표현

[1]I 내가, my mother 어머니가, the decorator 인테리어 업자가

Step 3 해석 보고 말해보기

해석을 보면서 위의 모범답안을 떠올려 입 밖으로 말해보자. [ ] 부분은 본인만의 표현으로 바꾸어 말해도 좋다.

❶ 아버지가 프로젝트를 위한 모든 계획을 짰습니다. ❷ 비록 제가 실제 일을 돕긴 했지만요. ❸ 첫 번째로 저희는 그 벽이 철거해도 안전한지 점검했습니다. ❹ 거기에는 한 개의 보조 기둥만이 박혀 있었습니다. ❺ 그래서 저희는 대부분의 벽을 철거했고 그러고 나서 버팀목을 설치했습니다. ❻ 그 이후에 저희는 나머지를 철거하고 바닥을 메웠습니다.

Question 3 **What was the last improvement you did in your house? Were there any surprises in the process? How did you handle them? Tell me the whole story.** 집에서 당신이 한 마지막 개선 작업은 무엇이었습니까? 그 과정에서 놀라운 일이 있었나요? 어떻게 처리했나요? 전체 스토리를 말해주세요.

Step 1 모범답안 읽어보기

07-7.mp3

집안 개선 프로젝트와 관련되어 나오는 기출 문제와 모범답안을 읽고 MP3를 들어보자.

The last thing I did was fix the toilet seat. However, the new one didn't fit. It was too small. So I had to go back to the store and exchange it. It was really annoying, and I didn't want to go through all that again.

Step 2 모범답안 틀 익히기

MP3를 들으며 모범답안 틀을 외울 수 있을 만큼 여러 번 읽어보자. ▭ 부분은 본인이 원하는 표현으로 대체해도 좋다.

❶The last thing I did was [1]fix the toilet seat. 마지막으로 제가 한 것은 변기 의자를 고친 것 이었습니다. ❷However, [2]the new one didn't fit. It was too small. 그러나 새것이 맞지 않았습니다. 그것은 너무 작았습니다. ❸So I had to go back to the store and exchange it. 그래서 저는 가게로 되돌아가 그것을 바꿔야 했습니다. ❹It was really annoying, and I didn't want to go through all that again. 그것은 정말 짜증났고 그 모든 것을 다시 하고 싶지 않았습니다.

대체 가능 표현

[1]change the light 조명을 바꾸다, hang new wallpaper 벽지를 새로 하다, install an air conditioner 에어컨을 설치하다 | [2]the new one didn't match my house 새것이 우리 집과 맞지 않았다, it didn't work well 그것은 작동이 잘 되지 않았다, it didn't look good 그것은 좋아 보이지 않았다

Step 3 해석 보고 말해보기

해석을 보면서 위의 모범답안을 떠올려 입 밖으로 말해보자. ▭ 부분은 본인만의 표현으로 바꾸어 말해도 좋다.

❶마지막으로 제가 한 것은 변기 의자를 고친 것이었습니다. ❷그러나 새것이 맞지 않았습니다. 그것은 너무 작았습니다. ❸그래서 저는 가게로 되돌아가 그것을 바꿔야 했습니다. ❹그것은 정말 짜증났고 그 모든 것을 다시 하고 싶지 않았습니다.

DAY

8

DAY 8의 과업

12개 필수 선택 항목 중 음악 감상하기와 관련된 질문에 소재를 떠올려 막힘 없이 말할 수 있다.

Warming Up

Vocabulary & Pronunciation

Grammar | 명사로 쓰이는 동명사

설문지 선택 항목 | 음악 감상하기

롤플레이 | 음악 감상 관련 상황극 연습

Warming Up

음악 감상과 관련된 소재로 간단히 브레인스토밍을 해보자.

우리말 브레인스토밍

아래의 내용을 넣어 음악 감상에 대한 것을 우리말로 묘사해보자.

- 좋아하는 음악 종류와 이유, 듣는 방법
- 음악과 관련된 경험

Ex ❶제가 가장 좋아하는 음악 장르는 재즈입니다. ❷재즈 음악은 매우 자유롭게 느껴집니다. ❸저는 시간이 있을 때마다 음악을 듣습니다. ❹저는 집에서 가장 자주 음악을 듣습니다. ❺주로 저는 제 휴대폰으로 음악을 틉니다. ❻저는 한번 무대에 불려 올라간 적이 있습니다. 가수가 저를 무대 위로 끌어 올렸고 함께 노래하자고 했습니다. 저는 그와 함께 노래를 불렀습니다. 그것은 정말 멋졌습니다.

음악 감상과 관련해서 꼭 말해야 될 성분을 기억하자!

❶가장 좋아하는 음악 종류 ❷좋아하는 이유 ❸얼마나 자주 음악을 듣는지 ❹음악을 듣는 장소 ❺음악을 듣는 방법 ❻음악과 관련된 에피소드

영어 브레인스토밍

위의 예시 문장을 아래의 표현을 사용해 영어로 말해보자.

- favorite music genre 가장 좋아하는 음악 장르
- feel free 자유롭게 느껴지다
- whenever I have time 시간이 날 때마다
- most often 가장 자주
- get pulled up 위로 끌어 올려지다
- on stage 무대 위로
- pull up 위로 끌어 올리다
- sing together 함께 노래 부르다
- sing along 노래를 (함께) 따라 부르다
- so cool 아주 멋진

예시 문장의 모범답안을 눈으로 한 번 읽어보자.

❶My favorite music genre is jazz. ❷Jazz music feels very free. ❸I listen to music whenever I have time. ❹I listen to music at home most often. ❺Usually, I just play music on my phone. ❻I got pulled up on stage once. The singer pulled me up on stage and asked me to sing together with him. I sang along with him. It was so cool.

Vocabulary & Pronunciation

이번 단원에서 배울 단어와 그 발음을 익혀보자.
Day 08 Voca.mp3

Music genres 음악 종류

클래식 음악	classical music
재즈 음악	jazz music
케이팝 음악	K-pop music
팝송	pop song
영화 음악	soundtrack
인디 음악	indie music
발라드	ballad
록음악	rock music
알앤비 음악	R&B music
힙합 음악	hip-hop music

Composition 구성

가사	lyrics
멜로디	melody
리듬	rhythm
사운드	sound
박자	beat
랩	rap
음조	pitch
음표, 악보	note

Et cetera 기타 표현들

음악을 틀다[연주하다]	play music
스마트폰으로 틀다	play on one's smartphone
음악을 반복하다	repeat music
노래를 따라 부르다	sing along
작곡하다	compose music
음악에 집중하다	concentrate on the music
중독성 있는 음악	addictive music
재능 있는 음악가	talented musician

1 주어 역할 하는 동명사

동명사가 주어인 경우 문장에서 주어 자리에 쓰이며 to부정사처럼 '~하는 것은[이,가]'이라고 해석한다. to부정사와 달리 문장 초반에서도 자주 사용된다.

Ex **Keeping** your room clean is important. 네 방을 깨끗하게 유지하는 것은 중요하다.

Seeing it often is hard. 그것을 자주 보는 것은 힘들다.

Helping other people is always touching. 다른 사람을 돕는 것은 언제나 감동적이다.

Using them is a good idea. 그것들을 사용하는 것은 좋은 생각이다.

2 목적어 역할 하는 동명사

목적어로 사용되는 동명사는 '~하기를', '~하는 것을'이라고 해석하며 동사 다음에 오는 목적어 자리에 쓰인다. 단 to부정사만을 목적어로 취하는 동사 뒤에는 쓸 수 없다.

Ex I like **dancing** together. 나는 함께 춤추는 것을 좋아한다.

I enjoy **going** there with my friends. 나는 친구들과 그곳에 가는 것을 즐긴다.

He already finished **doing** his homework. 그는 이미 숙제를 끝마쳤다.

Would you mind **opening** the window? 창문을 열어도 되겠습니까?[창문 여는 것이 괜찮습니까?]

cf) I want **to eat** something. 무언가를 먹고 싶다. (want는 to부정사만을 목적어로 취하는 동사이다.)

3 보어 역할 하는 동명사

보통 be동사 다음에 위치하여 주어를 보충 설명해주는 역할을 하는 동명사 형태로 '~은 ~하는 것이다'로 해석할 수 있다.

Ex My favorite hobby is **playing** basketball. 내가 가장 좋아하는 취미는 농구를 하는 것이다.

His duty is **helping** local people. 그의 임무는 지역 사람들을 돕는 것이다.

His job is **repairing** shoes. 그의 직업은 구두 수선이다.

My mistake was not **calling** him that night. 나의 실수는 그날 밤에 그에게 전화를 하지 않은 것이다.

4 기타 자주 쓰이는 동명사 구문

Ex go -ing ~하러 가다 (주로 스포츠나 여가 활동에 쓰임) | go swimming, go jogging, go hiking

feel like -ing ~할 마음이 생기다 | I feel like swimming. 수영할 마음이 생긴다.

I feel like singing. 노래를 부르고 싶은 마음이 생긴다.

How about -ing? ~하는 게 어때? (제안할 때) | How about going to a movie? 영화 보는 건 어때?

How about playing soccer? 축구를 하는 건 어때?

Question & Model Answer | 음악 감상 관련 설문지 주제

음악 감상과 관련되어 나오는 기출 문제와 모범답안을 익혀보자.

Question 1 **You indicated that you like to listen to music. What's your favorite kind of music? What's special about that kind of music? Use as much detail as you can.** 당신은 음악 듣는 것을 좋아한다고 했습니다. 어떤 종류의 음악을 가장 좋아합니까? 그 음악의 특별한 점은 무엇입니까? 최대한 자세하게 말해주세요.

Step 1 모범답안 읽어보기

08-1.mp3

음악 감상과 관련되어 나오는 기출 문제와 모범답안을 읽고 MP3를 들어보자.

My favorite music genre is jazz. Jazz music feels very free. That's my favorite part of it. In addition, jazz musicians train really hard. So they are very skilled people. That's why I like it so much.

Step 2 모범답안 틀 익히기

MP3를 들으며 모범답안 틀을 외울 수 있을 만큼 여러 번 읽어보자. ___ 부분은 본인이 원하는 표현으로 대체해도 좋다.

❶ My favorite music genre is [1]jazz. 제가 가장 좋아하는 음악 장르는 재즈입니다. ❷ [1]Jazz music [2]feels very free. 재즈 음악은 매우 자유롭게 느껴집니다. ❸ That's my favorite part of it. 그것이 제가 가장 좋아하는 파트입니다. ❹ In addition, [1]jazz musicians train really hard. 또한 재즈 음악가들은 정말 열심히 훈련합니다. ❺ So they are very skilled people. 그래서 그들은 매우 숙련된 사람들입니다. ❻ That's why I like it so much. 그것이 제가 그것을 매우 좋아하는 이유입니다.

대체 가능 표현

[1]K-pop (music) 케이팝 음악, classical (music) 클래식 음악, indie (music) 인디 음악, rock (music) 록음악, hip-hop (music) 힙합 음악 | [2]feels comfortable 편안하게 느껴지다, makes my mood happier 기분을 더 좋게 해주다, helps me relaxed 휴식에 도움을 주다, gets rid of my stress 스트레스를 날려주다

Step 3 해석 보고 말해보기

해석을 보면서 위의 모범답안을 떠올려 입 밖으로 말해보자. ___ 부분은 본인만의 표현으로 바꾸어 말해도 좋다.

❶ 제가 가장 좋아하는 음악 장르는 재즈입니다. ❷ 재즈 음악은 매우 자유롭게 느껴집니다. ❸ 그것이 제가 가장 좋아하는 파트입니다. ❹ 또한 재즈 음악가들은 정말 열심히 훈련합니다. ❺ 그래서 그들은 매우 숙련된 사람들입니다. ❻ 그것이 제가 그것을 매우 좋아하는 이유입니다.

Question 2 When do you usually listen to music? Where do you prefer to listen to music? And what's your favorite way to listen to music? Be as detailed as you can be. 주로 언제 음악을 듣습니까? 어디에서 음악 듣는 것을 선호합니까? 그리고 당신이 음악을 듣는 데 선호하는 방식은 무엇입니까? 가능한 한 자세하게 말해주세요.

Step 1 모범답안 읽어보기

08-2.mp3

음악 감상과 관련되어 나오는 기출 문제와 모범답안을 읽고 MP3를 들어보자.

I listen to music whenever I have time. I listen to music at home most often. Usually, I just play music on my phone. However, I prefer to listen to records. I have a record player at home, but it's hard to find records. So I don't use it too much.

Step 2 모범답안 틀 익히기

MP3를 들으며 모범답안 틀을 외울 수 있을 만큼 여러 번 읽어보자. [ ] 부분은 본인이 원하는 표현으로 대체해도 좋다.

❶ I listen to music [1]whenever I have time. 저는 시간이 있을 때마다 음악을 듣습니다. ❷ I listen to music [2]at home most often. 저는 집에서 가장 자주 음악을 듣습니다. ❸ Usually, I just play music [3]on my phone. 주로 저는 제 휴대폰으로 음악을 틉니다. ❹ However, I prefer to listen to records. 그러나 저는 레코드로 듣는 것을 선호합니다. ❺ I have a record player at home, but it's hard to find records. 집에 레코드 플레이어가 있지만 레코드 음반을 찾아내는 것은 어렵습니다. ❻ So I don't use it too much. 그래서 그다지 많이 사용하지는 않습니다.

대체 가능 표현

[1]when I study 공부할 때, when I am driving 운전할 때, when I feel depressed 우울할 때, before going to bed 잠자리에 들기 전에, while I work out 운동하는 중에 | [2]at work 일터에서, in my car 차 안에서, in my room 내 방에서 | [3]with[on] a CD player CD 플레이어로, with[on] an MP3 player MP3 플레이어로

Step 3 해석 보고 말해보기

해석을 보면서 위의 모범답안을 떠올려 입 밖으로 말해보자. [ ] 부분은 본인만의 표현으로 바꾸어 말해도 좋다.

❶ 저는 시간이 있을 때마다 음악을 듣습니다. ❷ 저는 집에서 가장 자주 음악을 듣습니다. ❸ 주로 저는 제 휴대폰으로 음악을 틉니다. ❹ 그러나 저는 레코드로 듣는 것을 선호합니다. ❺ 집에 레코드 플레이어가 있지만 레코드 음반을 찾아내는 것은 어렵습니다. ❻ 그래서 그다지 많이 사용하지는 않습니다.

Question 3 Have you experienced an interesting or memorable thing while listening to live music? What was it? Tell me what happened in detail.

당신은 라이브 음악을 듣다가 흥미롭거나 기억할 만한 일을 경험한 적이 있습니까? 어떤 것이었나요? 무슨 일인지 자세히 말해주세요.

Step 1 모범답안 읽어보기

08-3.mp3

음악 감상과 관련되어 나오는 기출 문제와 모범답안을 읽고 MP3를 들어보자.

I got pulled up on stage once. It was during a jazz concert in Busan. During one song, the singer saw me and asked me where I was from. I told him I was from Seoul. He pulled me up on stage and asked me to sing together with him. I sang along with him. It was so cool.

Step 2 모범답안 틀 익히기

MP3를 들으며 모범답안 틀을 외울 수 있을 만큼 여러 번 읽어보자. 부분은 본인이 원하는 표현으로 대체해도 좋다.

❶ I got pulled up on stage once. 저는 한번 무대에 불려 올라간 적이 있습니다. ❷ It was during [1]a jazz concert in Busan. 그것은 부산의 한 재즈 콘서트였습니다. ❸ During one song, the singer saw me and asked me where I was from. 노래 중간에 가수가 저를 보며 제가 어디서 왔냐고 물어봤습니다. ❹ I told him I was [2]from Seoul. 저는 그에게 서울에서 왔다고 말했습니다. ❺ He pulled me up on stage and asked me to sing together with him. 그가 저를 무대 위로 끌어 올렸고 함께 노래하자고 했습니다. ❻ I sang along with him. It was [3]so cool. 저는 그와 함께 노래를 불렀습니다. 그것은 정말 멋졌습니다.

대체 가능 표현

[1]a K-pop concert 케이팝 콘서트, an indie music concert 인디 음악 콘서트, a rock concert 록 콘서트, a music festival 뮤직 페스티벌 | [2]각자 자신의 지역으로 바꿔 말할 수 있음 | [3]wonderful 멋진, an unforgettable experience 잊지 못할 경험, a memorable experience 기억할 만한 경험

Step 3 해석 보고 말해보기

해석을 보면서 위의 모범답안을 떠올려 입 밖으로 말해보자. 부분은 본인만의 표현으로 바꾸어 말해도 좋다.

❶ 저는 한번 무대에 불려 올라간 적이 있습니다. ❷ 그것은 부산의 한 재즈 콘서트였습니다. ❸ 노래 중간에 가수가 저를 보며 제가 어디서 왔냐고 물어봤습니다. ❹ 저는 그에게 서울에서 왔다고 말했습니다. ❺ 그가 저를 무대 위로 끌어 올렸고 함께 노래하자고 했습니다. ❻ 저는 그와 함께 노래를 불렀습니다. 그것은 정말 멋졌습니다.

Question 4 I also like to listen to music when I have time. Ask me three or four questions about my favorite music or composer. 저도 역시 시간이 있을 때 음악 듣는 것을 좋아합니다. 제가 가장 좋아하는 음악이나 작곡가에 대해 서너 가지 질문을 해보세요.

Step 1 모범답안 읽어보기

08-4.mp3

음악 감상과 관련되어 나오는 기출 문제와 모범답안을 읽고 MP3를 들어보자.

I heard you enjoy listening to music. When do you usually listen to music? What is a music genre you enjoy listening to? Who is your favorite singer or group?

Step 2 모범답안 틀 익히기

MP3를 들으며 모범답안 틀을 외울 수 있을 만큼 여러 번 읽어보자.

❶ I heard you enjoy listening to music. 저는 당신이 음악을 즐겨듣는다고 들었습니다. ❷ When do you usually listen to music? 당신은 주로 언제 음악을 듣습니까? ❸ What is a music genre you enjoy listening to? 당신이 즐겨듣는 음악 장르는 무엇입니까? ❹ Who is your favorite singer or group? 당신이 가장 좋아하는 가수나 그룹은 누구입니까?

대체 가능 표현 (기타 할 수 있는 질문)

Do you download music to listen to or buy CDs? 당신은 음악을 듣기 위해 음악을 다운로드 받습니까 아니면 CD를 삽니까?.
From where do you download your music? 당신은 어디에서 음악을 다운로드 받습니까?

Step 3 해석 보고 말해보기

해석을 보면서 위의 모범답안을 떠올려 입 밖으로 말해보자.

❶ 저는 당신이 음악을 즐겨듣는다고 들었습니다. ❷ 당신은 주로 언제 음악을 듣습니까? ❸ 당신이 즐겨듣는 음악 장르는 무엇입니까? ❹ 당신이 가장 좋아하는 가수나 그룹은 누구입니까?

Question & Model Answer | 음악 감상 관련 Role-playing

음악 감상과 관련되어 나오는 롤플레이 기출 문제와 모범답안을 익혀보자.

Question 1 **This is a role-playing question. A friend of yours has just purchased a new MP3 player. It's one you are considering buying as well. Role play calling your friend and ask three or four questions about the MP3 player.** 이것은 롤플레이 질문입니다. 친구가 얼마 전 MP3 플레이어를 샀습니다. 그것은 또한 당신이 사려고 생각 중이던 것입니다. 친구에게 전화한다고 가정하고 그 MP3 플레이어에 대해 서너 가지 질문을 해주세요.

Step 1 모범답안 읽어보기

08-5.mp3

음악 감상과 관련되어 나오는 기출 문제와 모범답안을 읽고 MP3를 들어보자.

Hey, I heard you got an ABC MP3 player. That's the one I am considering buying. What do you think of it? Do you like it or not? What is the weight? Did you get a good price on it? I'd love to hear about it.

Step 2 모범답안 틀 익히기

MP3를 들으며 모범답안 틀을 외울 수 있을 만큼 여러 번 읽어보자.

❶Hey, I heard you got an ABC MP3 player. 안녕, 나는 네가 ABC MP3 플레이어를 샀다고 들었어. ❷That's the one I am considering buying. 그건 내가 사려고 생각 중이던 거야. ❸What do you think of it? Do you like it or not? 그것에 대해 어떻게 생각해? 괜찮아 아님 아냐? ❹What is the weight? 무게는 얼마지? ❺Did you get a good price on it? 좋은 가격으로 샀니? ❻I'd love to hear about it. 그것에 대해 듣고 싶어.

대체 가능 표현 (기타 할 수 있는 질문)

What is the color of the product? 그 제품의 색깔은 뭐야?, How much did you pay for it? 얼마를 지불했니?, How's the sound? 사운드는 어때?, Where did you find it? 그걸 어디에서 찾았니?

Step 3 해석 보고 말해보기

해석을 보면서 위의 모범답안을 떠올려 입 밖으로 말해보자.

❶안녕, 나는 네가 ABC MP3 플레이어를 샀다고 들었어. ❷그건 내가 사려고 생각 중이던 거야. ❸그것에 대해 어떻게 생각해? 괜찮아 아님 아냐? ❹무게는 얼마지? ❺좋은 가격으로 샀니? ❻그것에 대해 듣고 싶어.

Question 2 **There is a problem that you need to resolve. Your friend lent you an MP3 player, but you accidentally broke it. Role play calling your friend. Explain what happened and suggest at least two ways to solve the problem.** 당신이 해결해야 할 문제가 있습니다. 친구가 당신에게 MP3 플레이어를 빌려줬는데 당신이 잘못하여 부서뜨리고 말았습니다. 친구에게 전화한다고 가정하고 무슨 일이 일어났는지 설명하고 문제를 해결하기 위해 적어도 두 가지 방법을 제시해보세요.

Step 1 모범답안 읽어보기

08-6.mp3

음악 감상과 관련되어 나오는 기출 문제와 모범답안을 읽고 MP3를 들어보자.

I am so sorry! It was raining yesterday, and I had an umbrella. However, someone bumped into me, so I dropped your MP3 player into a puddle. I will buy you a new one right away. Or I can just give you the money for it. Which do you prefer? Please let me know.

Step 2 모범답안 틀 익히기

MP3를 들으며 모범답안 틀을 외울 수 있을 만큼 여러 번 읽어보자. [ ] 부분은 본인이 원하는 표현으로 대체해도 좋다.

❶ I am so sorry! 정말 미안해! ❷ It was raining yesterday, and I had an umbrella. 어제 비가 왔었고 나는 우산을 들고 있었어. ❸ [1]However, someone bumped into me, so I dropped your MP3 player into a puddle. 그런데 누군가가 나와 부딪치면서 내가 너의 MP3 플레이어를 물웅덩이에 빠뜨리고 말았어. ❹ I will buy you a new one right away. 당장 너에게 새것을 사줄게. ❺ Or I can just give you the money for it. 아니면 그것을 살 돈을 너에게 줄 수도 있어. ❻ Which do you prefer? Please let me know. 어떤 것이 낫니? 나에게 알려줘.

대체 가능 표현 (기타 변명)

[1]I dropped your MP3 player, and somebody stepped on it. 내가 너의 MP3 플레이어를 떨어뜨렸는데 누군가가 그것을 밟고 말았어. I dropped your MP3 player, and it was run over by a car. 내가 너의 MP3 플레이어를 떨어뜨렸는데 차가 그것을 깔고 지나갔어.

Step 3 해석 보고 말해보기

해석을 보면서 위의 모범답안을 떠올려 입 밖으로 말해보자. [ ] 부분은 본인만의 표현으로 바꾸어 말해도 좋다.

❶ 정말 미안해! ❷ 어제 비가 왔었고 나는 우산을 들고 있었어. ❸ 그런데 누군가가 나와 부딪치면서 내가 너의 MP3 플레이어를 물웅덩이에 빠뜨리고 말았어. ❹ 당장 너에게 새것을 사줄게. ❺ 아니면 그것을 살 돈을 너에게 줄 수도 있어. ❻ 어떤 것이 낫니? 나에게 알려줘.

Question 3 **Very good. That's the end of the situation. Has anything like this ever happened to you? Did you borrow something and accidentally break or lose it? What happened and when?** 상황이 종료되었습니다. 이 같은 일이 전에 일어난 적이 있습니까? 무언가를 빌렸다가 뜻하지 않게 고장 내거나 잃어버린 적이 있습니까? 무슨 일이었으며 언제였습니까?

Step 1 모범답안 읽어보기

08-7.mp3

음악 감상과 관련되어 나오는 기출 문제와 모범답안을 읽고 MP3를 들어보자.

In high school, I borrowed my mom's phone. She wanted me to go shopping for her. I could call her at home if the store didn't have the right things. However, the pocket in my pants was too small. The phone fell out on the bus, and someone stepped on it. My mom was mad and wouldn't lend her phone to me again.

Step 2 모범답안 틀 익히기

MP3를 들으며 모범답안 틀을 외울 수 있을 만큼 여러 번 읽어보자. 　　　 부분은 본인이 원하는 표현으로 대체해도 좋다.

❶ [1]In high school, I borrowed my mom's phone. 고등학교 다닐 때 저는 엄마의 전화기를 빌렸습니다. ❷ She wanted me to go shopping for her. 엄마는 제가 엄마를 위해 쇼핑해줄 것을 요청했습니다. ❸ I could call her at home if the store didn't have the right things. 만약 그 가게에 원하는 물건이 없으면 저는 집에 있는 엄마에게 전화를 할 수 있었습니다. ❹ However, the pocket in my pants was too small. 그러나 제 바지의 주머니가 너무 작았습니다. ❺ The phone fell out on the bus, and someone stepped on it. 전화기가 버스에서 떨어졌고 누군가가 그것을 밟고 말았습니다. ❻ My mom was mad and wouldn't lend her phone to me again. 엄마는 화를 냈고 다시는 저한테 전화기를 빌려주지 않았습니다.

대체 가능 표현

[1]when I was younger 제가 어릴 적에, when I was a middle school student 제가 중학생일 때, a few years ago 몇 년 전에

Step 3 해석 보고 말해보기

해석을 보면서 위의 모범답안을 떠올려 입 밖으로 말해보자. 　　　 부분은 본인만의 표현으로 바꾸어 말해도 좋다.

❶ 고등학교 다닐 때 저는 엄마의 전화기를 빌렸습니다. ❷ 엄마는 제가 엄마를 위해 쇼핑해줄 것을 요청했습니다. ❸ 만약 그 가게에 원하는 물건이 없으면 저는 집에 있는 엄마에게 전화를 할 수 있었습니다. ❹ 그러나 제 바지의 주머니가 너무 작았습니다. ❺ 전화기가 버스에서 떨어졌고 누군가가 그것을 밟고 말았습니다. ❻ 엄마는 화를 냈고 다시는 저한테 전화기를 빌려주지 않았습니다.

DAY 9

DAY 9의 과업

12개 필수 선택 항목 중 혼자 또는 그룹으로 노래 부르기와 관련된 질문에 소재를 떠올려 막힘 없이 말할 수 있다.

Warming Up

Vocabulary & Pronunciation

Grammar | 동명사 vs to부정사

설문지 선택 항목 | 혼자 또는 그룹으로 노래 부르기

롤플레이 | 노래 부르기 관련 상황극 연습

Warming Up

노래 부르기와 관련된 소재로 간단히 브레인스토밍을 해보자.

1 우리말 브레인스토밍

아래의 내용을 넣어 노래 부르기에 대한 것을 우리말로 묘사해보자.

- 즐겨 부르는 노래 종류
- 노래를 좋아하게 된 시기와 이유

Ex ❶제가 노래할 때 저는 주로 케이팝 노래들을 부릅니다. ❷그것들은 부르기에 재미있고 제 친구들도 좋아합니다. ❸저는 주로 친구들과 외출할 때 노래를 합니다. ❹대부분 저희는 노래를 위한 좋은 노래방을 찾습니다. 그것은 정말 재미있고 저는 언제나 좋은 시간을 보냅니다. ❺저는 제가 아주 어릴 적부터 노래 부르기를 좋아했습니다. ❻큰 소리로 노래를 부른 후에는 기분이 좋습니다.

노래 부르기와 관련해서 꼭 말해야 될 성분을 기억하자!

❶가장 좋아하는 노래 종류 ❷좋아하는 이유 ❸얼마나 자주 노래를 부르는지 ❹노래를 부르는 장소와 즐기는 방법 ❺노래 부르기를 좋아하게 된 시기 ❻노래를 부른 후 느낌

2 영어 브레인스토밍

위의 예시 문장을 아래의 표현을 사용해 영어로 말해보자.

- K-pop song 케이팝 노래(한국 가요)
- be fun to ~하기에 재미있다
- be out with my friends 친구들과 외출하다
- find a good karaoke room 좋은 노래방을 찾다
- feel good 기분이 좋다
- after singing loudly 큰 소리로 노래를 부른 후

예시 문장의 모범답안을 눈으로 한 번 읽어보자.

❶When I am singing, I usually sing K-pop songs. ❷They are fun to sing, and my friends like to sing, too. ❸Usually, I sing when I'm out with my friends. ❹Mostly, we try to find a good karaoke room for singing. It's really fun, and I always have a great time. ❺I have liked singing since I was really young. ❻I feel good after singing loudly.

Vocabulary & Pronunciation

이번 단원에서 배울 단어와 그 발음을 익혀보자.

Day 09 Voca.mp3

Songs 노래

대중적인 노래	pop song
발라드 노래	ballad
민요	folk song
행진가	marching song
사랑 노래	love song
슬픈 노래	sad song
동요	children's song
알앤비 (리듬 앤 블루스) 노래	R&B song (Rhythm and Blues)

Singing Groups 노래 그룹

학교 합창단	school choir
교회 성가대	church choir
가스펠 성가대	gospel choir
지역 합창단	local choir
국립 합창단	the National Chorus
노래하는 밴드	singing band

Practice Procedures 연습 과정

정시에 모이다	gather on time
곡을 선택하다	select a song
목을 풀다	warm up one's voice
멜로디를 배우다	learn a melody
리듬을 타다	get into the rhythm
리듬에 빠지다	move to the groove
노래를 마스터하다	master a song
공연을 하다	hold a recital
노래 대회에 참가하다	take part in a singing competition
리허설을 하다	have a rehearsal
함께 노래 부르다	sing together

Grammar | to부정사 vs. 동명사

영어로 말할 때 꼭 필요한 문법을 간단하게 배워보자.

1 to부정사를 목적어로 취하는 동사

want, decide, expect, refuse, promise 등의 동사는 to부정사를 목적어로 취하는 동사이다. to부정사는 ⟨to+동사원형⟩의 형태로 이 경우는 문장 안에서 목적어로 사용되는 to부정사의 명사적 용법이다.

Ex I **want** to watch a movie tonight. 오늘 밤에 영화를 보고 싶다.

I **decided** to buy a new car. 나는 새차를 사기로 결정했다.

My parents **expected** me to pass the exam. 부모님은 내가 시험에 통과하기를 기대하셨다.

He **refused** to join my project. 그는 내 프로젝트에 합류하는 것을 거절했다.

I never **promised** to lend you money. 나는 당신에게 돈을 빌려준다고 약속한 적이 없다.

기타) ask 요청하다, plan 계획하다, afford ~할 여력이 있다, hope, wish 바라다, fail 실패하다

2 동명사를 목적어로 취하는 동사

finish, keep, give up, enjoy 등의 동사는 동명사를 목적어로 취한다. 동명사는 ⟨동사+-ing⟩의 형태로 문장 안에서 명사로 사용된다.

Ex I **finished** doing my homework. 나는 숙제하는 것을 끝냈다.

She **keeps** calling me. 그녀는 계속 나에게 전화를 한다.

He **gave up** smoking for himself. 그는 자신을 위해 흡연을 포기했다.

They **enjoy** singing together. 그들은 함께 노래하는 것을 즐긴다.

기타) suggest 제안하다, postpone 연기하다, recommend 추천하다, deny 거부하다, admit 인정하다, miss 놓치다, avoid 회피하다, consider 고려하다, mind 꺼리다

3 to부정사와 동명사를 모두 취할 수 있는 동사

like, love, hate, start, begin 등의 동사는 to부정사와 동명사를 모두 목적어로 취할 수 있다.

Ex He **likes** to watch[watching] science fiction movies. 그는 SF 영화 보는 것을 좋아한다.

Jane **loves** to go[going] to that club. 제인은 그 클럽에 가는 것을 좋아한다.

Mark **hates** to go[going] there. 마크는 거기에 가는 것을 싫어한다.

We **started** to play[playing] the game. 우리는 게임을 시작했다.

*** remember, forget, try 같은 동사는 to부정사와 동명사를 둘 다 쓸 수 있지만 의미가 달라지므로 주의해야 한다.**

Ex remember -ing (과거에) 한 일을 기억하다 | remember to (미래에) 해야 할 일을 기억하다

forget -ing (과거에) 한 일을 잊어버리다 | forget to (미래에) 할 일을 잊어버리다

try -ing (가벼운 마음으로) ~해보다 | try to ~하려고 노력하다, 애쓰다

노래 부르기와 관련되어 나오는 기출 문제와 모범답안을 익혀보자.

Question 1 **On the survey, you said that you like to sing. What kinds of songs do you sing? Why do you like to sing those songs?** 설문지에서 당신은 노래를 즐겨 부른다고 했습니다. 어떤 종류의 노래를 부릅니까? 왜 그 노래들을 좋아합니까?

Step 1 모범답안 읽어보기

09-1.mp3

노래 부르기와 관련되어 나오는 기출 문제와 모범답안을 읽고 MP3를 들어보자.

When I sing, I usually sing K-pop songs. K-pop songs are my favorite because they are easy and entertaining to sing. I also like to sing old pop songs. Old pop songs are fun to sing, and my friends like them, too. They're also not too cute. I hate cute songs.

Step 2 모범답안 틀 익히기

MP3를 들으며 모범답안 틀을 외울 수 있을 만큼 여러 번 읽어보자. ▭ 부분은 본인이 원하는 표현으로 대체해도 좋다.

❶ When I sing, I usually sing [1]K-pop songs. 노래할 때 저는 주로 케이팝 노래들을 부릅니다. ❷ [1]K-pop songs are my favorite because they are easy and entertaining to sing. 케이팝 노래들은 쉽고 신나게 부를 수 있기 때문에 제가 가장 선호합니다. ❸ I also like to sing [2]old pop songs. 저는 또한 올드팝을 부르는 것을 좋아합니다. ❹ [2]Old pop songs are fun to sing, and my friends like them, too. 올드팝은 부르기에 재미있고 제 친구들도 좋아합니다. ❺ They're also not too [3]cute. 또한 그것은 지나치게 귀엽지 않습니다. ❻ I hate [3]cute songs. 저는 귀여운 노래들을 싫어합니다.

대체 가능 표현

[1,2]본인이 원하는 노래로 변경 가능, pop songs 대중적인 노래, ballads 발라드, R&B songs 알앤비 노래, gospel songs 가스펠 | [3]loud 시끄러운, slow 느린, wild 거친, boring 지루한

Step 3 해석 보고 말해보기

해석을 보면서 위의 모범답안을 떠올려 입 밖으로 말해보자. ▭ 부분은 본인만의 표현으로 바꾸어 말해도 좋다.

❶ 노래할 때 저는 주로 케이팝 노래들을 부릅니다. ❷ 케이팝 노래들은 쉽고 신나게 부를 수 있기 때문에 제가 가장 선호합니다. ❸ 저는 또한 올드팝을 부르는 것을 좋아합니다. ❹ 올드팝은 부르기에 재미있고 제 친구들도 좋아합니다. ❺ 또한 그것은 지나치게 귀엽지 않습니다. ❻ 저는 귀여운 노래들을 싫어합니다.

Question 2 Tell me about a normal singing session. Tell me about the entire process from beginning to end. 일상적인 노래 부르기에 대해 말해주세요. 처음부터 끝까지 전체 과정에 대해 말해주세요.

Step 1 모범답안 읽어보기

09-2.mp3

노래 부르기와 관련되어 나오는 기출 문제와 모범답안을 읽고 MP3를 들어보자.

Usually, I sing when I'm out with my friends. Mostly, we try to find a good karaoke room for singing. We sometimes drink before going there. At first, we take turns singing. By the end, we usually sing together. It's really fun, and I always have a great time.

Step 2 모범답안 틀 익히기

MP3를 들으며 모범답안 틀을 외울 수 있을 만큼 여러 번 읽어보자. ▭ 부분은 본인이 원하는 표현으로 대체해도 좋다.

❶ Usually, I sing [1]when I'm out with my friends. 저는 주로 친구들과 외출했을 때 노래를 부릅니다. ❷ Mostly, we try to find a good karaoke room for singing. 대부분 저희는 노래를 위한 좋은 노래방을 찾습니다. ❸ We sometimes [2]drink before going there. 저희는 거기 가기 전에 가끔 술을 마십니다. ❹ At first, we take turns singing. 처음에는 노래를 순서대로 (돌아가면서) 부릅니다. ❺ By the end, we usually sing together. 끝날 즈음엔 저희는 주로 함께 노래 부릅니다. ❻ It's really fun, and I always have a great time. 그것은 정말 재미있고 저는 언제나 좋은 시간을 보냅니다.

대체 가능 표현

[1]when I am depressed 우울할 때, when I am stressed out 스트레스를 많이 받았을 때, when I am hanging out with my friends 친구들과 어울려 놀 때 | [2]have a cup of coffee 커피를 마시다, have a meal 식사를 하다, watch a movie 영화를 보다

Step 3 해석 보고 말해보기

해석을 보면서 위의 모범답안을 떠올려 입 밖으로 말해보자. ▭ 부분은 본인만의 표현으로 바꾸어 말해도 좋다.

❶ 저는 주로 친구들과 외출했을 때 노래를 부릅니다. ❷ 대부분 저희는 노래를 위한 좋은 노래방을 찾습니다. ❸ 저희는 거기 가기 전에 가끔 술을 마십니다. ❹ 처음에는 노래를 순서대로 (돌아가면서) 부릅니다. ❺ 끝날 즈음엔 저희는 주로 함께 노래 부릅니다. ❻ 그것은 정말 재미있고 저는 언제나 좋은 시간을 보냅니다.

Question 3 **How did you first become interested in singing? Have you taken singing lessons? Tell me in detail how you got started singing.** 어떻게 처음 노래에 관심을 갖게 되었습니까? 노래 수업을 들은 적이 있습니까? 어떻게 처음 노래를 시작하게 되었는지 자세히 말해주세요.

Step 1 모범답안 읽어보기

09-3.mp3

노래 부르기와 관련되어 나오는 기출 문제와 모범답안을 읽고 MP3를 들어보자.

I have liked singing since I was really young. When I was in elementary school, I sang at school. However, I never took any singing lessons. The teacher just taught us songs during class. I feel good after singing loudly. Singing songs is still my favorite way to relieve my stress.

Step 2 모범답안 틀 익히기

MP3를 들으며 모범답안 틀을 외울 수 있을 만큼 여러 번 읽어보자. ______ 부분은 본인이 원하는 표현으로 대체해도 좋다.

❶ I have liked singing [1]since I was really young. 저는 제가 아주 어릴 적부터 노래 부르기를 좋아했습니다. ❷ When I was in elementary school, I sang at school. 제가 초등학교에 다닐 때 저는 학교에서 노래를 불렀습니다. ❸ However, I never took any singing lessons. 그러나 저는 노래 수업을 들은 적이 없습니다. ❹ The teacher just taught us songs during class. 선생님은 수업 중에 노래를 가르쳐주셨습니다. ❺ I [2]feel good after singing loudly. 저는 노래를 크게 부르고 나면 기분이 좋습니다. ❻ Singing songs is still my favorite way to relieve my stress. 노래 부르기는 여전히 스트레스 해소를 위한 제가 가장 좋아하는 방법입니다.

대체 가능 표현

[1]since I was a child 어린 아이일 때부터, since I was a high school student 고등학생이었을 때부터 | [2]feel refreshed 재충전되는 것을 느끼다, feel free 자유로움을 느끼다, feel better 기분이 나아지다

Step 3 해석 보고 말해보기

해석을 보면서 위의 모범답안을 떠올려 입 밖으로 말해보자. ______ 부분은 본인만의 표현으로 바꾸어 말해도 좋다.

❶ 저는 제가 아주 어릴 적부터 노래 부르기를 좋아했습니다. ❷ 제가 초등학교에 다닐 때 저는 학교에서 노래를 불렀습니다. ❸ 그러나 저는 노래 수업을 들은 적이 없습니다. ❹ 선생님은 수업 중에 노래를 가르쳐주셨습니다. ❺ 저는 노래를 크게 부르고 나면 기분이 좋습니다. ❻ 노래 부르기는 여전히 스트레스 해소를 위한 제가 가장 좋아하는 방법입니다.

Question 4 **I also sing. Ask me three or four questions about my favorite songs.** 저도 역시 노래 부르기를 좋아합니다. 제가 좋아하는 노래에 대해 서너 가지 질문을 해보세요.

Step 1 모범답안 읽어보기

09-4.mp3

노래 부르기와 관련되어 나오는 기출 문제와 모범답안을 읽고 MP3를 들어보자.

I heard you enjoy singing. When do you usually sing? Where do you sing? What type of music do you sing?

Step 2 모범답안 틀 익히기

MP3를 들으며 모범답안 틀을 외울 수 있을 만큼 여러 번 읽어보자.

❶I heard you enjoy singing. 저는 당신이 노래 부르기를 즐긴다고 들었습니다. ❷When do you usually sing? 당신은 주로 언제 노래를 부릅니까? ❸Where do you sing? 어디에서 노래를 부릅니까? ❹What type of music do you sing? 어떤 종류의 노래를 부릅니까?

대체 가능 표현 (기타 할 수 있는 질문)

Do you also listen to songs? 당신은 또한 노래를 듣습니까?. Do you sing alone or with others? 당신은 혼자 노래를 부릅니까 아니면 다른 사람과 함께 부릅니까?

Step 3 해석 보고 말해보기

해석을 보면서 위의 모범답안을 떠올려 입 밖으로 말해보자.

❶저는 당신이 노래 부르기를 즐긴다고 들었습니다. ❷당신은 주로 언제 노래를 부릅니까? ❸어디에서 노래를 부릅니까? ❹어떤 종류의 노래를 부릅니까?

Question & Model Answer | 노래 부르기 관련 Role-playing

노래 부르기와 관련되어 나오는 롤플레이 기출 문제와 모범답안을 익혀보자.

Question 1 **This is a role-playing question. You want to start taking singing lessons. Role play calling the music academy. Ask three or four questions about the lessons it offers.** 이것은 롤플레이 문제입니다. 당신은 노래 부르기 수업을 시작하기를 원합니다. 뮤직 아카데미에 전화한다고 가정하고 그들이 제공하는 수업에 대해 서너 가지 질문을 해주세요.

Step 1 모범답안 읽어보기

09-5.mp3

노래 부르기와 관련되어 나오는 기출 문제와 모범답안을 읽고 MP3를 들어보자.

Hello. I want to start taking singing lessons at your academy. Do you offer group lessons or one-on-one lessons? What styles of singing do you teach? How long are the classes? When do classes start? Could you let me know the answers to these questions?

Step 2 모범답안 틀 익히기

MP3를 들으며 모범답안 틀을 외울 수 있을 만큼 여러 번 읽어보자.

❶Hello. I want to start taking singing lessons at your academy. 안녕하세요. 저는 당신의 아카데미에서 노래 수업을 시작하고 싶습니다. ❷Do you offer group lessons or one-on-one lessons? 그룹 수업이 있나요 아니면 일대일 수업이 있나요? ❸What styles of singing do you teach? 어떤 스타일의 노래를 가르칩니까? ❹How long are the classes? 그 수업들은 얼마나 오래 하나요? ❺When do classes start? 언제 수업이 시작됩니까? ❻Could you let me know the answers to these questions? 이 질문들에 답해주시겠습니까?

대체 가능 표현 (기타 할 수 있는 질문)

How much is a one-on-one lesson? 일대일 수업은 얼마입니까?, Do you offer a voice training class? 보컬 트레이닝 수업이 있습니까?, Where can I see the class schedule? 수업 시간표는 어디에서 볼 수 있습니까?

Step 3 해석 보고 말해보기

해석을 보면서 위의 모범답안을 떠올려 입 밖으로 말해보자.

❶안녕하세요. 저는 당신의 아카데미에서 노래 수업을 시작하고 싶습니다. ❷그룹 수업이 있나요 아니면 일대일 수업이 있나요? ❸어떤 스타일의 노래를 가르칩니까? ❹그 수업들은 얼마나 오래 하나요? ❺언제 수업이 시작됩니까? ❻이 질문들에 답해주시겠습니까?

Question 2 **There is a problem that you need to resolve. Something has come up, and you have to miss your next few classes. Role play calling the academy. Explain why you have to miss class and suggest some ways to make up the missed classes.** 당신이 해결해야 할 문제가 있습니다. 무슨 일이 생겨서 당신은 다음 몇 개의 수업에 빠져야 합니다. 아카데미에 전화한다고 가정해보세요. 왜 그 수업에 빠지는지 설명하고 그 빠진 수업들을 보강할 수 있는 몇 가지 방법을 제안해주세요.

Step 1 모범답안 읽어보기

09-6.mp3

노래 부르기와 관련되어 나오는 기출 문제와 모범답안을 읽고 MP3를 들어보자.

Hello. I want to let you know that I will be absent next week. I'm going to be doing my part-time job. Can I attend some extra classes to make up for the ones I miss? If not, what about having a couple of longer classes? Please understand my situation.

Step 2 모범답안 틀 익히기

MP3를 들으며 모범답안 틀을 외울 수 있을 만큼 여러 번 읽어보자. ____ 부분은 본인이 원하는 표현으로 대체해도 좋다.

❶ Hello. I want to let you know that I will be absent next week. 안녕하세요. 저는 다음 주에 결석할 거라는 것을 알려드리고 싶습니다. ❷ [1]I'm going to be doing my part-time job. 제가 아르바이트를 하게 되었습니다. ❸ Can I attend some extra classes to make up for the ones I miss? 빠진 수업을 보강할 만한 다른 수업에 참석할 수 있을까요? ❹ If not, what about having a couple of longer classes? 만약 안 된다면 몇 번의 더 긴 수업을 들어도 될까요? ❺ Please understand my situation. 제 사정을 이해해주십시오.

대체 가능 표현 (기타 이유)

[1]There is an emergency situation at work. 직장에 급한 일이 생겼습니다. I have a really important project at school, and I can't postpone it. 저는 학교에서 중요한 프로젝트가 있고 그것을 미룰 수 없습니다.

Step 3 해석 보고 말해보기

해석을 보면서 위의 모범답안을 떠올려 입 밖으로 말해보자. ____ 부분은 본인만의 표현으로 바꾸어 말해도 좋다.

❶ 안녕하세요. 저는 다음 주에 결석할 거라는 것을 알려드리고 싶습니다. ❷ 제가 아르바이트를 하게 되었습니다. ❸ 빠진 수업을 보강할 만한 다른 수업에 참석할 수 있을까요? ❹ 만약 안 된다면 몇 번의 더 긴 수업을 들어도 될까요? ❺ 제 사정을 이해해주십시오.

Question 3 **Very good. Has this kind of situation ever come up before? Have you ever needed to cancel or reschedule a class? Tell me about it. What was the class? Why did you need to cancel it? What happened? Tell me in detail.** 좋습니다. 이런 상황이 당신에게 벌어진 적이 있습니까? 당신은 수업을 취소하거나 재조정한 적이 있습니까? 그것에 대해 말해주세요. 어떤 수업이었나요? 왜 취소했어야 했나요? 무슨 일이었나요? 자세히 말해주세요.

Step 1 모범답안 읽어보기

09-7.mp3

노래 부르기와 관련되어 나오는 기출 문제와 모범답안을 읽고 MP3를 들어보자.

I had to cancel a TOEIC class once. I got really sick and missed a lot of classes. So I canceled it, and I had to start over. It was a really disappointing and frustrating experience. I try to take care of my health more now.

Step 2 모범답안 틀 익히기

MP3를 들으며 모범답안 틀을 외울 수 있을 만큼 여러 번 읽어보자. 부분은 본인이 원하는 표현으로 대체해도 좋다.

❶ I had to cancel [1]a TOEIC class once. 저는 한번은 토익 수업을 취소해야 했습니다. ❷ I got really sick and missed a lot of classes. 제가 너무 아파서 많은 수업을 빠져야 했습니다. ❸ So I canceled it, and I had to start over. 그래서 저는 그 수업을 취소하고 다시 시작해야 했습니다. ❹ It was a really disappointing and frustrating experience. 그것은 정말 실망스럽고 당황스러운 경험이었습니다. ❺ I [2]try to take care of my health more now. 저는 지금 제 건강을 돌보려고 더 노력하고 있습니다.

대체 가능 표현

[1]an English conversation class 영어 회화 수업, a fitness class 운동 수업, a music class 음악 수업 | [2]try to stay healthy 건강을 지키려고 노력하다, try to improve my health 건강을 개선시키려고 노력하다, try not to get ill 아프지 않으려고 노력하다

Step 3 해석 보고 말해보기

해석을 보면서 위의 모범답안을 떠올려 입 밖으로 말해보자. 부분은 본인만의 표현으로 바꾸어 말해도 좋다.

❶ 저는 한번은 토익 수업을 취소해야 했습니다. ❷ 제가 너무 아파서 많은 수업을 빠져야 했습니다. ❸ 그래서 저는 그 수업을 취소하고 다시 시작해야 했습니다. ❹ 그것은 정말 실망스럽고 당황스러운 경험이었습니다. ❺ 저는 지금 제 건강을 돌보려고 더 노력하고 있습니다.

DAY 10

DAY 10의 과업

12개 필수 선택 항목 중 조깅과 관련된 질문에 소재를 떠올려 막힘 없이 말할 수 있다.

Warming Up

Vocabulary & Pronunciation

Grammar | 장소와 방향을 나타내는 전치사

설문지 선택 항목 | 조깅

롤플레이 | 조깅 관련 상황극 연습

조깅과 관련된 소재로 간단히 브레인스토밍을 해보자.

우리말 브레인스토밍

아래의 내용을 넣어 조깅과 관련된 것을 우리말로 묘사해보자.

- 조깅하는 장소와 조깅하는 과정 소개
- 조깅을 시작한 이유

Ex ❶ 저는 저희 아파트 근처의 공원으로 조깅을 갑니다. ❷ 공원 안에는 많은 나무들이 있습니다. 공원은 키 큰 덤불로 둘러싸여 있습니다. ❸ 조깅 전에 저는 언제나 스트레칭을 합니다. 조깅 전에 몇 분간 걷기를 합니다. ❹ 조깅을 하는 동안 저는 음악을 듣습니다. ❺ 저는 전에 지방에 산 적이 있습니다. (거기에는) 조깅을 위한 많은 장소들이 있었기 때문에 저는 거기 살 때 조깅을 시작했습니다.

조깅과 관련해서 꼭 말해야 될 성분을 기억하자!

❶ 주로 조깅을 가는 장소 ❷ 장소 묘사 ❸ 조깅 전 과정 ❹ 조깅 중 하는 활동 ❺ 조깅을 처음 시작하게 된 시점과 이유

영어 브레인스토밍

위의 예시 문장을 아래의 표현을 사용해 영어로 말해보자.

- near my apartment 우리 아파트 근처에
- lots of trees 많은 나무들
- be surrounded by ~에 둘러싸여 있다
- a few minutes before -ing ~하기 몇 분 전
- while I jog 조깅하는 동안
- used to live in ~에서 산 적이 있다(현재는 살지 않는다)
- the country 지방
- many places to jog 조깅을 위한 많은 장소들

예시 문장의 모범답안을 눈으로 한 번 읽어보자.

❶ I go jogging in a park near my apartment. ❷ There are lots of trees in the park. The park is surrounded by tall bushes. ❸ Before I jog, I always stretch. I walk for a few minutes before jogging. ❹ While I jog, I listen to music. ❺ I used to live in the country. I started jogging when I lived there because there were many places to jog.

Vocabulary & Pronunciation

이번 단원에서 배울 단어와 그 발음을 익혀보자.

Day 10 Voca.mp3

Runners / Joggers 조깅하는 사람들

워밍업을 하다	warm up
몸을 풀다	loosen up
(운동 후) 몸을 식히다	cool down
일사병을 방지하다	prevent sunstroke
쥐나다	pull a muscle
심박수를 체크하다	check one's heart rate
부상을 당하다	get injured
발목을 삐다	sprain one's ankle
땀을 흘리다	sweat

Running Methods 뛰는 방식

긴 구간을 뛰다	run a long distance
짧은 구간을 뛰다	run a short distance
한 바퀴를 돌다	do a lap
마라톤에서 뛰다	run a marathon
주말마다 뛰다	run on weekends
규칙적으로 뛰다	run on a regular basis
러닝트랙 위를 뛰다	run on a running track
러닝머신 위를 뛰다	run on a treadmill

Jogging Equipment 조깅 용품

조깅화	running shoes
조깅 양말	running socks
운동복	sweat suit
수건	towel
물병	water bottle
MP3 플레이어	MP3 player
무릎 보호대	kneepad
발목 보호대	ankle support
심장박동수 측정 시계	heart rate monitoring watch

Grammar | 장소와 방향을 나타내는 전치사

영어로 말할 때 꼭 필요한 문법을 간단하게 배워보자.

1. at : 도착 지점이나 경유지 같은 비교적 좁은 장소를 나타낼 때 쓰인다.

Ex The bus stop is **at** Hongdae Street. 그 버스 정류장은 홍대 거리에 있다.

He wrote his name **at** the bottom of the book. 그는 책 아래쪽에 그의 이름을 적었다.

2. in : 지정된 공간의 안쪽이라는 의미이며, 좀 더 넓은 지역, 도시나 국가를 나타낼 때 쓰인다.

Ex My friend lives **in** New York. 내 친구는 뉴욕에 산다.

He was **in** Africa when his mother passed away. 그는 어머니가 돌아가실 때 아프리카에 있었다.

3. on : 표면에 붙어 있는 모든 경우에 쓸 수 있다. 단 표면에 닿지 않은 상태일 때는 over나 above를 쓴다는 점에 유의하자.

Ex She stood **on** top of the mountain. 그녀는 산 정상에 섰다.

There are paintings **on** the wall. 벽에 그림들이 걸려 있다.

4. by / beside : 특정한 대상이나 장소의 옆쪽에 위치한 경우 사용한다.

Ex Peter is standing **by** the window. 피터는 창가 옆에 서 있다.

I was **beside** him. 나는 그의 옆에 있었다.

5. in front of / behind : 특정한 대상이나 장소의 앞과 뒤에 위치한 경우 사용한다.

Ex We are **in front of** our class. 우리는 교실 앞에 있다.

Dr. Jones was **behind** us. 존스 박사님은 우리 뒤에 계셨다.

6. between : 단 두 개 대상 사이의 장소를 나타날 때 사용되며, 두 개 이상의 대상 사이의 장소를 나타낼 때는 among을 사용한다.

Ex The bus stop is **between** my house and my friend's house. 그 버스 정류장은 우리 집과 내 친구 집 사이에 있다.

cf) There were so many shoes in front of the counter. It was hard to find my shoes **among** them. 카운터 앞에는 너무 많은 신발들이 있었다. 그 중에서 내 신발을 찾는 것은 어려웠다.

7. around : 대상을 빙 둘러싼 상태를 나타낼 때 사용한다.

Ex He walked slowly **around** the tree. 그는 천천히 나무 주위를 걸었다.

My father set the new fence **around** our house. 아버지는 우리 집 주변에 새로운 울타리를 설치하셨다.

Question & Model Answer | 조깅 관련 설문지 주제

조깅과 관련되어 나오는 기출 문제와 모범답안을 익혀보자.

Question 1 **You said that you jog. Where do you usually go jogging? Tell me about the area where you jog. What does it look like? Be as detailed as possible.** 당신은 조깅을 한다고 했습니다. 주로 어디로 조깅을 갑니까? 당신이 조깅하는 장소에 대해 말해주세요. 어떤 모습입니까? 가능한 한 자세하게 말해주세요.

Step 1 모범답안 읽어보기

10-1.mp3

조깅과 관련되어 나오는 기출 문제와 모범답안을 읽고 MP3를 들어보자.

I go jogging in a park near my apartment. It's not a big park, so I do laps. There are lots of trees in the park. The park is surrounded by tall bushes. The path through the park is paved with bricks. There are also streetlights, so it's good for night jogging.

Step 2 모범답안 틀 익히기

MP3를 들으며 모범답안 틀을 외울 수 있을 만큼 여러 번 읽어보자. ______ 부분은 본인이 원하는 표현으로 대체해도 좋다.

❶ I go jogging in a park [1]near my apartment. 저는 저희 아파트 근처의 공원으로 조깅을 갑니다. ❷ It's not a big park, so I do laps. 큰 공원이 아니어서 저는 여러 바퀴를 돕니다. ❸ There are lots of trees in the park. 공원 안에는 많은 나무들이 있습니다. ❹ The park is surrounded by [2]tall bushes. 공원은 키 큰 덤불로 둘러싸여 있습니다. ❺ The path through the park is [3]paved with bricks. 공원을 가로지르는 산책길은 벽돌로 포장되어 있습니다. ❻ There are also streetlights, so it's good for night jogging. 또한 거기에는 가로등이 있어서 야간 조깅에 좋습니다.

대체 가능 표현

[1]in my area 우리 동네에 있는, near a river 강가에 있는, along the Han River 한강을 따라서 | [2]apartments 아파트들, many buildings 많은 건물들, wooden fences 나무 울타리들, various flowers and grasses 다양한 꽃과 풀 | [3]asphalt-paved 아스팔트로 포장된, covered with artificial turf 인조잔디가 깔린, paved by dirt 흙으로 포장된

Step 3 해석 보고 말해보기

해석을 보면서 위의 모범답안을 떠올려 입 밖으로 말해보자. ______ 부분은 본인만의 표현으로 바꾸어 말해도 좋다.

❶ 저는 저희 아파트 근처의 공원으로 조깅을 갑니다. ❷ 큰 공원이 아니어서 저는 여러 바퀴를 돕니다. ❸ 공원 안에는 많은 나무들이 있습니다. ❹ 공원은 키 큰 덤불로 둘러싸여 있습니다. ❺ 공원을 가로지르는 산책길은 벽돌로 포장되어 있습니다. ❻ 또한 거기에는 가로등이 있어서 야간 조깅에 좋습니다.

Question 2 **What is your jogging routine? What do you do to get ready? Do you go alone or with someone? What other things do you do while you jog?** 당신의 조깅 패턴은 어떻습니까? 당신은 준비를 위해 무엇을 합니까? 혼자 갑니까 아니면 다른 사람과 갑니까? 조깅하는 동안 어떤 다른 것들을 합니까?

Step 1 모범답안 읽어보기

10-2.mp3

조깅과 관련되어 나오는 기출 문제와 모범답안을 읽고 MP3를 들어보자.

Before jogging, I always stretch. Stretching is really important. I walk for a few minutes before jogging. So far, I have jogged alone. While I jog, I listen to music. Afterward, I like to take a shower, and it always feels good.

Step 2 모범답안 틀 익히기

MP3를 들으며 모범답안 틀을 외울 수 있을 만큼 여러 번 읽어보자. ▭ 부분은 본인이 원하는 표현으로 대체해도 좋다.

❶ Before jogging, I always [1]stretch. 조깅 전에 저는 언제나 스트레칭을 합니다. ❷ Stretching is really important. 스트레칭은 정말 중요합니다. ❸ I walk for a few minutes before jogging. 저는 조깅 전에 몇 분간 걷기를 합니다. ❹ So far, I have jogged [2]alone. 현재까지 저는 혼자 조깅을 해왔습니다. ❺ While I jog, I listen to music. 조깅하는 동안 저는 음악을 듣습니다. ❻ Afterward, I like to [3]take a shower, and it always feels good. 이후에 저는 샤워하는 것을 즐기고 그것은 언제나 기분 좋습니다.

대체 가능 표현

[1]warm up 워밍업을 하다, loosen up 몸을 풀다 | [2]with my friend 친구와, with my mother[father] 어머니[아버지]와, with my sister[brother] 여동생[남동생]과 | [3]have a beer 맥주를 마시다, take a rest on a bench 벤치에서 휴식을 취하다, take a short nap 잠깐의 낮잠을 자다

Step 3 해석 보고 말해보기

해석을 보면서 위의 모범답안을 떠올려 입 밖으로 말해보자. ▭ 부분은 본인만의 표현으로 바꾸어 말해도 좋다.

❶ 조깅 전에 저는 언제나 스트레칭을 합니다. ❷ 스트레칭은 정말 중요합니다. ❸ 저는 조깅 전에 몇 분간 걷기를 합니다. ❹ 현재까지 저는 혼자 조깅을 해왔습니다. ❺ 조깅하는 동안 저는 음악을 듣습니다. ❻ 이후에 저는 샤워하는 것을 즐기고 그것은 언제나 기분 좋습니다.

Question 3 How long have you been jogging? What or who got you interested in jogging? Tell me how your jogging style has changed since then. 당신은 얼마나 오랫동안 조깅을 했습니까? 어떻게 또는 누구 때문에 조깅에 관심을 갖게 되었습니까? 그 후로 당신의 조깅 스타일이 어떻게 변했는지 말해주세요.

Step 1 모범답안 읽어보기

10-3.mp3

조깅과 관련되어 나오는 기출 문제와 모범답안을 읽고 MP3를 들어보자.

I used to live in the country. I started jogging when I lived there because there were many places to jog. When I moved back to Seoul, there weren't any good places to jog. So I started running on a treadmill in a health club instead. Seoul is really crowded, so running outside is difficult.

Step 2 모범답안 틀 익히기

MP3를 들으며 모범답안 틀을 외울 수 있을 만큼 여러 번 읽어보자. ▭ 부분은 본인이 원하는 표현으로 대체해도 좋다.

❶ I used to live in [1]the country. 저는 전에 지방에 산 적이 있습니다. ❷ I started jogging when I lived there because there were many places to jog. (거기에는) 조깅을 위한 많은 장소들이 있었기 때문에 저는 거기 살 때 조깅을 시작했습니다. ❸ When I moved back to [2]Seoul, there weren't any good places to jog. 제가 서울로 다시 이사 왔을 때 조깅을 위한 좋은 장소들이 없었습니다. ❹ So I started [3]running on a treadmill in a health club instead. 그래서 저는 대신 헬스클럽의 러닝머신에서 뛰기 시작했습니다. ❺ [2]Seoul is really crowded, so running outside is difficult. 서울은 정말 붐빕니다. 그래서 밖에서 달리는 것이 힘듭니다.

대체 가능 표현

[1]the countryside[a rural area] 지방, 시골 | [2]자신의 지역으로 변경 가능 | [3]jogging in a neighborhood park 동네 공원에서 조깅하기, running on a track in a park 공원의 러닝트랙에서 뛰기

Step 3 해석 보고 말해보기

해석을 보면서 위의 모범답안을 떠올려 입 밖으로 말해보자. ▭ 부분은 본인만의 표현으로 바꾸어 말해도 좋다.

❶ 저는 전에 지방에 산 적이 있습니다. ❷ (거기에는) 조깅을 위한 많은 장소들이 있었기 때문에 저는 거기 살 때 조깅을 시작했습니다. ❸ 제가 서울로 다시 이사 왔을 때 조깅을 위한 좋은 장소들이 없었습니다. ❹ 그래서 저는 대신 헬스클럽의 러닝머신에서 뛰기 시작했습니다. ❺ 서울은 정말 붐빕니다. 그래서 밖에서 달리는 것이 힘듭니다.

Question 4 I like to go jogging as well. Ask me three or four questions about my jogging routine. 저도 역시 조깅하는 것을 좋아합니다. 제 조깅 패턴에 대해 서너 가지 질문을 해보세요.

Step 1 모범답안 읽어보기

10-4.mp3

조깅과 관련되어 나오는 기출 문제와 모범답안을 읽고 MP3를 들어보자.

I heard you also enjoy jogging. When do you jog? Where do you jog? Do you jog alone or with others?

Step 2 모범답안 틀 익히기

MP3를 들으며 모범답안 틀을 외울 수 있을 만큼 여러 번 읽어보자.

❶I heard you also enjoy jogging. 저는 당신이 조깅을 즐긴다고 들었습니다. ❷When do you jog? 당신은 언제 조깅을 합니까? ❸Where do you jog? 어디에서 조깅을 합니까? ❹Do you jog alone or with others? 당신은 혼자 조깅합니까 아니면 다른 사람들과 함께 조깅합니까?

대체 가능 표현 (기타 할 수 있는 질문)

Do you like to do any other types of exercises besides jogging? 당신은 조깅 외에 다른 종류의 운동하는 것을 좋아합니까?,
Why did you start jogging at first? 당신은 처음에 왜 조깅을 시작했습니까?

Step 3 해석 보고 말해보기

해석을 보면서 위의 모범답안을 떠올려 입 밖으로 말해보자.

❶저는 당신이 조깅을 즐긴다고 들었습니다. ❷당신은 언제 조깅을 합니까? ❸어디에서 조깅을 합니까? ❹당신은 혼자 조깅합니까 아니면 다른 사람들과 함께 조깅합니까?

Question & Model Answer | 조깅 관련 Role-playing

조깅과 관련되어 나오는 롤플레이 기출 문제와 모범답안을 익혀보자.

Question 1 This is a role-playing question. A friend of yours wants to go jogging. Role play asking your friend three or four questions about his or her plan. 이것은 롤플레이 질문입니다. 친구가 조깅을 가고 싶어합니다. 친구에게 전화한다고 가정하고 그 또는 그녀의 계획에 대해 서너 가지 질문을 해보세요.

Step 1 모범답안 읽어보기

10-5.mp3

조깅과 관련되어 나오는 기출 문제와 모범답안을 읽고 MP3를 들어보자.

Hello. How are you? I know that you want to go jogging this afternoon. What time do you want to start jogging? Where do you want to go jogging? How far will we jog? Can you answer those questions for me, please?

Step 2 모범답안 틀 익히기

MP3를 들으며 모범답안 틀을 외울 수 있을 만큼 여러 번 읽어보자.

❶Hello. How are you? 안녕. ❷I know that you want to go jogging this afternoon. 나는 네가 오늘 오후에 조깅하러 가고 싶어하는 것을 알고 있어. ❸What time do you want to start jogging? 몇 시에 조깅을 시작하고 싶니? ❹Where do you want to go jogging? 어디로 조깅하러 가고 싶니? ❺How far will we jog? 얼마나 멀리 뛸 거야? ❻Can you answer those questions for me, please? 이 질문들에 대한 답을 해줄 수 있니?

대체 가능 표현 (기타 할 수 있는 질문)

Who else will jog with us? 우리와 함께 다른 누가 갈 거야?, Is there a park near your home? 너희 집 근처에 공원이 있니?, What do you want to do after we finish jogging? 너는 조깅 후에 뭘 하기를 원하니?

Step 3 해석 보고 말해보기

해석을 보면서 위의 모범답안을 떠올려 입 밖으로 말해보자.

❶안녕. ❷나는 네가 오늘 오후에 조깅하러 가고 싶어하는 것을 알고 있어. ❸몇 시에 조깅을 시작하고 싶니? ❹어디로 조깅하러 가고 싶니? ❺얼마나 멀리 뛸 거야? ❻이 질문들에 대한 답을 해줄 수 있니?

Question 2 Now, I will give you a situation and ask you to act it out. Something has come up, so you won't be able to join your friend. Role play calling your friend. Explain why you can't join him or her and suggest two or three alternatives. 지금 상황을 주고 그에 대처할 것을 요청하겠습니다. 어떤 일이 생겼고 당신은 친구와 함께 할 수가 없게 되었습니다. 친구에게 전화를 건다고 가정하고 그 또는 그녀에게 갈 수 없다는 것을 설명하고 두세 개의 대안을 제시해보세요.

Step 1 모범답안 읽어보기

10-6.mp3

조깅과 관련되어 나오는 기출 문제와 모범답안을 읽고 MP3를 들어보자.

Hey, I'm really sorry, but I can't go jogging with you tomorrow. It's a work thing. How about going the day after tomorrow? Or we can just try next week. What do you think? Please let me know what you think.

Step 2 모범답안 틀 익히기

MP3를 들으며 모범답안 틀을 외울 수 있을 만큼 여러 번 읽어보자. ___ 부분은 본인이 원하는 표현으로 대체해도 좋다.

❶Hey, I'm really sorry, but I can't go jogging with you tomorrow. 안녕, 정말 미안하지만 나는 내일 너와 함께 조깅하러 갈 수 없어. ❷ [1]It's a work thing. 일에 관한 거야. ❸How about going the day after tomorrow? 내일 모레 가는 건 어떨까? ❹Or we can just try next week. 아니면 그냥 다음 주에 가자. ❺What do you think? 어떻게 생각해? ❻Please let me know what you think. 너의 생각을 알려줘.

대체 가능 표현

[1]It's a family thing. 가족에 관한 거야. I have to finish my school project by tomorrow. 나는 학교 프로젝트를 내일까지 마쳐야 해. I forgot that tomorrow is my father's birthday. 내일이 아버지 생신이라는 것을 잊어버렸어.

Step 3 해석 보고 말해보기

해석을 보면서 위의 모범답안을 떠올려 입 밖으로 말해보자. ___ 부분은 본인만의 표현으로 바꾸어 말해도 좋다.

❶안녕, 정말 미안하지만 나는 내일 너와 함께 조깅하러 갈 수 없어. ❷ 일에 관한 거야. ❸내일 모레 가는 건 어떨까? ❹아니면 그냥 다음 주에 가자. ❺어떻게 생각해? ❻너의 생각을 알려줘.

Question 3 **Tell me an interesting story about jogging. Did something funny or exciting happen while you were jogging? Tell me about the most memorable experience you've had.** 조깅에 관련된 흥미로운 이야기를 해주세요. 당신이 조깅하는 동안 웃기거나 흥미로운 일이 있었습니까? 당신이 겪은 가장 기억에 남는 경험을 말해주세요.

Step 1 모범답안 읽어보기

10-7.mp3

조깅과 관련되어 나오는 기출 문제와 모범답안을 읽고 MP3를 들어보자.

One time, I was jogging in the park. There was a woman running by me. All of a sudden, she screamed. She was shaking her head like crazy. I thought she had been attacked by bees or something. Actually, a bird had just pooped on her. I shouldn't have, but I couldn't resist laughing.

Step 2 모범답안 틀 익히기

MP3를 들으며 모범답안 틀을 외울 수 있을 만큼 여러 번 읽어보자. 　　 부분은 본인이 원하는 표현으로 대체해도 좋다.

❶One time, I was jogging in the park. 한번은 공원에서 조깅을 하고 있었습니다. ❷There was a woman [1]running by me. (거기에는) 어떤 여성이 제 옆에서 달리고 있었습니다. ❸All of a sudden, she screamed. 갑자기 그녀가 소리를 질렀습니다. ❹She was [2]shaking her head like crazy. 그녀는 머리를 미친 듯이 흔들고 있었습니다. ❺I thought she had been attacked by bees or something. 저는 그녀가 벌이나 다른 무언가에 공격을 당했다고 생각했습니다. ❻Actually, a bird had just pooped on her. 사실은 새가 그녀 머리에 똥을 싼 것이었습니다. ❼I shouldn't have, but I couldn't resist laughing. 그러면 안됐지만 저는 웃음을 참을 수가 없었습니다.

대체 가능 표현

[1]running toward me 나를 향해 달려오고 있는, running behind me 내 뒤에서 달리고 있는, running fast on a track 트랙 위를 빠르게 달리고 있는 | [2]hitting her head 머리를 때리고, jumping up and down 펄쩍펄쩍 뛰고

Step 3 해석 보고 말해보기

해석을 보면서 위의 모범답안을 떠올려 입 밖으로 말해보자. 　　 부분은 본인만의 표현으로 바꾸어 말해도 좋다.

❶한번은 공원에서 조깅을 하고 있었습니다. ❷(거기에는) 어떤 여성이 제 옆에서 달리고 있었습니다. ❸갑자기 그녀가 소리를 질렀습니다. ❹그녀는 머리를 미친 듯이 흔들고 있었습니다. ❺저는 그녀가 벌이나 다른 무언가에 공격을 당했다고 생각했습니다. ❻사실은 새가 그녀 머리에 똥을 싼 것이었습니다. ❼그러면 안됐지만 저는 웃음을 참을 수가 없었습니다.

DAY 11

DAY 11의 과업

12개 필수 선택 항목 중 걷기와 관련된 질문에 소재를 떠올려 막힘 없이 말할 수 있다.

Warming Up

Vocabulary & Pronunciation

Grammar | 시간을 나타내는 전치사

설문지 선택 항목 | 걷기

롤플레이 | 걷기 관련 상황극 연습

Warming Up

걷기와 관련된 소재로 간단히 브레인스토밍을 해보자.

1 우리말 브레인스토밍

아래의 내용을 넣어 걷기와 관련된 것을 우리말로 묘사해보자.

- 걷는 장소와 걷는 횟수
- 걷기를 시작한 이유

Ex ❶ 제가 가장 좋아하는 걷기 장소는 청계천입니다. 이것은 낮이나 밤 동안 정말 좋습니다. ❷ 저는 일주일에 한 번 정도 걷기를 합니다. 저는 주로 두 시간 정도를 걷습니다. ❸ 저는 고등학생일 때 한 소설에서 영감을 얻었습니다. 책에서 주인공은 다양한 사람들의 인생을 보기 위해 걷습니다. ❹ 저도 같은 경험을 갖고 싶었기 때문에 걷기를 시작했습니다.

걷기와 관련해서 꼭 말해야 될 성분을 기억하자!

❶ 좋아하는 걷기 장소 ❷ 얼마나 자주, 오래 걷는지 ❸ 걷기를 시작한 시점 ❹ 걷기를 시작한 이유

2 영어 브레인스토밍

위의 예시 문장을 아래의 표현을 사용해 영어로 말해보자.

- my favorite place to ~ 내가 ~하기 가장 좋아하는 장소
- during the day and at night 낮과 밤 동안
- once a week 일주일에 한 번
- be inspired by ~에 영감을 받다
- the main character 주인공
- the lives of many different people 다양한 사람들의 삶
- start walking 걷기를 시작하다
- the same experience 같은 경험

예시 문장의 모범답안을 눈으로 한 번 읽어보자.

❶ My favorite place to walk is by the Cheonggyechun. It's really nice during the day and at night. ❷ I usually go for a walk once a week. I usually walk for about two hours. ❸ I was inspired by a novel when I was a high school student. In the book, the main character walks to see the lives of many different people. ❹ I started walking because I wanted to have the same experience.

Vocabulary & Pronunciation

이번 단원에서 배울 단어와 그 발음을 익혀보자.

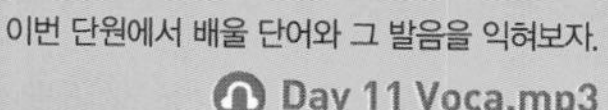

Walking Patterns 걷기 유형

가벼운 산책	gentle stroll
빠르게 걷기	speed walk
걷기대회	walkathon
물속을 걷다	wade
숲속을 걷다	walk in a forest
강가를 걷다	walk along a river
해변을 걷다	walk down a beach
등산하다	hike

Health 건강 관련 어휘

다이어트 중인 [식사 조절 중인]	on a diet
살을 빼다	lose weight
살을 찌우다	gain weight, put on weight
몸 상태가 좋은	in good shape
몸 상태가 나쁜	out of shape
건강을 유지하다	keep fit, stay healthy
과체중의	overweight
비만의	obese
건강 검진	physical checkup
영양을 체크하다	check nutrition
영양제를 먹다	take supplements
채식주의자가 되다	be a vegetarian

Weather 걷기와 관련된 날씨

화창한 날	sunny day, fine day, clear day
흐린 날	cloudy day
바람 부는 날	windy day
쌀쌀한 날	chilly day
상쾌한 공기	fresh air

Grammar | 시간을 나타내는 전치사

영어로 말할 때 꼭 필요한 문법을 간단하게 배워보자.

1. at : 구체적인 시각 및 특정한 시점을 나타낸다.

Ex I get up **at** 7 o'clock. 나는 7시에 일어난다.
Do you have time **at** lunch? 점심시간에 시간 있니?

2. in : 오전, 오후, 월, 계절, 연도 등 at보다 긴 기간을 나타낸다.

Ex It was raining **in** the morning. 아침에 비가 내리고 있었다.
He graduated **in** 2014. 그는 2014년에 졸업했다.

3. on : 날짜, 요일, 특정한 날의 아침, 오후, 저녁을 나타내므로 보편적인 의미의 in과 구별하여 쓰인다.

Ex My birthday is **on** May 5. 내 생일은 5월 5일이다.
He goes to church **on** Sunday morning. 그는 일요일 아침에 교회에 간다.

4. for : 어떤 일이 지속된 기간에 사용되며 뒤에 구체적인 기간을 표시해 주어야 한다.

Ex I am on vacation **for** three days. 나는 3일 동안 휴가이다.
She was singing **for** more than one hour. 그녀는 한 시간 넘게 노래를 부르고 있었다.

5. during : 어떤 일이 일어난 기간에 사용되며 뒤에 행사나 사건 등이 온다.

Ex I'll visit my grandparents **during** summer vacation. 나는 여름 방학 동안 조부모님을 방문할 것이다.
She cried a lot **during** her graduation ceremony. 그녀는 자신의 졸업식 동안 많이 울었다.

6. from : 시작된 시점만을 나타내므로 반드시 계속된다는 의미는 아니다. 기간을 지정하려면 from ~ to를 사용하면 된다.

Ex He was rich **from** birth. 그는 날 때부터 부자였다. (현재는 아닐 수도 있다는 의미)
cf) We usually work **from** nine **to** six. 우리는 주로 9시부터 6시까지 일한다.

7. since : 시작된 시점을 나타내며 완료형 have+p.p.와 함께 쓰여서 지속되는 의미로 사용된다.

Ex The project has been going on **since** this morning. 그 프로젝트는 오늘 아침부터 시작되었다. (현재도 지속되고 있다는 의미)
I have known her **since** last year. 나는 그녀를 지난해부터 알고 있다.

8. by : ~까지의 종료되는 시점을 나타내며 그 기간 안에 사건이 완료되어야 함을 강조한다.

Ex I have to finish my homework **by** tomorrow. 나는 내일까지 숙제를 끝내야 한다.
The show will end **by** 10:30. 그 쇼는 10시 30분에 끝날 것이다.

9. until : by와 유사한 의미로 사용되지만 완료 시점까지 상황이 지속됨을 강조할 때 사용한다.

Ex I have to do my homework **until** 10 o'clock. 나는 10시까지 숙제를 해야 한다.
The show will last **until** 11:30. 그 쇼는 11시 30분까지 계속될 것이다.

Question & Model Answer | 걷기 관련 설문지 주제

걷기와 관련되어 나오는 기출 문제와 모범답안을 익혀보자.

Question 1 **You said that you like to go for walks. Where do you like to go? Describe the places where you like to walk.** 당신은 걷기를 좋아한다고 말했습니다. 어디로 가는 것을 좋아합니까? 당신이 걷기 좋아하는 장소에 대해 설명해주세요.

Step 1 모범답안 읽어보기

11-1.mp3

걷기와 관련되어 나오는 기출 문제와 모범답안을 읽고 MP3를 들어보자.

My favorite place to walk is by the Cheonggyechun. It's really nice during the day and at night. The stream is really pretty. There are stones in the water that you can walk across. There are several bridges. This place is nice when it rains.

Step 2 모범답안 틀 익히기

MP3를 들으며 모범답안 틀을 외울 수 있을 만큼 여러 번 읽어보자. 부분은 본인이 원하는 표현으로 대체해도 좋다.

❶ My favorite place to walk is by the [1]Cheonggyechun. 제가 가장 좋아하는 걷기 장소는 청계천 입니다. ❷ It's really nice during the day and at night. 그것은 낮이나 밤 동안 정말 좋습니다. ❸ The stream is really pretty. 개울은 정말 예쁩니다. ❹ There are stones in the water that you can walk across. 물속에는 당신이 걸어서 건널 수 있는 돌들이 있습니다. ❺ There are [2]several bridges. (거기에는) 여러 개의 다리들이 있습니다. ❻ This place is nice [3]when it rains. 이 장소는 비가 내릴 때 좋습니다.

대체 가능 표현

[1]본인이 원하는 지명으로 변경 가능 | [2]many trees and flowers 많은 나무들과 꽃들, many people walking 걷고 있는 많은 사람들, many good places to take pictures 사진 찍기 좋은 많은 장소들 | [3]when it's sunny 화창할 때, when it's windy 바람이 불 때, when it snows 눈이 내릴 때, when it's foggy 안개가 끼었을 때

Step 3 해석 보고 말해보기

해석을 보면서 위의 모범답안을 떠올려 입 밖으로 말해보자. 부분은 본인만의 표현으로 바꾸어 말해도 좋다.

❶ 제가 가장 좋아하는 걷기 장소는 청계천입니다. ❷ 그것은 낮이나 밤 동안 정말 좋습니다. ❸ 개울은 정말 예쁩니다. ❹ 물속에는 당신이 걸어서 건널 수 있는 돌들이 있습니다. ❺ (거기에는) 여러 개의 다리들이 있습니다. ❻ 이 장소는 비가 내릴 때 좋습니다.

Question 2 **What is your walking routine? How far do you walk? How long does it take? How often do you go for walks? Be as detailed as you can.** 당신의 걷는 패턴은 어떻습니까? 얼마나 멀리 걷습니까? 얼마나 오래 걸립니까? 얼마나 자주 걸으러 갑니까? 가능한 한 자세하게 말해주세요.

Step 1 모범답안 읽어보기

11-2.mp3

걷기와 관련되어 나오는 기출 문제와 모범답안을 읽고 MP3를 들어보자.

I usually go for a walk once a week. I wish I could go more often, but I don't have time. I'm not actually sure how far I walk. But I usually walk for about two hours. If the weather is too hot or too cold, it's shorter.

Step 2 모범답안 틀 익히기

MP3를 들으며 모범답안 틀을 외울 수 있을 만큼 여러 번 읽어보자. ▭ 부분은 본인이 원하는 표현으로 대체해도 좋다.

❶ I usually go for a walk [1]once a week. 저는 보통 일주일에 한 번 걷기를 합니다. ❷ I wish I could go more often, but I don't have time. 좀 더 자주 나가고 싶지만 시간이 없습니다. ❸ I'm not actually sure how far I walk. 저는 제가 얼마나 멀리 걷는지 솔직히 확실하지 않습니다. ❹ But I usually walk for [2]about two hours. 그러나 저는 주로 두 시간 정도 걷습니다. ❺ If the weather is too hot or too cold, it's shorter. 만약 날씨가 너무 덥거나 너무 추우면 (걷는 시간이) 더 짧아집니다.

대체 가능 표현

[1]twice a week 일주일에 두 번, three times a week 일주일에 세 번, once a month 한 달에 한 번, once in a while 가끔 한 번씩, on weekends 주말마다, when I have free time 여유 시간이 생길 때 | [2]about one hour 한 시간 정도, less than one hour 한 시간 이내, more than one hour 한 시간 이상, at least one hour 적어도 한 시간은

Step 3 해석 보고 말해보기

해석을 보면서 위의 모범답안을 떠올려 입 밖으로 말해보자. ▭ 부분은 본인만의 표현으로 바꾸어 말해도 좋다.

❶ 저는 보통 일주일에 한 번 걷기를 합니다. ❷ 좀 더 자주 나가고 싶지만 시간이 없습니다. ❸ 저는 제가 얼마나 멀리 걷는지 솔직히 확실하지 않습니다. ❹ 그러나 저는 주로 두 시간 정도 걷습니다. ❺ 만약 날씨가 너무 덥거나 너무 추우면 (걷는 시간이) 더 짧아집니다.

Question 3 How long have you been taking walks? What got you interested in walking like this? Was there a special reason you started? Tell me in detail. 얼마나 오래 걷기를 했습니까? 당신이 이처럼 걷기에 관심을 가지게 된 이유는 무엇입니까? 당신이 시작하게 된 특별한 이유가 있었습니까? 자세하게 말해주세요.

Step 1 모범답안 읽어보기

11-3.mp3

걷기와 관련되어 나오는 기출 문제와 모범답안을 읽고 MP3를 들어보자.

I was inspired by a novel when I was a high school student. In the book, the main character walks to see the lives of many different people. It helps him live better. I started walking because I wanted to have the same experience. I still like to walk and to see different people on the street. Now, it's like I am walking to find wisdom.

Step 2 모범답안 틀 익히기

MP3를 들으며 모범답안 틀을 외울 수 있을 만큼 여러 번 읽어보자. [ ] 부분은 본인이 원하는 표현으로 대체해도 좋다.

❶ I was inspired by a [1] novel when I was a high school student. 저는 고등학생일 때 한 소설에서 영감을 얻었습니다. ❷ In the [1] book, the main character walks to see the lives of many different people. 책에서 주인공은 다양한 사람들의 인생을 보기 위해 걷습니다. ❸ It helps him live better. 그것은 그가 더 낫게 살아가도록 도움을 줍니다. ❹ I started walking because I wanted to have the same experience. 저도 같은 경험을 갖고 싶었기 때문에 걷기를 시작했습니다. ❺ I still like to walk and to see different people on the street. 저는 여전히 걷기를 좋아하고 거리의 다른 사람들을 보는 것을 좋아합니다. ❻ Now, it's like I am walking [2] to find wisdom. 그것은 마치 지혜를 얻기 위해 걷는 것과 같습니다.

대체 가능 표현

[1] movie 영화, biography 전기[위인전], TV program TV 프로그램, reality show 리얼리티 쇼 | [2] to find hope 희망을 찾기 위해

Step 3 해석 보고 말해보기

해석을 보면서 위의 모범답안을 떠올려 입 밖으로 말해보자. [ ] 부분은 본인만의 표현으로 바꾸어 말해도 좋다.

❶ 저는 고등학생일 때 한 소설에서 영감을 얻었습니다. ❷ 책에서 주인공은 다양한 사람들의 인생을 보기 위해 걷습니다. ❸ 그것은 그가 더 낫게 살아가도록 도움을 줍니다. ❹ 저도 같은 경험을 갖고 싶었기 때문에 걷기를 시작했습니다. ❺ 저는 여전히 걷기를 좋아하고 거리의 다른 사람들을 보는 것을 좋아합니다. ❻ 그것은 마치 지혜를 얻기 위해 걷는 것과 같습니다.

Question 4 **I also like to go walking. Ask me three or four questions about the place I like to walk.** 저도 역시 걷기를 좋아합니다. 제가 걷기 좋아하는 장소에 대해 서너 가지 질문을 해보세요.

Step 1 모범답안 읽어보기

11-4.mp3

걷기와 관련되어 나오는 기출 문제와 모범답안을 읽고 MP3를 들어보자.

I heard you enjoy taking walks as much as I do. Where do you like to walk? Do you walk alone or with others? How long do you usually walk for?

Step 2 모범답안 틀 익히기

MP3를 들으며 모범답안 틀을 외울 수 있을 만큼 여러 번 읽어보자.

❶ I heard you enjoy taking walks as much as I do. 저는 당신이 제가 그렇듯 걷기를 즐긴다고 들었습니다. ❷ Where do you like to walk? 당신은 어디에서 걷는 것을 좋아합니까? ❸ Do you walk alone or with others? 당신은 혼자 걷습니까 아니면 다른 사람들과 함께 걷습니까? ❹ How long do you usually walk for? 당신은 주로 얼마나 오래 걷습니까?

대체 가능 표현 (기타 할 수 있는 질문)

During what part of the day do you go for walks? 당신은 하루 중 어느 때 걷기를 합니까?. What do you prefer to wear when walking? 걸을 때 어떤 옷을 입는 것을 선호합니까?

Step 3 해석 보고 말해보기

해석을 보면서 위의 모범답안을 떠올려 입 밖으로 말해보자.

❶ 저는 당신이 제가 그렇듯 걷기를 즐긴다고 들었습니다. ❷ 당신은 어디에서 걷는 것을 좋아합니까? ❸ 당신은 혼자 걷습니까 아니면 다른 사람들과 함께 걷습니까? ❹ 당신은 주로 얼마나 오래 걷습니까?

Question & Model Answer | 걷기 관련 Role-playing

걷기와 관련되어 나오는 롤플레이 기출 문제와 모범답안을 익혀보자.

Question 1 **This is a role-playing question. A friend has asked you to go for a walk tomorrow afternoon. Call your friend and ask three or four questions about what your friend wants to do.** 이것은 롤플레이 문제입니다. 친구가 내일 오후에 걸으러 가자고 요청했습니다. 친구에게 전화해서 친구가 원하는 것이 무엇인지 서너 가지를 물어보세요.

Step 1 모범답안 읽어보기

11-5.mp3

걷기와 관련되어 나오는 기출 문제와 모범답안을 읽고 MP3를 들어보자.

Hello. How are you? You asked me to go for a walk tomorrow afternoon. What time do you want to get started? Where are we going to go walking? Should I bring my camera? Are there any good places to eat after we finish? I hope we can have a great time together tomorrow.

Step 2 모범답안 틀 익히기

MP3를 들으며 모범답안 틀을 외울 수 있을 만큼 여러 번 읽어보자.

❶Hello. How are you? 안녕. ❷You asked me to go for a walk tomorrow afternoon. 네가 나한테 내일 오후에 걷자고 요청했잖아. ❸ What time do you want to get started? 몇 시에 시작하고 싶니? ❹ Where are we going to go walking? 어디로 걸으러 갈 거야? ❺ Should I bring my camera? 내 카메라를 가져가야 할까? ❻Are there any good places to eat after we finish? 끝나고 나서 먹을 만한 좋은 장소가 있니? ❼I hope we can have a great time together tomorrow. 내일 함께 좋은 시간을 가졌으면 좋겠다.

대체 가능 표현 (기타 할 수 있는 질문)

Are there any good places to walk near your home? 너희 집 근처에 걷기 좋은 장소들이 있니?, How long do you want to take a walk? 얼마나 오래 걷고 싶니?, What do you want to do after walking? 걷고 나서 뭘 하고 싶니?

Step 3 해석 보고 말해보기

해석을 보면서 위의 모범답안을 떠올려 입 밖으로 말해보자.

❶안녕. ❷네가 나한테 내일 오후에 걷자고 요청했잖아. ❸몇 시에 시작하고 싶니? ❹어디로 걸으러 갈 거야? ❺내 카메라를 가져가야 할까? ❻끝나고 나서 먹을 만한 좋은 장소가 있니? ❼내일 함께 좋은 시간을 가졌으면 좋겠다.

Question 2 **I am sorry. There is a problem that you need to resolve. Something has come up, and you can't meet your friend. Call your friend. Tell your friend why you can't go for a walk with him or her. Then, suggest two or three alternatives.** 미안합니다. 당신이 해결해야 할 문제가 있습니다. 무슨 일이 생겨서 당신은 친구를 만날 수 없습니다. 친구에게 전화해서 왜 함께 걷기를 할 수 없는지 말해주세요. 그리고 두세 개의 대안을 제시해보세요.

Step 1 모범답안 읽어보기

11-6.mp3

걷기와 관련되어 나오는 기출 문제와 모범답안을 읽고 MP3를 들어보자.

I'm sorry. I can't go for a walk with you today. I'm feeling sick. Do you want to go to a movie instead? I think I'll be okay if I don't have to move very much. Or we can just have dinner. Let's try to take a walk together next week. Please let me know what you think.

Step 2 모범답안 틀 익히기

MP3를 들으며 모범답안 틀을 외울 수 있을 만큼 여러 번 읽어보자.

❶ I'm sorry. I can't go for a walk with you today. 미안해. 오늘 난 너와 걸으러 갈 수 없을 것 같아. ❷ I'm feeling sick. 나는 아파. ❸ Do you want to go to a movie instead? 대신 영화 보러 가지 않을래? ❹ I think I'll be okay if I don't have to move very much. 내 생각에 그렇게 많이 움직이지 않으면 괜찮을 것 같아. ❺ Or we can just have dinner. 아니면 우리 그냥 저녁 먹자. ❻ Let's try to take a walk together next week. 다음 주에 함께 걸으러 가도록 해보자. ❼ Please let me know what you think. 네 생각을 알려줘.

대체 가능 표현 (기타 할 수 있는 질문)

How about coming to my house instead? 대신 우리 집에 오는 건 어때?, Why don't you call Jane instead of me? 나 대신에 제인에게 전화하는 건 어때?, Can I call you again when I feel better? 내가 좀 나으면 다시 너한테 전화해도 될까?

Step 3 해석 보고 말해보기

해석을 보면서 위의 모범답안을 떠올려 입 밖으로 말해보자.

❶ 미안해. 오늘 난 너와 걸으러 갈 수 없을 것 같아. ❷ 나는 아파. ❸ 대신 영화 보러 가지 않을래? ❹ 내 생각에 그렇게 많이 움직이지 않으면 괜찮을 것 같아. ❺ 아니면 우리 그냥 저녁 먹자. ❻ 다음 주에 함께 걸으러 가도록 해보자. ❼ 네 생각을 알려줘.

Question 3 **Very good. Have you ever had to cancel plans with a friend because something came up? Tell me about it. What were the plans? Why did you have to cancel? What did you and your friend do instead? Tell me in detail.** 좋습니다. 당신은 무슨 일이 생겨서 친구와의 계획을 취소한 적이 있습니까? 그에 대해 말해주세요. 그 계획이 무엇이었습니까? 당신은 왜 그것을 취소해야 했나요? 당신과 친구는 그 대신 무엇을 했습니까? 자세히 말해주세요.

Step 1 모범답안 읽어보기

11-7.mp3

걷기와 관련되어 나오는 기출 문제와 모범답안을 읽고 MP3를 들어보자.

One time, I was supposed to help my friend move to a new home. However, while I was on my way to my friend's house, a motorbike ran over my foot. I had to go to the hospital. It wasn't serious, but I couldn't help my friend move. My friend totally understood, but I still felt bad. So I got her a really nice gift for her new house.

Step 2 모범답안 틀 익히기

MP3를 들으며 모범답안 틀을 외울 수 있을 만큼 여러 번 읽어보자. 부분은 본인이 원하는 표현으로 대체해도 좋다.

❶ One time, I was supposed to help my friend move to a new home. 한번은 제가 친구의 집 이사를 도와주기로 했습니다. ❷ However, while I was on my way to my friend's house, [1]a motorbike ran over my foot. 그런데 제가 친구 집에 가는 도중에 오토바이가 제 발 위를 지나갔습니다. ❸ I had to go to the hospital. 저는 병원에 가야 했습니다. ❹ It wasn't serious, but I couldn't help my friend move. 심각한 것은 아니었지만 저는 친구의 이사를 도와줄 수 없었습니다. ❺ My friend totally understood, but I still felt bad. 친구는 온전히 이해해줬지만 저는 여전히 마음이 안 좋았습니다. ❻ So [2]I got her a really nice gift for her new house. 그래서 저는 그녀의 새 집을 위해 정말 좋은 선물을 주었습니다.

대체 가능 표현

[1]I slipped on the ice 빙판 길에서 미끄러졌다, I fell down the stairs 계단에서 굴렀다, I had a minor accident 가벼운 (차)사고가 있었다 | [2]I bought her dinner the following week to apologize 사과하기 위해 그 다음 주에 저녁을 샀다

Step 3 해석 보고 말해보기

해석을 보면서 위의 모범답안을 떠올려 입 밖으로 말해보자. 부분은 본인만의 표현으로 바꾸어 말해도 좋다.

❶ 한번은 제가 친구의 집 이사를 도와주기로 했습니다. ❷ 그런데 제가 친구 집에 가는 도중에 오토바이가 제 발 위를 지나갔습니다. ❸ 저는 병원에 가야 했습니다. ❹ 심각한 것은 아니었지만 저는 친구의 이사를 도와줄 수 없었습니다. ❺ 친구는 온전히 이해해줬지만 저는 여전히 마음이 안 좋았습니다. ❻ 그래서 저는 그녀의 새 집을 위해 정말 좋은 선물을 주었습니다.

DAY 12

DAY 12의 과업

12개 필수 선택 항목 중 운동 수업 수강하기와 관련된 질문에 소재를 떠올려 막힘 없이 말할 수 있다.

Warming Up

Vocabulary & Pronunciation

Grammar | 현재완료

설문지 선택 항목 | 운동 수업 수강하기

돌발 주제 | 건강

Warming Up

운동 수업과 관련된 소재로 간단히 브레인스토밍을 해보자.

우리말 브레인스토밍

아래의 내용을 넣어 운동 수업과 관련된 것을 우리말로 묘사해보자.

- 참여하는 운동 수업 종류와 횟수
- 운동 수업을 시작한 이유

Ex ❶저는 실내 자전거 타기 수업과 요가 수업을 듣습니다. ❷제 실내 자전거 수업은 일주일에 두 번 있으며 저는 절대 빠지지 않습니다. ❸제가 이 수업을 듣는 주요 목적은 건강을 유지하는 것입니다. ❹저는 운동 전에 언제나 스트레칭을 합니다. 수업 후에 저는 항상 샤워를 하는데 그것은 정말 기분이 좋습니다. ❺저는 직장에 다니지 않았을 때는 괜찮은 몸을 가지고 있었는데 일을 시작하면서 약간 살이 찌게 되었습니다. 그래서 저는 운동 수업에 가는 것을 원하게 되었습니다.

운동 수업과 관련해서 꼭 말해야 될 성분을 기억하자!

❶본인이 참여하는 운동 수업 ❷얼마나 자주 수업을 가는지 ❸수업을 하는 목적 ❹운동 수업 과정 ❺수업을 시작한 이유

영어 브레인스토밍

위의 예시 문장을 아래의 표현을 사용해 영어로 말해보자.

- spinning class 실내 자전거 수업
- yoga class 요가 수업
- two days a week 일주일에 두 번
- the main purpose 주요 목적
- keep fit 건강을 유지하다
- take a shower 샤워하다
- be unemployed 실직 상태이다
- kind of fat 약간 살이 찐

예시 문장의 모범답안을 눈으로 한 번 읽어보자.

❶I take a spinning class and a yoga class. ❷My spinning class meets two days a week, and I never miss it. ❸The main purpose I take this class is to keep fit. ❹I always stretch before I exercise. After the class, I always take a shower, and it feels really good. ❺I had a nice body when I was unemployed, but when I started working, I got kind of fat. That's why I wanted to go to the fitness class.

Vocabulary & Pronunciation

이번 단원에서 배울 단어와 그 발음을 익혀보자.

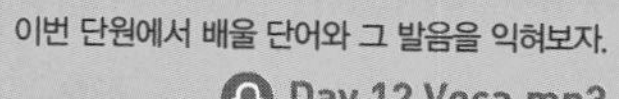

Fitness Classes 운동 수업 종류

수영 수업	swimming class
요가 수업	yoga class
실내 자전거 수업	spinning class
에어로빅 수업	aerobics class
댄스 수업	dance class
발레 수업	ballet dance class
필라테스 수업	Pilates class
그룹운동 프로그램	G.X. program(group exercise)
개별적 운동 지도 수업	personal training[P.T.]
바디 펌프 수업(바벨이나 덤벨을 이용해서 몸의 근력을 높이는 수업)	body pump class
바디 밸런스 수업(몸의 균형을 찾아주는 수업으로 요가나 필라테스와 비슷)	body balance class
스텝 수업(스테퍼를 이용한 유산소 운동 수업)	step class

Other Sporting Words 기타 운동 관련

스포츠 클럽	sports club
탈의실	changing room
~에 등록하다	sign up for
등록하다	register
운동기구	sporting goods
러닝머신	treadmill
근력운동	weightlifting
유산소운동	aerobic exercise
무산소운동(근력운동)	anaerobic exercise
운동복	training suit
요가 매트	yoga mat
시합, 경기	match
경쟁, 경기	competition
운동 선수	athlete
응원하다	cheer up

Grammar | 현재완료

영어로 말할 때 꼭 필요한 문법을 간단하게 배워보자.

1 현재완료형을 쓰는 경우

현재완료는 과거의 일이 현재까지 영향을 미칠 때 사용하는 시제이다.

- **계속의 의미 : 과거부터 현재까지 계속 ~해오다 (지속의 의미)**

Ex **I've liked** comedy movies since I was a child. 나는 어린아이일 때부터 코미디 영화를 좋아해왔다.

He **has played** the guitar for ten years. 그는 10년째 기타를 치고 있다.

Somebody **has followed** me from the station. 누군가가 역에서부터 나를 따라오고 있다.

I **have wanted** to pass this test for a long time. 나는 오랫동안 이 시험을 통과하기를 바라고 있다.

- **결과의 의미 : 과거에 한 행위의 결과가 현재 ~한 상태이다 (현재 결과에 더 초점을 맞춘 표현)**

Ex He **has written** five books in the series. 그는 그의 시리즈 중에서 다섯 권을 썼다.

My brother **has lost** his wallet. 내 동생은 그의 지갑을 잃어버렸다. (아직 찾지 못했다)

I **have cut** my hand. 나는 손에 상처를 입었다. (상처가 아직도 있다. 현재도 낫지 않았다)

Jim **has gone** to Paris. 짐은 파리로 갔다. (다른 곳에 가지 않고 현재 파리에 있다)

- **경험의 의미 : 과거부터 현재까지 ~한 경험이 있다 (before, once, ever, never 등과 함께 사용)**

Ex We **have seen** this show together before. 우리는 전에 이 쇼를 함께 본 적이 있다.

She **has been** to America before. 그녀는 전에 미국에 가본 적이 있다.

I **have read** this book five times. 나는 이 책을 다섯 번 읽었다.

I **have fallen** in love once. 나는 한 번 사랑에 빠진 적이 있다.

- **완료의 의미 : 과거부터 시작한 일이 현재에 완료되었는지 (아닌지)를 강조하여 나타낸다. (now, yet, already, just 등과 함께 사용)**

Ex I **have finished** my homework now. 나는 지금 숙제를 마쳤다.

She **has** just **heard** the news from him. 그녀는 방금 그로부터 소식을 들었다.

I **have** already **watched** the movie. 나는 이미 그 영화를 봤다.

My mom **hasn't seen** this show yet. 우리 엄마는 아직 이 쇼를 못 봤다.

2 현재완료형을 쓰지 않는 경우

과거의 정확한 때를 나타내는 단어나 when, ago, last… 등과는 함께 쓰지 않는다.

Ex I **saw** him yesterday. 나는 어제 그를 봤다. (I have seen him yesterday.는 맞지 않다)

Somebody **called** me when I entered the room. 내가 방에 들어왔을 때 누군가가 나한테 전화를 했다.

Question & Model Answer | 운동 수업 수강하기 관련 설문지 주제

운동 수업 수강하기와 관련되어 나오는 기출 문제와 모범답안을 익혀보자.

Question 1 **You indicated that you take a fitness class. What kind of class is it? What exercises do you do? How often is the class held? Be as detailed as possible.** 당신은 운동 수업을 듣는다고 했습니다. 어떤 종류의 수업입니까? 어떤 운동을 합니까? 얼마나 자주 수업이 열립니까? 가능한 한 자세하게 해주세요.

Step 1 모범답안 읽어보기

12-1.mp3

운동 수업 수강하기와 관련되어 나오는 기출 문제와 모범답안을 읽고 MP3를 들어보자.

I take a spinning class and a yoga class. In the spinning class, we ride exercise bikes, and the yoga class is just yoga. There might be different kinds of yoga, but I don't know. My spinning class is on Tuesdays and Fridays in the evening. My yoga class meets every morning, but I don't always make it.

Step 2 모범답안 틀 익히기

MP3를 들으며 모범답안 틀을 외울 수 있을 만큼 여러 번 읽어보자. [   ] 부분은 본인이 원하는 표현으로 대체해도 좋다.

❶ I take [1]a spinning class and a yoga class. 저는 실내 자전거 타기 수업과 요가 수업을 듣습니다. ❷ In the spinning class, we ride exercise bikes, and the yoga class is just yoga. 실내 자전거 수업에서는 운동 자전거를 타고 요가 수업에서는 요가를 합니다. ❸ There might be different kinds of yoga, but I don't know. 아마 다른 종류의 요가가 있겠지만 저는 잘 모르겠습니다. ❹ My spinning class is [2]on Tuesdays and Fridays in the evening. 자전거 타기 수업은 매주 화요일과 금요일 저녁마다 있습니다. ❺ My yoga class meets every morning, [3]but I don't always make it. 요가 수업은 매일 아침마다 있지만 매번 가지 못합니다.

대체 가능 표현

[1]본인이 원하는 운동 수업으로 변경 가능(p.171 참조) | [2]on+요일s: 매주 ~요일마다, two times a week 일주일에 두 번, once a week 일주일에 한 번 | [3]and I always try to make it 매번 가려고 노력합니다, and I never miss it 절대 빠지지 않습니다

Step 3 해석 보고 말해보기

해석을 보면서 위의 모범답안을 떠올려 입 밖으로 말해보자. [   ] 부분은 본인만의 표현으로 바꾸어 말해도 좋다.

❶ 저는 실내 자전거 타기 수업과 요가 수업을 듣습니다. ❷ 실내 자전거 수업에서는 운동 자전거를 타고 요가 수업에서는 요가를 합니다. ❸ 아마 다른 종류의 요가가 있겠지만 저는 잘 모르겠습니다. ❹ 자전거 타기 수업은 매주 화요일과 금요일 저녁마다 있습니다. ❺ 요가 수업은 매일 아침마다 있지만 매번 가지 못합니다.

Question 2 What do you usually do in your fitness class? What do you do before the class to prepare? Give me as many details as you can. 운동 수업 중에 주로 어떤 것을 합니까? 수업 전에 준비를 위해 무엇을 합니까? 가능한 한 자세히 말해주세요.

Step 1 모범답안 읽어보기

12-2.mp3

운동 수업 수강하기와 관련되어 나오는 기출 문제와 모범답안을 읽고 MP3를 들어보자.

My spinning class meets two days a week, and I never miss it. The main purpose I take this class is to keep fit. I always stretch before I exercise. The teachers start class with some warmups, but it's better to stretch on my own. After the class, I always take a shower, and it feels really good.

Step 2 모범답안 틀 익히기

MP3를 들으며 모범답안 틀을 외울 수 있을 만큼 여러 번 읽어보자. ▒▒ 부분은 본인이 원하는 표현으로 대체해도 좋다.

❶ My spinning class meets two days a week, and I never miss it. 제 실내 자전거 수업은 일주일에 두 번 있으며 저는 절대 빠지지 않습니다. ❷ The main purpose I take this class is [1]to keep fit. 제가 이 수업을 듣는 주요 목적은 건강을 유지하는 것입니다. ❸ I always stretch before I exercise. 저는 운동 전에 언제나 스트레칭을 합니다. ❹ The teachers start class with some warmups, but it's better to stretch on my own. 강사는 몇 가지 워밍업으로 수업을 시작하지만 저는 스스로 스트레칭을 하는 것이 더 낫습니다. ❺ After the class, I always [2]take a shower, and it feels really good. 수업 후에 저는 항상 샤워를 하는데 그것은 정말 기분이 좋습니다.

대체 가능 표현

[1]to lose weight 살을 빼는 것, to improve my physical strength 체력을 기르는 것 | [2]go out for a walk 산책을 나가다, drink some cold water 찬물을 마시다, run on a treadmill 러닝머신 위에서 뛰다

Step 3 해석 보고 말해보기

해석을 보면서 위의 모범답안을 떠올려 입 밖으로 말해보자. ▒▒ 부분은 본인만의 표현으로 바꾸어 말해도 좋다.

❶ 제 실내 자전거 수업은 일주일에 두 번 있으며 저는 절대 빠지지 않습니다. ❷ 제가 이 수업을 듣는 주요 목적은 건강을 유지하는 것입니다. ❸ 저는 운동 전에 언제나 스트레칭을 합니다. ❹ 강사는 몇 가지 워밍업으로 수업을 시작하지만 저는 스스로 스트레칭을 하는 것이 더 낫습니다. ❺ 수업 후에 저는 항상 샤워를 하는데 그것은 정말 기분이 좋습니다.

Question 3 **When did you first become interested in this fitness class? How did you find out about your class? What were the first few classes like? What did you like? What did you dislike?** 당신은 언제 처음 이 운동 수업에 관심을 갖게 되었습니까? 이 수업을 어떻게 찾았습니까? 처음 몇 번의 수업은 어땠습니까? 무엇을 좋아했습니까? 무엇을 싫어했습니까?

Step 1 모범답안 읽어보기

12-3.mp3

운동 수업 수강하기와 관련되어 나오는 기출 문제와 모범답안을 읽고 MP3를 들어보자.

I had a nice body when I was unemployed, but when I started working, I got kind of fat. That's why I wanted to take a fitness class. There were a lot of ads for different classes all around my apartment. So I checked a few out. The spinning class really impressed me even though it looked difficult. The class was fun from the start, but it was as hard as I had expected.

Step 2 모범답안 틀 익히기

MP3를 들으며 모범답안 틀을 외울 수 있을 만큼 여러 번 읽어보자. ▒ 부분은 본인이 원하는 표현으로 대체해도 좋다.

❶ I had a nice body [1]when I was unemployed, but when I started working, I [2]got kind of fat. 저는 직장에 다니지 않았을 때는 괜찮은 몸을 가지고 있었는데 일을 시작하면서 약간 살이 찌게 되었습니다. ❷ That's why I wanted to take a fitness class. 그래서 저는 운동 수업에 가는 것을 원하게 되었습니다. ❸ There were a lot of ads for different classes all around my apartment. 저희 아파트 주변에 여러 다른 수업을 위한 많은 광고가 있었습니다. ❹ So I checked a few out. 그래서 몇 개를 체크해봤습니다. ❺ The [3]spinning class really impressed me even though it looked difficult. 자전거 수업은 비록 어려워 보였지만 인상 깊었습니다. ❻ The class was fun from the start, but it was as hard as I had expected. 수업은 처음부터 재미있었지만 제가 예상한 만큼 힘들었습니다.

대체 가능 표현

[1]when I was a student 학생이었을 때, when I had enough free time 충분한 자유 시간이 있었을 때 | [2]gained weight 체중이 늘었다, was getting out of shape 점점 몸이 나게 되었다 | [3]본인이 원하는 운동 수업으로 변경 가능(p.171 참조)

Step 3 해석 보고 말해보기

해석을 보면서 위의 모범답안을 떠올려 입 밖으로 말해보자. ▒ 부분은 본인만의 표현으로 바꾸어 말해도 좋다.

❶ 저는 직장에 다니지 않았을 때는 괜찮은 몸을 가지고 있었는데 일을 시작하면서 약간 살이 찌게 되었습니다. ❷ 그래서 저는 운동 수업에 가는 것을 원하게 되었습니다. ❸ 저희 아파트 주변에 여러 다른 수업을 위한 많은 광고가 있었습니다. ❹ 그래서 몇 개를 체크해봤습니다. ❺ 자전거 수업은 비록 어려워 보였지만 인상 깊었습니다. ❻ 수업은 처음부터 재미있었지만 제가 예상한 만큼 힘들었습니다.

Question 4 I also take an exercise class at my neighborhood fitness center. Ask me three or four questions about the fitness class I am taking now. 저도 역시 동네 헬스장에서 운동 수업을 듣습니다. 현재 제가 듣고 있는 운동 수업에 대해 서너 가지 질문을 해보세요.

Step 1 모범답안 읽어보기

12-4.mp3

운동 수업 수강하기와 관련되어 나오는 기출 문제와 모범답안을 읽고 MP3를 들어보자.

I heard you are taking an exercise class at a fitness center. What type of exercises do you do in the class? How many people are in the class? Do you enjoy your class?

Step 2 모범답안 틀 익히기

MP3를 들으며 모범답안 틀을 외울 수 있을 만큼 여러 번 읽어보자.

❶ I heard you are taking an exercise class at a fitness center. 저는 당신이 헬스장에서 운동 수업을 듣는다고 들었습니다. ❷ What type of exercises do you do in the class? 당신은 수업에서 어떤 종류의 운동을 합니까? ❸ How many people are in the class? 수업에는 얼마나 많은 사람들이 있습니까? ❹ Do you enjoy your class? 당신은 수업을 즐깁니까?

대체 가능 표현 (기타 할 수 있는 질문)

Why did you decide to take a class instead of exercising alone? 당신은 왜 혼자 운동하는 대신 (운동) 수업을 듣기로 결정했습니까?. Do you want to take any other classes that offer different types of exercise in the future? 당신은 나중에 다른 종류의 운동을 할 수 있는 다른 수업들을 듣는 것을 원합니까?

Step 3 해석 보고 말해보기

해석을 보면서 위의 모범답안을 떠올려 입 밖으로 말해보자.

❶ 저는 당신이 헬스장에서 운동 수업을 듣는다고 들었습니다. ❷ 당신은 수업에서 어떤 종류의 운동을 합니까? ❸ 수업에는 얼마나 많은 사람들이 있습니까? ❹ 당신은 수업을 즐깁니까?

Question & Model Answer | 돌발 주제 - 건강

건강과 관련되어 나오는 롤플레이 기출 문제와 모범답안을 익혀보자.

Question 1 Who is the healthiest person you know? Tell me about the healthiest person you know. What does that person do to stay healthy? 당신이 아는 가장 건강한 사람은 누구입니까? 당신이 아는 가장 건강한 사람에 대해 말해주세요. 건강을 유지하기 위해 그 사람은 무엇을 합니까?

Step 1 모범답안 읽어보기

12-5.mp3

건강과 관련되어 나오는 기출 문제와 모범답안을 읽고 MP3를 들어보자.

The healthiest person I know is my brother. He isn't really muscular, but he is very fit. He is always on a strict diet. He only goes to the gym three times a week, but he says that's enough. I wish I had his determination.

Step 2 모범답안 틀 익히기

MP3를 들으며 모범답안 틀을 외울 수 있을 만큼 여러 번 읽어보자. ▭ 부분은 본인이 원하는 표현으로 대체해도 좋다.

❶The healthiest person I know is [1]my brother. 제가 알고 있는 가장 건강한 사람은 제 남동생[오빠] 입니다. ❷He isn't really muscular, but he [2]is very fit. 그는 엄청난 근육질은 아니지만 매우 단련되어 있습니다. ❸He is always on a strict diet. 그는 언제나 엄격한 식이요법을 하고 있습니다. ❹He only goes to the gym three times a week, but he says that's enough. 그는 일주일에 세 번만 헬스장에 가지만 충분하다고 말합니다. ❺I wish I had [3]his determination. 저도 그의 의지를 가질 수 있기를 바랄 뿐입니다.

대체 가능 표현

[1]my best friend 제 가장 친한 친구, my boyfriend[girlfriend] 제 남자[여자] 친구, my father 제 아버지, my co-worker 제 직장 동료 | [2]has a nice body 괜찮은 몸을 가지고 있습니다, is in good shape 몸이 좋습니다, has no fat on his body at all 몸에 지방이 하나도 없습니다 | [3]his persistence 그의 끈기, his resolution 그의 결심, his strong will 그의 강한 의지, his effort 그의 노력

Step 3 해석 보고 말해보기

해석을 보면서 위의 모범답안을 떠올려 입 밖으로 말해보자. ▭ 부분은 본인만의 표현으로 바꾸어 말해도 좋다.

❶제가 알고 있는 가장 건강한 사람은 제 남동생[오빠] 입니다. ❷그는 엄청난 근육질은 아니지만 매우 단련되어 있습니다. ❸그는 언제나 엄격한 식이요법을 하고 있습니다. ❹그는 일주일에 세 번만 헬스장에 가지만 충분하다고 말합니다. ❺저도 그의 의지를 가질 수 있기를 바랄 뿐입니다.

Question 2 **What exercises do you do to stay healthy? How often do you exercise? Tell me about your health routine.** 건강을 유지하기 위해서 어떤 운동을 합니까? 얼마나 자주 운동합니까? 당신의 건강을 유지하기 위한 패턴에 대해 말해주세요.

Step 1 모범답안 읽어보기

12-6.mp3

건강과 관련되어 나오는 기출 문제와 모범답안을 읽고 MP3를 들어보자.

I do yoga to stay healthy. My class meets every day, but I usually go two or three times a week. My diet isn't very good. It's hard to get healthy food when I'm working. However, I try to eat healthy food on weekends.

Step 2 모범답안 틀 익히기

MP3를 들으며 모범답안 틀을 외울 수 있을 만큼 여러 번 읽어보자. [ ] 부분은 본인이 원하는 표현으로 대체해도 좋다.

❶ I do [1]yoga to stay healthy. 저는 건강을 유지하기 위해 요가를 합니다. ❷ My class meets every day, but I usually go two or three times a week. 제 수업은 매일 열리지만 저는 일주일에 두세 번만 갑니다. ❸ My diet isn't very good. 제 다이어트(식이조절)는 그다지 좋지 않습니다. ❹ It's hard to get healthy food when I'm working. 제가 일할 때는 건강한 음식을 먹는 것이 힘듭니다. ❺ However, I try to [2]eat healthy food on weekends. 그러나 저는 주말에는 건강식을 먹으려고 노력합니다.

대체 가능 표현

[1]본인이 원하는 운동 수업으로 변경 가능(p.171 참조) | [2]eat wholesome food 건강식을 먹다, cook for myself 나 자신을 위해 요리하다

Step 3 해석 보고 말해보기

해석을 보면서 위의 모범답안을 떠올려 입 밖으로 말해보자. [ ] 부분은 본인만의 표현으로 바꾸어 말해도 좋다.

❶ 저는 건강을 유지하기 위해 요가를 합니다. ❷ 제 수업은 매일 열리지만 저는 일주일에 두세 번만 갑니다. ❸ 제 다이어트(식이조절)는 그다지 좋지 않습니다. ❹ 제가 일할 때는 건강한 음식을 먹는 것이 힘듭니다. ❺ 그러나 저는 주말에는 건강식을 먹으려고 노력합니다.

Question 3 When was the last time someone you knew was in the hospital? Was it a friend or a family member? Was the person sick or injured? Was it serious? What was your reaction to the situation? Tell me about your experience in detail. 당신이 알고 있는 사람이 마지막으로 병원에 입원했던 때는 언제였습니까? 친구나 가족 멤버였나요? 그 사람은 아프거나 다쳤습니까? 심각했습니까? 그 상황에 대한 당신의 반응은 무엇이었습니까? 당신의 경험에 대해 자세히 말해주세요.

Step 1 모범답안 읽어보기

12-7.mp3

건강과 관련되어 나오는 기출 문제와 모범답안을 읽고 MP3를 들어보자.

My cousin went to the hospital last month. She got her hand caught in the door of a taxi. There was a huge cut on her palm. Her friends got her to the hospital, and she sent me some photos. I was really scared, but, fortunately, the doctor said it wasn't very serious.

Step 2 모범답안 틀 익히기

MP3를 들으며 모범답안 틀을 외울 수 있을 만큼 여러 번 읽어보자. ____ 부분은 본인이 원하는 표현으로 대체해도 좋다.

❶My cousin went to the hospital last month. 제 사촌은 지난달에 병원에 갔었습니다. ❷She got her hand [1]caught in the door of a taxi. 그녀는 택시 손잡이에 손이 끼었습니다. ❸There was a huge cut on her palm. 그녀의 손바닥에는 커다란 (찢어진) 상처가 있었습니다. ❹Her friends got her to the hospital, and she sent me some photos. 그녀의 친구들이 그녀를 병원에 데려갔고 그녀는 저에게 몇 장의 사진을 보냈습니다. ❺I was really scared, but, fortunately, the doctor said it wasn't very serious. 저는 정말 무서웠는데 다행히도 의사는 상처가 그렇게 심각한 것은 아니라고 했습니다.

대체 가능 표현

[1]cut by a knife 칼에 베인, bitten by a dog 개에 물린, wounded on the rough edge of the desk 책상 날카로운 모서리에 상처를 입은

Step 3 해석 보고 말해보기

해석을 보면서 위의 모범답안을 떠올려 입 밖으로 말해보자. ____ 부분은 본인만의 표현으로 바꾸어 말해도 좋다.

❶제 사촌은 지난달에 병원에 갔었습니다. ❷그녀는 택시 손잡이에 손이 끼었습니다. ❸그녀의 손바닥에는 커다란 (찢어진) 상처가 있었습니다. ❹그녀의 친구들이 그녀를 병원에 데려갔고 그녀는 저에게 몇 장의 사진을 보냈습니다. ❺저는 정말 무서웠는데 다행히도 의사는 상처가 그렇게 심각한 것은 아니라고 했습니다.

DAY 13

DAY 13의 과업

12개 필수 선택 항목 중 헬스와 관련된 질문에 소재를 떠올려 막힘 없이 말할 수 있다.

Warming Up

Vocabulary & Pronunciation

Grammar | 등위접속사, 종속접속사

설문지 선택 항목 | 헬스

롤플레이 | 헬스 관련 상황극 연습

Warming Up

헬스와 관련된 소재로 간단히 브레인스토밍을 해보자.

1 우리말 브레인스토밍

아래의 내용을 넣어 헬스와 관련된 것을 우리말로 묘사해보자.

- 자주 가는 헬스장 묘사
- 헬스장에서 운동하는 과정 소개

Ex ❶저희 헬스장은 그다지 크지 않습니다. ❷(거기에는) 근력운동을 위한 하나의 방이 있고 요가를 위한 또 다른 방이 있습니다. ❸저는 주로 주중에 헬스장에 갑니다. 그러나 저는 일주일에 적어도 세 번은 운동을 하려고 합니다. ❹저는 많은 역기운동(프리웨이트)을 합니다. ❺마지막으로 저는 러닝머신 위에서 뜁니다.

걷기와 관련해서 꼭 말해야 될 성분을 기억하자!

❶자주 가는 헬스장 크기 ❷헬스장 구조 ❸얼마나 자주 헬스장에 가는지 ❹헬스장에서 하는 운동 종류 ❺마지막으로 하는 운동

2 영어 브레인스토밍

위의 예시 문장을 아래의 표현을 사용해 영어로 말해보자.

- one room for weightlifting 근력운동을 위한 방 하나
- on weekdays 주중에
- work out 운동하다
- at least three times a week 적어도 일주일에 세 번
- free-weight exercises 역기운동(프리웨이트)
- run on a treadmill 러닝머신 위를 달리다

예시 문장의 모범답안을 눈으로 한 번 읽어보자.

❶My gym isn't very big. ❷There's one room for weightlifting and another for yoga. ❸I usually go to the gym on weekdays. I try to work out at least three times a week though. ❹I do a lot of free-weight exercises. ❺Finally, I run on a treadmill.

Vocabulary & Pronunciation

이번 단원에서 배울 단어와 그 발음을 익혀보자.

Day 13 Voca.mp3

Exercise Machines 운동 기구

실내 자전거	indoor bike
러닝머신	treadmill
역기 운동 기구	weight machine
다리 운동 기구	leg-press machine
어깨 운동 기구	shoulder-press machine
역기	barbell
아령	dumbbell

Health Club Exercises 헬스클럽 운동

데드리프트	deadlift
레그프레스	leg press
레그익스텐션	leg extension
스쿼트	squat
런지	lunge
다양한 역기 운동	free weights
윗몸일으키기	sit-up
러닝머신 위에서 뛰다	run on a treadmill

Health Club 헬스클럽 구조

샤워실	shower room
락커룸	locker room
탈의실	changing room
안내 데스크	reception desk
개인 트레이닝룸	personal training room
피트니스 클래스룸	fitness class room
음료자판기	vending machine
음수대	drinking fountain
스쿼시 코트	squash court

Grammar | 등위접속사, 종속접속사

영어로 말할 때 꼭 필요한 문법을 간단하게 배워보자.

접속사란 단어와 단어, 구와 구, 절과 절을 연결하여 한 문장으로 만들어주는 말이다. 이 중 형태와 기능이 서로 같은 말끼리 연결해주는 접속사를 등위접속사라 하고, 종속절을 주절에 연결시키는 접속사를 종속접속사라고 한다.

1 등위접속사 and, but, or, so

Ex I ordered a coffee **and** a donut. 나는 커피와 도넛을 주문했다.

She was happy **and** excited to see them. 그녀는 그들을 보게 되어서 행복하고 기뻤다.

He proposed to me, **but** I refused. 그가 나에게 청혼했지만 나는 거절했다.

Which do you prefer, cats **or** dogs? 고양이 아니면 강아지 중에서 어느 쪽을 더 좋아하니?

I was feeling ill, **so** I went to bed early. 나는 아팠다, 그래서 일찍 잠자리에 들었다.

2 명령문+and/or

Ex **Exercise regularly, and** you will be healthier. 정기적으로 운동해라, 그러면 너는 더 건강해질 것이다.

Tell me what to do, and I will do that. 어떻게 해야 할지 말해줘, 그러면 내가 그것을 따를게.

Eat slowly, or you will suffer from indigestion. 천천히 먹어라, 안 그러면 소화불량으로 괴로울 것이다.

Tell me the truth, or you'll be punished. 진실을 말해라, 안 그러면 너는 벌을 받게 될 것이다.

3 짝을 이루어 쓰이는 등위접속사

Ex **Both** Jun **and** I had a good time at the park. 준과 나는 둘 다 공원에서 좋은 시간을 보냈다.

He is **not** a nurse **but** a doctor. 그는 간호사가 아니라 의사이다.

He speaks **not only** Korean **but also** English. 그는 한국어뿐만 아니라 영어도 할 줄 안다.

I want to study **either** economics **or** politics. 나는 경제학 아니면 정치학을 공부하고 싶다.

Neither my roommate **nor** I cleaned the house. 내 룸메이트나 나나 집 청소를 하지 않았다.

4 종속접속사 that, because, whether, if

Ex I believe **that** my mother will help me out. 나는 엄마가 나를 도와줄 거라고 믿는다.

She thinks **that** he'll be back soon. 그녀는 그가 금방 돌아올 거라고 생각한다.

I went to the hospital **because** I was very sick. 나는 매우 아팠기 때문에 병원에 갔다.

I wonder **whether** he will come or not. 나는 그가 올지 안 올지 궁금하다.

He asked me **if** I am single. 그는 내가 싱글인지 물어봤다.

Question & Model Answer | 헬스 관련 설문지 주제

헬스와 관련되어 나오는 기출 문제와 모범답안을 익혀보자.

Question 1 **You indicated that you enjoy going to a health club. Tell me about your health club or gym. What does it look like? What kind of equipment does it have? Be as detailed as possible.** 당신은 헬스장에 가는 것을 즐긴다고 했습니다. 당신의 헬스장에 대해 말해주세요. 헬스장은 어떻게 생겼나요? 거기에는 어떤 종류의 기구들이 있나요? 가능한 한 자세하게 말해주세요.

Step 1 모범답안 읽어보기

13-1.mp3

헬스와 관련되어 나오는 기출 문제와 모범답안을 읽고 MP3를 들어보자.

My gym isn't very big. There's one room for weightlifting and another for yoga. The weight room has a long mirror on one wall. The free weights are stacked by the mirror. There are also five or six other pieces of equipment. The yoga room is empty except for the mats.

Step 2 모범답안 틀 익히기

MP3를 들으며 모범답안 틀을 외울 수 있을 만큼 여러 번 읽어보자. 부분은 본인이 원하는 표현으로 대체해도 좋다.

❶ [1]My gym isn't very big. 저희 헬스장은 그다지 크지 않습니다. ❷There's one room for weightlifting and another for yoga. (거기에는) 근력운동을 위한 하나의 방이 있고 요가를 위한 또 다른 방이 있습니다. ❸The weight room has a long mirror on one wall. 웨이트룸 한 쪽 벽에는 큰 거울이 있습니다. ❹ The free weights are stacked by the mirror. 거울 옆에는 역기 운동 기구들이 쌓여 있습니다. ❺There are also five or six other pieces of equipment. 대여섯 개의 기구들도 있습니다. ❻The yoga room is empty except for the mats. 요가룸은 매트 말고는 비어 있습니다.

대체 가능 표현

[1]My gym is big. 헬스장은 큽니다. My gym is new. 헬스장은 새로 지어졌습니다. My gym is close to my house. 헬스장은 저희 집에서 가깝습니다. My gym is well-known in my area. 헬스장은 저희 동네에서 유명합니다.

Step 3 해석 보고 말해보기

해석을 보면서 위의 모범답안을 떠올려 입 밖으로 말해보자. 부분은 본인만의 표현으로 바꾸어 말해도 좋다.

❶ 저희 헬스장은 그다지 크지 않습니다. ❷(거기에는) 근력운동을 위한 하나의 방이 있고 요가를 위한 또 다른 방이 있습니다. ❸웨이트룸 한 쪽 벽에는 큰 거울이 있습니다. ❹거울 옆에는 역기 운동 기구(free weights)들이 쌓여 있습니다. ❺대여섯 개의 기구들도 있습니다. ❻요가룸은 매트 말고는 비어 있습니다.

Question 2 What is your usual routine at the gym? What kinds of exercises do you do? How often do you work out? Does your routine change from day to day? 헬스장에서 당신의 운동 패턴은 무엇입니까? 어떤 종류의 운동을 합니까? 얼마나 자주 운동을 합니까? 당신의 운동 패턴은 매일매일 바뀌나요?

Step 1 모범답안 읽어보기

13-2.mp3

헬스와 관련되어 나오는 기출 문제와 모범답안을 읽고 MP3를 들어보자.

I usually go to the gym on weekdays. On weekends, I usually spend time with my friends and family. I try to work out at least three times a week though. I do a lot of free-weight exercises. I do a lot of presses and squats as well. Finally, I run on a treadmill.

Step 2 모범답안 틀 익히기

MP3를 들으며 모범답안 틀을 외울 수 있을 만큼 여러 번 읽어보자. 부분은 본인이 원하는 표현으로 대체해도 좋다.

❶ I usually go to the gym on weekdays. 저는 주로 주중에 헬스장에 갑니다. ❷ On weekends, I usually spend time with my friends and family. 주말에는 저는 주로 친구들이나 가족들과 시간을 보냅니다. ❸ I try to work out [1]at least three times a week though. 그러나 저는 일주일에 적어도 세 번은 운동을 하려고 합니다. ❹ I do a lot of [2]free-weight exercises. 저는 많은 역기운동(프리웨이트)을 합니다. ❺ I do a lot of presses and squats as well. 저는 또한 많은 프레스와 스쿼트를 합니다. ❻ Finally, I [3]run on a treadmill. 마지막으로 저는 러닝머신 위에서 뜁니다.

대체 가능 표현

[1]four times a week 일주일에 네 번(본인이 원하는 횟수를 넣어서 변경 가능), as often as possible 최대한 자주 | [2]aerobic exercises 유산소 운동, strength exercises 근력강화 운동, cardio exercises 심폐강화 운동 | [3]cool down by stretching 스트레칭으로 몸을 식히다, take a shower 샤워를 하다

Step 3 해석 보고 말해보기

해석을 보면서 위의 모범답안을 떠올려 입 밖으로 말해보자. 부분은 본인만의 표현으로 바꾸어 말해도 좋다.

❶ 저는 주로 주중에 헬스장에 갑니다. ❷ 주말에는 저는 주로 친구들이나 가족들과 시간을 보냅니다. ❸ 그러나 저는 일주일에 적어도 세 번은 운동을 하려고 합니다. ❹ 저는 많은 역기운동(프리웨이트)을 합니다. ❺ 저는 또한 많은 프레스와 스쿼트를 합니다. ❻ 마지막으로 저는 러닝머신 위에서 뜁니다.

Question 3 **When was the last time you went to a health club? When did you go, and who did you go with? What did you do there? Tell me the full story.** 헬스장에 마지막으로 간 때가 언제입니까? 언제 갔으며 누구와 함께 갔습니까? 거기서 무엇을 했습니까? 전체 이야기를 해주세요.

Step 1 모범답안 읽어보기

13-3.mp3

헬스와 관련되어 나오는 기출 문제와 모범답안을 읽고 MP3를 들어보자.

I went to the gym yesterday. Like always, I went by myself. I started with some stretches. I walked on the treadmill to warm up for 10 minutes. I used a lot of weight machines for my legs and arms. I also did squats and presses. Lastly, I showered, and it felt really good.

Step 2 모범답안 틀 익히기

MP3를 들으며 모범답안 틀을 외울 수 있을 만큼 여러 번 읽어보자. ▭ 부분은 본인이 원하는 표현으로 대체해도 좋다.

❶ I went to the gym yesterday. 저는 어제 헬스장에 갔습니다. ❷ Like always, I went [1]by myself. 언제나처럼 혼자서 갔습니다. ❸ I started with some stretches. 저는 스트레칭으로 시작했습니다. ❹ I walked on the treadmill to warm up for 10 minutes. 저는 워밍업을 위해서 10분간 러닝머신 위를 걸었습니다. ❺ I used a lot of weight machines [2]for my legs and arms. 저는 다리와 팔 운동을 위해 역기 운동 기구를 많이 사용했습니다. ❻ I also did squats and presses. 저는 또한 스쿼트와 프레스도 했습니다. ❼ Lastly, I [3]showered, and it felt really good. 마지막으로 샤워를 했고 그것은 정말 기분이 좋았습니다.

대체 가능 표현

[1]with my boyfriend[girlfriend] 남자친구[여자친구]와 함께, with my best friend 가장 친한 친구와 함께, with my sister[brother] 여동생[남동생]과 함께 | [2]for my upper body 상체를 위해, for my lower body 하체를 위해, to gain strength 근력을 강화하기 위해 | [3]lay down to stretch 누워서 스트레칭을 했다, cooled down with light walking 가벼운 걷기로 몸을 식혔다

Step 3 해석 보고 말해보기

해석을 보면서 위의 모범답안을 떠올려 입 밖으로 말해보자. ▭ 부분은 본인만의 표현으로 바꾸어 말해도 좋다.

❶ 저는 어제 헬스장에 갔습니다. ❷ 언제나처럼 혼자서 갔습니다. ❸ 저는 스트레칭으로 시작했습니다. ❹ 저는 워밍업을 위해서 10분간 러닝머신 위를 걸었습니다. ❺ 저는 다리와 팔 운동을 위해 역기 운동 기구를 많이 사용했습니다. ❻ 저는 또한 스쿼트와 프레스도 했습니다. ❼ 마지막으로 샤워를 했고 그것은 정말 기분이 좋았습니다.

Question 4 **I also like to go to a health club. Ask me three or four questions about the gym or heath club I often go to.** 저도 역시 헬스 클럽에 가는 것을 좋아합니다. 제가 자주 가는 헬스장에 대해 서너 가지 질문을 해보세요.

Step 1 모범답안 읽어보기

13-4.mp3

헬스와 관련되어 나오는 기출 문제와 모범답안을 읽고 MP3를 들어보자.

I heard you enjoy going to the gym. Where is your favorite gym located? Do you exercise alone, or do you work out with others? What is your favorite equipment to use when working out?

Step 2 모범답안 틀 익히기

MP3를 들으며 모범답안 틀을 외울 수 있을 만큼 여러 번 읽어보자.

❶I heard you enjoy going to the gym. 저는 당신이 헬스장에 가는 것을 즐긴다고 들었습니다. ❷Where is your favorite gym located? 당신이 좋아하는 헬스장은 어디에 있습니까? ❸Do you exercise alone, or do you work out with others? 당신은 혼자 운동합니까 아니면 다른 사람과 함께 운동합니까? ❹What is your favorite equipment to use when working out? 운동할 때 당신이 가장 좋아하는 (운동) 기구는 무엇입니까?

대체 가능 표현 (기타 할 수 있는 질문)

Why did you choose to exercise at a gym and not to play sports? 당신은 왜 스포츠가 아니라 헬스장에서 운동하는 것을 선택했습니까?. Do you feel as if you are becoming fit? 당신은 점점 건강해지는 것을 느낍니까?

Step 3 해석 보고 말해보기

해석을 보면서 위의 모범답안을 떠올려 입 밖으로 말해보자.

❶저는 당신이 헬스장에 가는 것을 즐긴다고 들었습니다. ❷당신이 좋아하는 헬스장은 어디에 있습니까? ❸당신은 혼자 운동합니까 아니면 다른 사람과 함께 운동합니까? ❹운동할 때 당신이 가장 좋아하는 (운동) 기구는 무엇입니까?

Question & Model Answer | 헬스 관련 Role-playing

헬스와 관련되어 나오는 롤플레이 기출 문제와 모범답안을 익혀보자.

Question 1 **This is a role-playing question. There is a new gym in your neighborhood, and you're interested in becoming a member. Role play calling the gym. Ask three or four questions about its memberships.** 이것은 롤플레이 문제입니다. 당신 집 근처에 새로운 헬스장이 있고 당신은 회원이 되는 것에 관심이 있습니다. 헬스장에 전화한다고 가정하고 회원권에 대해 서너 가지 질문을 해보세요.

Step 1 모범답안 읽어보기

13-5.mp3

헬스와 관련되어 나오는 기출 문제와 모범답안을 읽고 MP3를 들어보자.

Hello. I am interested in becoming a member of your club. Can you tell me everything a membership includes? How long does a membership last? Is there a discount if I bring a friend? Thank you for answering my questions. I will stop by tomorrow. Bye.

Step 2 모범답안 틀 익히기

MP3를 들으며 모범답안 틀을 외울 수 있을 만큼 여러 번 읽어보자.

❶Hello. I am interested in becoming a member of your club. 안녕하세요. 저는 당신의 헬스 클럽의 회원이 되는 것에 관심이 있습니다. ❷Can you tell me everything a membership includes? 거기 회원권에 포함된 것이 무엇인지 전부 말해주실 수 있으세요? ❸How long does a membership last? 회원권은 얼마나 오래 유효합니까? ❹Is there a discount if I bring a friend? 만약 제가 친구를 데려가면 할인이 됩니까? ❺Thank you for answering my questions. 제 질문에 답해주셔서 감사합니다. ❻I will stop by tomorrow. Bye. 내일 들르겠습니다. 안녕히 계세요.

대체 가능 표현 (기타 할 수 있는 질문)

How much is a membership in your club? 회원권은 얼마입니까?. Do you have any special offers for students? 학생을 위한 특별 할인이 있습니까?. Do you have a personal training program? 개인 트레이닝 프로그램이 있습니까?

Step 3 해석 보고 말해보기

해석을 보면서 위의 모범답안을 떠올려 입 밖으로 말해보자.

❶안녕하세요. 저는 당신의 헬스 클럽의 회원이 되는 것에 관심이 있습니다. ❷거기 회원권에 포함된 것이 무엇인지 전부 말해주실 수 있으세요? ❸회원권은 얼마나 오래 유효합니까? ❹만약 제가 친구를 데려가면 할인이 됩니까? ❺제 질문에 답해주셔서 감사합니다. ❻내일 들르겠습니다. 안녕히 계세요.

Question 2 **You and your friend were supposed to meet at the gym. However, you just got a call from your boss. An emergency has come up at work, and you need to go there right now. Role play calling your friend. Explain the situation and suggest two or three alternatives.** 당신과 당신 친구는 헬스장에서 만나기로 했었습니다. 그런데 당신은 직장상사로부터 방금 전화를 받았습니다. 직장에서 응급 상황이 생겼고 당신은 당장 거기에 가봐야 합니다. 당신의 친구에게 전화한다고 가정하고 상황을 설명하고 두세 개의 대안을 제안해보세요.

Step 1 모범답안 읽어보기

13-6.mp3

헬스와 관련되어 나오는 기출 문제와 모범답안을 읽고 MP3를 들어보자.

Hey, I'm really sorry. I know that we were supposed to meet at the gym in one hour. However, something came up at work, and I have to go there. Are you free this evening? I think I'll have time to work out tonight. If not, we can try tomorrow or next week. Please let me know what you think.

Step 2 모범답안 틀 익히기

MP3를 들으며 모범답안 틀을 외울 수 있을 만큼 여러 번 읽어보자.

❶Hey, I'm really sorry. 안녕, 정말 미안해. ❷I know that we were supposed to meet at the gym in one hour. 우리가 한 시간 있다 체육관에서 만나기로 한 것을 알고 있어. ❸However, something came up at work, and I have to go there. 그러나 직장에서 무슨 일이 생겼고 나는 거기에 가봐야 해. ❹Are you free this evening? I think I'll have time to work out tonight. 오늘 저녁에 시간 있니? 내 생각에 오늘 저녁에는 운동할 시간이 있을 것 같아. ❺If not, we can try tomorrow or next week. 만약 그렇지 않으면 내일이나 다음 주에도 할 수 있어. ❻Please let me know what you think. 네 생각을 알려줘.

대체 가능 표현 (기타 제안하는 표현)

How about tomorrow evening? I am free tomorrow. 내일 저녁은 어때? 내일은 나 시간 있어. Why don't you call Peter instead of me? 나 대신에 피터에게 전화하면 어떨까?. Can you work out tonight without me? 나 없이 오늘 밤에 운동할 수 있겠니?

Step 3 해석 보고 말해보기

해석을 보면서 위의 모범답안을 떠올려 입 밖으로 말해보자.

❶안녕, 정말 미안해. ❷우리가 한 시간 있다 체육관에서 만나기로 한 것을 알고 있어. ❸그러나 직장에서 무슨 일이 생겼고 나는 거기에 가봐야 해. ❹오늘 저녁에 시간 있니? 내 생각에 오늘 저녁에는 운동할 시간이 있을 것 같아. ❺만약 그렇지 않으면 내일이나 다음 주에도 할 수 있어. ❻네 생각을 알려줘.

Question 3 **Very good. That's the end of the situation. Has something like this happened to you before? Have you ever had to cancel your plans because of an emergency? What happened? What did you do about it? Tell me in detail.** 좋습니다. 상황이 끝났습니다. 전에 이런 일이 당신에게 생긴 적이 있나요? 응급 상황 때문에 계획을 취소해본 적이 있습니까? 무슨 일이었습니까? 그것에 대해 무엇을 했습니까? 자세히 말해주세요.

Step 1 모범답안 읽어보기

13-7.mp3

헬스와 관련되어 나오는 기출 문제와 모범답안을 읽고 MP3를 들어보자.

One time, I was supposed to go see a movie with some friends. But my mom was sick that day. I wanted to go out, but she needed me to help her. I felt really bad, but I had to stay at home to take care of my mom. I told my friends, and they just went without me. My mother got better soon, but it was depressing for me.

Step 2 모범답안 틀 익히기

MP3를 들으며 모범답안 틀을 외울 수 있을 만큼 여러 번 읽어보자. ______ 부분은 본인이 원하는 표현으로 대체해도 좋다.

❶One time, I was supposed [1]to go see a movie with some friends. 한번은 제가 친구들과 영화를 보러 가기로 했었습니다. ❷But my mom was sick that day. 그러나 그날 저희 엄마가 아팠습니다. ❸I wanted to go out, but she needed me to help her. 저는 외출하고 싶었지만 엄마는 제 도움이 필요했습니다. ❹I felt really bad, but I had to stay at home to take care of my mom. 마음이 정말 불편했지만 저는 엄마의 간호를 위해 집에 머물러야 했습니다. ❺I told my friends, and they just went without me. 저는 제 친구들에게 말했고 그들은 저 없이 (영화를 보러) 갔습니다. ❻My mother got better soon, but [2]it was depressing for me. 엄마는 금방 좋아지셨지만 저는 우울했습니다.

대체 가능 표현

[1]to attend a music festival 뮤직 페스티벌에 참석하려고, to watch a jazz concert 재즈 콘서트를 보려고, to go traveling 여행을 가려고 | [2]I was depressed 저는 우울했습니다, I was disappointed 저는 실망했습니다, I felt bad 저는 기분이 안 좋았습니다

Step 3 해석 보고 말해보기

해석을 보면서 위의 모범답안을 떠올려 입 밖으로 말해보자. ______ 부분은 본인만의 표현으로 바꾸어 말해도 좋다.

❶한번은 제가 친구들과 영화를 보러 가기로 했었습니다. ❷그러나 그날 저희 엄마가 아팠습니다. ❸저는 외출하고 싶었지만 엄마는 제 도움이 필요했습니다. ❹마음이 정말 불편했지만 저는 엄마의 간호를 위해 집에 머물러야 했습니다. ❺저는 제 친구들에게 말했고 그들은 저 없이 (영화를 보러) 갔습니다. ❻엄마는 금방 좋아지셨지만 저는 우울했습니다.

DAY 14

DAY 14의 과업

12개 필수 선택 항목 중 국내여행과 관련된 질문에 소재를 떠올려 막힘 없이 말할 수 있다.

Warming Up

Vocabulary & Pronunciation

Grammar | 대명사 it의 다양한 쓰임

설문지 선택 항목 | 국내여행

돌발 주제 | 호텔

Warming Up

국내여행과 관련된 소재로 간단히 브레인스토밍을 해보자.

1 우리말 브레인스토밍

아래의 내용을 넣어 국내여행과 관련된 것을 우리말로 묘사해보자.

• 여행가기 좋아하는 장소 • 기억하는 최초의 여행

Ex ❶ 저는 부산에 가는 것을 좋아합니다. ❷ 해변은 더울 때 가기에 좋습니다. 게다가 신선한 해산물을 먹을 수도 있습니다. ❸ 첫째, 저는 그 장소에 대해 몇 가지 조사를 합니다. 가장 관심 가는 식당이나 관광지를 고릅니다. 마지막으로 온라인에서 버스나 기차표를 끊습니다. ❹ 제가 기억하는 첫 번째 여행은 제주도에 간 것이었습니다. 제 가족은 삼촌 가족을 방문했었습니다. 저희는 멋진 바다를 보러 갔었습니다.

국내여행과 관련해서 꼭 말해야 될 성분을 기억하자!

❶ 즐겨가는 여행 장소 ❷ 그 장소를 좋아하는 이유 ❸ 여행 가는 과정 소개 ❹ 첫 번째 여행에 대한 기억

2 영어 브레인스토밍

위의 예시 문장을 아래의 표현을 사용해 영어로 말해보자.

• when it's hot 더울 때
• get fresh seafood 신선한 해산물을 먹다
• do some research on the place 그 장소에 대해 조사하다
• the most interesting restaurants and attractions 가장 흥미로운 식당과 관광지
• the first trip 첫 번째 여행
• the nice ocean 멋진 바다

예시 문장의 모범답안을 눈으로 한 번 읽어보자.

❶ I like to go to Busan. ❷ The beach is nice to go to when it's hot. Plus, you can get fresh seafood. ❸ First, I do some research on the place. I choose the most interesting restaurants and attractions. Lastly, I buy a bus or train ticket online. ❹ The first trip I remember was to Jejudo. My family was visiting my uncle's family. We went to see the nice ocean.

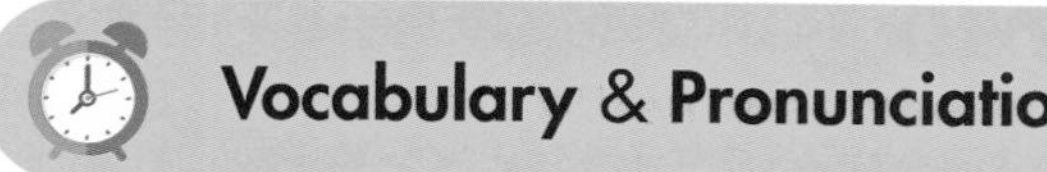

이번 단원에서 배울 단어와 그 발음을 익혀보자.
Day 14 Voca.mp3

Traveling 여행

여행, 여정	journey
해외여행	overseas trip
국내여행	domestic trip
주말 여행을 가다	go on a weekend trip
가족여행	family trip
신혼여행	honeymoon
~로 관광 가다	go sightseeing in ~
주기적으로 여행하다	travel regularly

Destinations 여행지

폭포	waterfall
바다	ocean
숲	forest
항구	harbor
동굴	cave
계곡	valley
교외 소도시	suburb
관광지	tourist attraction
역사적 장소	historic site

Traveling Courses 여행 과정

여행 일정을 짜다	plan one's itinerary
가방을 싸다	pack one's bag
가방을 풀다	unpack one's bag
예약하다	make a reservation
3박 4일을 머물다	stay four days and three nights
지역 음식을 시도하다	try local foods
경치를 즐기다	enjoy the scenery
야경을 즐기다	enjoy the night view
여행에서 돌아오다	return from a trip

Grammar | 대명사 it의 다양한 쓰임

영어로 말할 때 꼭 필요한 문법을 간단하게 배워보자.

1 시간, 날씨, 거리, 일반적인 대상을 나타낼 때

Ex What time is **it**? 몇 시니?

It is nine o'clock. 9시이다.

It rained a lot yesterday. 어제 비가 많이 왔다.

It is over 400km from Seoul to Busan. 서울에서 부산까지 400km가 넘는다.

There's nothing inside **it**. 안에 아무것도 없다.

2 긴 주어를 대신해 문장 맨 앞에 가주어로 사용될 때

Ex **It** is important to hear their opinion. 그들의 의견을 듣는 것이 중요하다.

It was very sad to see people suffering. 사람들이 고통 받는 것을 보는 것이 무척 슬펐다.

It is always best to choose what I want. 내가 원하는 것을 고르는 것이 항상 최선이다.

It is not worth spending your time with it. 그것에 시간을 소모하는 것은 가치가 없다.

It is strange that you didn't tell me about it. 네가 나한테 그것에 대해 말하지 않은 것이 이상하다.

3 신원을 묻고 답할 때 (서로 얼굴을 보지 못하는 상황에서 사용)

Ex Who is **it**? 누구세요? (문 앞에서)

– **It**'s James. 제임스입니다. (문 뒤에서)

Who's speaking? 누구세요? (전화상에서 상대를 물을 때)

– **It**'s Jane speaking. 제인입니다. (전화상에서 자신의 신분을 말할 때)

cf) Who are you? 당신은 누구입니까?

– I am Shane. 저는 쉐인입니다. (서로를 보고 있는 상황에서)

4 강조를 나타낼 때 사용하는 it ~ that 용법

Ex **It** was Sunhee **that** gave me a birthday gift. 저에게 생일 선물을 준 사람은 선희였습니다.

It was a birthday gift **that** Sunhee gave me. 선희가 저에게 준 것은 생일 선물이었습니다.

It was me **that** Sunhee gave a birthday gift. 선희가 생일 선물을 준 사람은 저였습니다.

*** that은 강조하는 단어에 따라 where, when, who, which 등으로 대체 가능하다.**

It was Jejudo **where** we went to together. 우리가 함께 간 곳은 제주도였습니다.

It is Kevin **who** solves this math problem. 이 수학 문제를 푼 사람은 케빈입니다.

Question & Model Answer | 국내여행 관련 설문지 주제

국내여행과 관련되어 나오는 기출 문제와 모범답안을 익혀보자.

Question 1 **On the survey, you said you like to go on domestic trips. What's your favorite place to visit in the country? And why do you like that place?** 설문지에서 당신은 국내여행 가는 것을 좋아한다고 했습니다. 국내에서 당신이 방문하기 가장 좋아하는 장소는 어디인가요? 왜 그 장소를 좋아하나요?

Step 1 모범답안 읽어보기

14-1.mp3

국내여행과 관련되어 나오는 기출 문제와 모범답안을 읽고 MP3를 들어보자.

I like to go to Busan. The beach is nice to go to when it's hot. Plus, you can get fresh seafood. My favorite thing is having fried octopus and makgeolli on the beach. The people in Busan are also very friendly. I always have a wonderful time whenever I go there.

Step 2 모범답안 틀 익히기

MP3를 들으며 모범답안 틀을 외울 수 있을 만큼 여러 번 읽어보자. ______ 부분은 본인이 원하는 표현으로 대체해도 좋다.

❶ I like to go to [1]Busan. 저는 부산에 가는 것을 좋아합니다. ❷ The beach is nice to go to when it's hot. 해변은 더울 때 가기에 좋습니다. ❸ Plus, you can get [2]fresh seafood. 게다가 신선한 해산물을 먹을 수도 있습니다. ❹ My favorite thing is having [3]fried octopus and makgeolli on the beach. 저는 해변에서 튀긴 문어와 막걸리를 먹는 것을 좋아합니다. ❺ The people in [1]Busan are also very friendly. 부산 사람들은 또한 매우 친절합니다. ❻ I always have a wonderful time whenever I go there. 저는 그곳에 갈 때마다 항상 좋은 시간을 가집니다.

대체 가능 표현

[1]본인이 좋아하는 지역으로 변경 가능 | [2]famous local foods 유명한 지역 음식 | [3]chicken and beer 닭튀김과 맥주, a cup of coffee 한 잔의 커피

Step 3 해석 보고 말해보기

해석을 보면서 위의 모범답안을 떠올려 입 밖으로 말해보자. ______ 부분은 본인만의 표현으로 바꾸어 말해도 좋다.

❶ 저는 부산에 가는 것을 좋아합니다. ❷ 해변은 더울 때 가기에 좋습니다. ❸ 게다가 신선한 해산물을 먹을 수도 있습니다. ❹ 저는 해변에서 튀긴 문어와 막걸리를 먹는 것을 좋아합니다. ❺ 부산 사람들은 또한 매우 친절합니다. ❻ 저는 그곳에 갈 때마다 항상 좋은 시간을 가집니다.

Question 2 What do you do to prepare for a trip? Tell me about the whole process from start to finish. 당신은 여행을 준비하기 위해서 무엇을 합니까? 처음부터 마지막까지 전체 과정을 이야기해주세요.

Step 1 모범답안 읽어보기

14-2.mp3

국내여행과 관련되어 나오는 기출 문제와 모범답안을 읽고 MP3를 들어보자.

First, I do some research on the place. I choose the most interesting restaurants and attractions. If I'm traveling with a friend, I'll consult with him or her. However, I still usually make the itinerary myself. Once I know what I want to do, I find a hotel. Lastly, I buy a bus or train ticket online.

Step 2 모범답안 틀 익히기

MP3를 들으며 모범답안 틀을 외울 수 있을 만큼 여러 번 읽어보자. ___ 부분은 본인이 원하는 표현으로 대체해도 좋다.

❶ First, I do some research on the place. 첫째, 저는 그 장소에 대해 몇 가지 조사를 합니다. ❷ I choose the most interesting restaurants and attractions. 저는 가장 관심 가는 식당이나 관광지를 고릅니다. ❸ If I'm traveling with a friend, [1]I'll consult with him or her. 만약 친구와 여행을 가면, 저는 그 또는 그녀와 상의할 것입니다. ❹ However, I still usually make [2]the itinerary myself. 그러나 저는 여전히 일정표를 스스로 만듭니다. ❺ Once I know what I want to do, I find a hotel. 제가 무엇을 원하는지 알게 되면 호텔을 찾습니다. ❻ Lastly, I buy a bus or train ticket online. 마지막으로 온라인에서 버스나 기차표를 끊습니다.

대체 가능 표현

[1]I will ask my friend what he or she wants to do. 저는 친구에게 무엇을 하고 싶은지 물어볼 것입니다. I will share my ideas with him or her. 저는 그 또는 그녀와 의견을 나눌 것입니다. | [2]daily schedule 매일의 일정, total budget 전체 예산, reservations 예약

Step 3 해석 보고 말해보기

해석을 보면서 위의 모범답안을 떠올려 입 밖으로 말해보자. ___ 부분은 본인만의 표현으로 바꾸어 말해도 좋다.

❶ 첫째, 저는 그 장소에 대해 몇 가지 조사를 합니다. ❷ 저는 가장 관심 가는 식당이나 관광지를 고릅니다. ❸ 만약 친구와 여행을 가면, 저는 그 또는 그녀와 상의할 것입니다. ❹ 그러나 저는 여전히 일정표를 스스로 만듭니다. ❺ 제가 무엇을 원하는지 알게 되면 호텔을 찾습니다. ❻ 마지막으로 온라인에서 버스나 기차표를 끊습니다.

Question 3 What was the first trip you ever went on? Where did you go? Did you go with anyone? Did you do anything interesting? Be as detailed as possible. 당신이 처음 가본 여행지는 어디였습니까? 어디로 갔습니까? 다른 사람과 함께 갔습니까? 흥미로운 일이 있었습니까? 가능한 한 자세하게 말해주세요.

Step 1 모범답안 읽어보기

14-3.mp3

국내여행과 관련되어 나오는 기출 문제와 모범답안을 읽고 MP3를 들어보자.

The first trip I remember was to Jejudo. I was pretty young, and it was my first time to fly. My family was visiting my uncle's family. We went to a big park that had a duck pond. My uncle brought some bread to feed the ducks. After that, we went to see the nice ocean.

Step 2 모범답안 틀 익히기

MP3를 들으며 모범답안 틀을 외울 수 있을 만큼 여러 번 읽어보자. ___ 부분은 본인이 원하는 표현으로 대체해도 좋다.

❶The first trip I remember was to [1]Jejudo. 제가 기억하는 첫 번째 여행은 제주도에 간 것이었습니다. ❷I was pretty young, and it was [2]my first time to fly. 저는 상당히 어렸고 그것은 저의 첫 번째 비행이었습니다. ❸My family was visiting my uncle's family. 제 가족은 삼촌 가족을 방문했습니다. ❹We went to a big park that had a duck pond. 저희는 오리 연못이 있는 큰 공원에 갔습니다. ❺My uncle brought some bread to feed the ducks. 삼촌은 오리에게 주려고 빵을 가져왔습니다. ❻After that, we went to see the nice ocean. 그 이후에 저희는 멋진 바다를 보러 갔습니다.

대체 가능 표현

[1]본인이 원하는 지역으로 변경 가능 | [2]my first trip ever 저의 첫 여행, my first family trip 저의 첫 가족여행, the most memorable trip I've ever taken 제가 갔던 가장 기억에 남는 여행

Step 3 해석 보고 말해보기

해석을 보면서 위의 모범답안을 떠올려 입 밖으로 말해보자. ___ 부분은 본인만의 표현으로 바꾸어 말해도 좋다.

❶제가 기억하는 첫 번째 여행은 제주도에 간 것이었습니다. ❷저는 상당히 어렸고 그것은 저의 첫 번째 비행이었습니다. ❸제 가족은 삼촌 가족을 방문했습니다. ❹저희는 오리 연못이 있는 큰 공원에 갔습니다. ❺삼촌은 오리에게 주려고 빵을 가져왔습니다. ❻그 이후에 저희는 멋진 바다를 보러 갔습니다.

Question 4 I also go on domestic trips sometimes. Ask me three or four questions about the place I like to visit when I am traveling. 저도 역시 때때로 국내여행을 합니다. 제가 여행할 때 방문하기 좋아하는 장소에 대해 서너 가지 질문을 해보세요.

Step 1 모범답안 읽어보기

14-4.mp3

국내여행과 관련되어 나오는 기출 문제와 모범답안을 읽고 MP3를 들어보자.

I heard you enjoy going on domestic trips as much as I do. What is your favorite city to visit in your country? When did you first visit that city? What was your impression when you first visited that city?

Step 2 모범답안 틀 익히기

MP3를 들으며 모범답안 틀을 외울 수 있을 만큼 여러 번 읽어보자.

❶ I heard you enjoy going on domestic trips as much as I do. 저는 당신이 저처럼 국내여행 하는 것을 즐긴다고 들었습니다. ❷ What is your favorite city to visit in your country? 당신이 가장 방문하기 좋아하는 국내 도시는 어디입니까? ❸ When did you first visit that city? 언제 처음 그 도시를 방문했습니까? ❹ What was your impression when you first visited that city? 그 도시를 처음 방문했을 때 당신의 느낌은 어땠습니까?

대체 가능 표현 (기타 할 수 있는 질문)

When do you usually go on these trips? 당신은 주로 언제 이런 여행을 갑니까?. Why do you choose to go on domestic trips instead of overseas trips? 당신은 왜 해외여행 대신 국내여행하는 것을 선택했습니까?

Step 3 해석 보고 말해보기

해석을 보면서 위의 모범답안을 떠올려 입 밖으로 말해보자.

❶ 저는 당신이 저처럼 국내여행 하는 것을 즐긴다고 들었습니다. ❷ 당신이 가장 방문하기 좋아하는 국내 도시는 어디입니까? ❸ 언제 처음 그 도시를 방문했습니까? ❹ 그 도시를 처음 방문했을 때 당신의 느낌은 어땠습니까?

Question & Model Answer | 돌발 주제 - 호텔

호텔과 관련되어 나오는 롤플레이 기출 문제와 모범답안을 익혀보자.

Question 1 **You said that you have traveled. Where is the last hotel you stayed at? Describe it in detail.** 당신은 여행을 한다고 했습니다. 당신이 머물렀던 마지막 호텔은 어디입니까? 자세히 묘사해주세요.

Step 1 모범답안 읽어보기

14-5.mp3

호텔과 관련되어 나오는 기출 문제와 모범답안을 읽고 MP3를 들어보자.

My last trip was to Jejudo. I didn't stay at a hotel but instead stayed at a hostel. I didn't want to spend too much money while traveling. All of the rooms had several beds in them. There was hot water, and they offered a free breakfast. It was the perfect choice for someone like me.

Step 2 모범답안 틀 익히기

MP3를 들으며 모범답안 틀을 외울 수 있을 만큼 여러 번 읽어보자. ______ 부분은 본인이 원하는 표현으로 대체해도 좋다.

❶My last trip was to [1]Jejudo. 제 마지막 여행은 제주도 여행이었습니다. ❷I didn't stay at a hotel but instead stayed at [2]a hostel. 저는 호텔에 머물지 않고 호스텔에 머물렀습니다. ❸I didn't want to spend too much money while traveling. 저는 여행에 너무 많은 돈을 쓰고 싶지 않았습니다. ❹All of the rooms had several beds in them. 모든 방은 여러 개의 침대를 가지고 있었습니다. ❺There was hot water, and they offered a free breakfast. 뜨거운 물도 나왔고 무료 아침식사도 제공되었습니다. ❻It was the perfect choice for someone like me. 그것은 저 같은 사람에게 완벽한 선택이었습니다.

대체 가능 표현

[1]본인이 원하는 지역으로 변경 가능 | [2]a youth hostel 청(소)년 호스텔, a guest house 게스트 하우스, a motel 모텔, an inn 여인숙, 여관, a no-frills hostel 비즈니스 호스텔(no-frills는 기타 서비스를 제공하지 않으면서 저렴한 가격을 유지하는 사업에 사용되는 용어. 예 no-frills airline: 음료나 식사를 제공하지 않는 항공)

Step 3 해석 보고 말해보기

해석을 보면서 위의 모범답안을 떠올려 입 밖으로 말해보자. ______ 부분은 본인만의 표현으로 바꾸어 말해도 좋다.

❶제 마지막 여행은 제주도 여행이었습니다. ❷저는 호텔에 머물지 않고 호스텔에 머물렀습니다. ❸저는 여행에 너무 많은 돈을 쓰고 싶지 않았습니다. ❹모든 방은 여러 개의 침대를 가지고 있었습니다. ❺뜨거운 물도 나왔고 무료 아침식사도 제공되었습니다. ❻그것은 저 같은 사람에게 완벽한 선택이었습니다.

Question 2 **Can you describe the hotel room from your last trip? Describe the last hotel room you stayed in in as much detail as possible.** 마지막 여행에서의 호텔 방을 묘사해줄 수 있습니까? 당신이 머물렀던 마지막 호텔 방을 최대한 자세하게 묘사해주세요.

Step 1 모범답안 읽어보기

14-6.mp3

호텔과 관련되어 나오는 기출 문제와 모범답안을 읽고 MP3를 들어보자.

One time, I stayed at a small hotel in Busan. The hotel room they gave me was so small. There was no desk or chair, so I had to sit on the bed. There were a narrow window and a bathroom. Close to my room, there were vending machines in the hallway. I stayed at that hotel for two nights, but I don't want to go back there again.

Step 2 모범답안 틀 익히기

MP3를 들으며 모범답안 틀을 외울 수 있을 만큼 여러 번 읽어보자. ____ 부분은 본인이 원하는 표현으로 대체해도 좋다.

❶ One time, I stayed at a small hotel in [1]Busan. 한번은 부산의 작은 호텔에 머문 적이 있었습니다. ❷ The hotel room they gave me was so small. 호텔이 준 방은 정말 작았습니다. ❸ There was no desk or chair, so I had to sit on the bed. 책상이나 의자가 없어서 저는 침대 위에 앉아야 했습니다. ❹ There were a narrow window and a bathroom. 작은 창문과 화장실이 있었습니다. ❺ Close to my room, there were vending machines in the hallway. 제 방 근처로 복도에 자판기가 있었습니다. ❻ I stayed at that hotel for two nights, but I don't want to go back there again. 저는 그 호텔에 이틀간 머물렀지만 다시 거기에 가고 싶지는 않습니다.

대체 가능 표현

[1]본인이 원하는 지역으로 변경 가능 | 기타 호텔 관련 단어: lobby 로비, lounge 라운지, suite 스위트룸, saloon 큰 홀, annex 호텔의 별관, vacancy 빈방, extra charge 별도 요금, porter 짐꾼, wakeup call 모닝콜, Do not disturb. 방해하지 마세요.(방 앞에 붙이는 팻말)

Step 3 해석 보고 말해보기

해석을 보면서 위의 모범답안을 떠올려 입 밖으로 말해보자. ____ 부분은 본인만의 표현으로 바꾸어 말해도 좋다.

❶ 한번은 부산의 작은 호텔에 머문 적이 있었습니다. ❷ 호텔이 준 방은 정말 작았습니다. ❸ 책상이나 의자가 없어서 저는 침대 위에 앉아야 했습니다. ❹ 작은 창문과 화장실이 있었습니다. ❺ 제 방 근처로 복도에 자판기가 있었습니다. ❻ 저는 그 호텔에 이틀간 머물렀지만 다시 거기에 가고 싶지는 않습니다.

Question 3 **What was your most memorable experience at a hotel? Where were you? What happened? Why was it so memorable for you? Tell me in detail.** 호텔에서 가장 기억에 남는 경험은 무엇입니까? 어디였습니까? 무슨 일이 일어났습니까? 왜 그것이 당신에게 그렇게 기억에 남습니까? 자세히 말해주세요.

Step 1 모범답안 읽어보기

14-7.mp3

호텔과 관련되어 나오는 기출 문제와 모범답안을 읽고 MP3를 들어보자.

It was my last morning in Jejudo. I got in the shower, and, after a while, the water started getting cold. Then, the water turned completely cold, and I panicked. I wasn't thinking clearly, so I ran into the room naked. I called the front desk, but the person said I had to wait. I was really annoyed but had no choice but to wait.

Step 2 모범답안 틀 익히기

MP3를 들으며 모범답안 틀을 외울 수 있을 만큼 여러 번 읽어보자. 부분은 본인이 원하는 표현으로 대체해도 좋다.

❶It was my last morning in [1]Jejudo. 제주도에서의 마지막 날 아침이었습니다. ❷I got in the shower, and, after a while, the water started getting cold. 저는 샤워 중이었는데 얼마 있다가 물이 차가워지기 시작했습니다. ❸Then, the water turned completely cold, and I panicked. 이내 물은 완전히 차가워졌고 저는 당황했습니다. ❹I wasn't thinking clearly, so I ran into the room naked. 저는 아무 생각도 할 수 없었고 벗은 채로 방으로 뛰어들어갔습니다. ❺I called the [2]front desk, but the person said I had to wait. 안내 데스크에 전화를 했는데 그 사람은 제가 기다려야 한다고 말했습니다. ❻I [3]was really annoyed, but had no choice but to wait. 저는 정말 짜증이 났지만 기다릴 수밖에 없었습니다.

대체 가능 표현

[1]본인이 원하는 지역으로 변경 가능 | [2]receptionist 안내 직원, concierge 접객 담당자, bellboy, bellhop 벨보이(사환) | [3]was irritated 짜증이 났다, was angry 화가 났다, was upset 속이 상했다, was frustrated 좌절했다, was bothered 괴로웠다

Step 3 해석 보고 말해보기

해석을 보면서 위의 모범답안을 떠올려 입 밖으로 말해보자. 부분은 본인만의 표현으로 바꾸어 말해도 좋다.

❶ 제주도에서의 마지막 날 아침이었습니다. ❷저는 샤워 중이었는데 얼마 있다가 물이 차가워지기 시작했습니다. ❸이내 물은 완전히 차가워졌고 저는 당황했습니다. ❹저는 아무 생각도 할 수 없었고 벗은 채로 방으로 뛰어들어갔습니다. ❺ 안내 데스크에 전화를 했는데 그 사람은 제가 기다려야 한다고 말했습니다. ❻저는 정말 짜증이 났지만 기다릴 수밖에 없었습니다.

DAY 15

DAY 15의 과업

12개 필수 선택 항목 중 집에서 보내는 휴가와 관련된 질문에 소재를 떠올려 막힘 없이 말할 수 있다.

Warming Up

Vocabulary & Pronunciation

Grammar | 수 일치, 시제 일치

설문지 선택 항목 | 집에서 보내는 휴가

돌발 주제 | 한국의 명절

Warming Up

집에서 보내는 휴가와 관련된 소재로 간단히 브레인스토밍을 해보자.

1 우리말 브레인스토밍

아래의 내용을 넣어 집에서 보내는 휴가와 관련된 것을 우리말로 묘사해보자.

- 집에서 휴가를 보내는 방법
- 마지막 휴가 때 한 일

Ex ❶ 저는 지방에서 자랐습니다. 그래서 휴가 때 저는 고등학교 친구들을 만나는 것을 좋아합니다. ❷ 저희가 함께 있을 때는 이야기도 많이 하고 술도 많이 마십니다. 고등학교 때의 이야기도 많이 합니다. ❸ 저는 대부분의 휴가 첫날, 잠을 많이 잡니다. 때로는 집에서 영화도 봤습니다. ❹ 마지막 휴가 때 저는 영화관에 갔었고 유명한 식당에서 맛있는 식사를 했습니다.

집에서 보내는 휴가와 관련해서 꼭 말해야 될 성분을 기억하자!

❶ 휴가 기간 동안 만나는 사람들 ❷ 만나서 하는 활동 ❸ 휴가 때 하는 활동 ❹ 마지막 휴가 기간에 한 일

2 영어 브레인스토밍

위의 예시 문장을 아래의 표현을 사용해 영어로 말해보자.

- grow up 자라다
- in the country 지방에서
- high school friends 고등학교 때 친구들
- drink a lot 술을 많이 마시다
- the first day of my vacation 휴가 첫날
- go to a movie 영화관에 가다
- nice meal 맛있는 식사
- famous restaurant 유명한 식당

예시 문장의 모범답안을 눈으로 한 번 읽어보자.

❶ I grew up in the country. So, on vacation, I like to meet my high school friends. ❷ When we're together, we talk and drink a lot. We talk a lot about our high school days. ❸ Most of the first day of my vacation, I sleep a lot. Sometimes I would watch movies at home. ❹ During my last vacation, I went to a movie and had a nice meal at a famous restaurant.

Vocabulary & Pronunciation

이번 단원에서 배울 단어와 그 발음을 익혀보자.

Day 15 Voca.mp3

Holiday Activities 휴가 때 할 수 있는 활동

휴식을 취하다	take a rest
공원에 가다	go to a park
산책하다	take a walk
강가를 뛰다	run along the river
햇볕을 즐기다	enjoy the sunshine
소풍 가다	go on a picnic
집에서 파티를 열다	throw a party at home
술집을 다니다	go bar-hopping
술을 많이 마시다	drink like a fish
드라이브를 가다	go out for a drive
야외 활동을 하다	do outdoor activities
정원을 손질하다	do gardening
집을 꾸미다	decorate one's house
명상하다	meditate
쇼핑하러 가다	go shopping

National Holidays and Memorial Days 한국의 명절과 기념일

신정	New Year's Day
구정	Lunar New Year
정월 대보름	the 15th day of the New Year
삼일절	Samiljeol, Independence Movement Day
노동절(근로자의 날)	Labor Day
어린이날	Children's Day
어버이날	Parents' Day
스승의 날	Teachers' Day
석가탄신일	Buddha's Birthday
현충일	Memorial Day
광복절	Independence Day
추석	Chuseok
개천절	National Foundation Day of Korea
성탄절	Christmas (Day)

Grammar | 수 일치, 시제 일치

영어로 말할 때 꼭 필요한 문법을 간단하게 배워보자.

1 상관접속사의 수 일치

- **(both) A and B – 두 개 이상의 명사를 (both) ~ and로 묶어 말할 경우 복수명사 취급**

Ex She **and** her sister **are** here. 그녀와 그녀의 여동생이 여기 있다.

Both English **and** French **are** spoken in that city. 영어와 불어 둘 다 그 도시에서 사용된다.

- **either A or B / neither A nor B – A 또는 B(긍정 혹은 부정) / B에 수 일치**

Ex **Either** you **or** he **has** to go there. 너 아니면 그가 거기에 가야 한다.

Neither my parents **nor** my sister **likes** snacks. 우리 부모님이나 여동생 모두 간식을 좋아하지 않는다.

- **not only A but also B / B as well as A – A뿐만 아니라 B도 / B에 수 일치**

Ex **Not only** John **but also** his friends **are** all drunk. 존과 그의 친구들은 모두 취했다.

His friends **as well as** Danny **are** all gone. 데니와 그의 친구들은 모두 갔다.

2 시간, 거리, 금액은 숫자가 복수라도 하나의 개념으로 보아 단수 취급

Ex Two hours **is** enough for him to finish it. 두 시간은 그가 그것을 끝내기에 충분한 시간이다.

Ten kilometers **is** too far to walk. 10킬로미터는 걷기에 너무 멀다.

Ten thousand won **is** a lot of money for a child. 만원은 아이에게 큰 돈이다.

3 주의해야 할 시제 일치

- **주절이 현재시제일 때는 종속절에 다양한 시제를 쓸 수 있다.**

Ex They **say** that they **are** busy. 그들은 바쁘다고 말한다. (주절: 현재 – 종속절: 현재)

They **say** that they **were** busy. 그들은 바빴다고 말한다. (주절: 현재 – 종속절: 과거)

They **say** that they **have been** busy. 그들은 바빴다고 말한다. (주절: 현재 – 종속절: 현재완료)

They **say** that they **will be** busy tomorrow. 그들은 내일 바쁠 것이라고 말한다. (주절: 현재 – 종속절: 미래)

- **주절이 과거시제이면 원칙적으로 종속절의 시제를 과거 이하로 일치시킨다.**

Ex I **thought** that he **went** to Paris. 나는 그가 파리로 갔다고 생각했다. (과거)

I **thought** that he **has gone** to Paris. 나는 그가 파리에 가 있다고 생각했다. (현재완료)

*** 다만 주절이 과거시제라도 종속절의 내용이 현재도 사실이면 현재시제, 과거시제 모두 쓸 수 있다.**

He **believed** that the Earth **is[was]** round. 그는 지구가 둥글다고 믿었다.

Question & Model Answer | 집에서 보내는 휴가 관련 설문지 주제

집에서 보내는 휴가와 관련되어 나오는 기출 문제와 모범답안을 익혀보자.

Question 1 **You indicated on the survey that you stay at home during vacation. When you're on vacation, who do you like to spend time with? Tell me about some of the things you do together while you're on vacation.** 당신은 집에서 휴가를 보낸다고 했습니다. 휴가 중일 때 누구와 함께 시간 보내는 것을 좋아합니까? 휴가 중일 때 함께 하는 것들에 대해 말해주세요.

Step 1 모범답안 읽어보기

15-1.mp3

집에서 보내는 휴가와 관련되어 나오는 기출 문제와 모범답안을 읽고 MP3를 들어보자.

I grew up in the country. So, on vacation, I like to meet my high school friends. When we're together, we talk and drink a lot. We catch up with one another's lives. We talk a lot about our high school days. It's a very relaxing and comfortable time for me.

Step 2 모범답안 틀 익히기

MP3를 들으며 모범답안 틀을 외울 수 있을 만큼 여러 번 읽어보자. 부분은 본인이 원하는 표현으로 대체해도 좋다.

❶ I grew up in [1]the country. 저는 지방에서 자랐습니다. ❷ So, on vacation, I like to meet my [2]high school friends. 그래서 휴가 때 저는 고등학교 친구들을 만나는 것을 좋아합니다. ❸ When we're together, we talk and drink a lot. 저희가 함께 있을 때는 이야기도 많이 하고 술도 많이 마십니다. ❹ We catch up with one another's lives. 저희는 서로의 생활에 대해 못다한 이야기를 나눕니다. ❺ We talk a lot about [3]our high school days. 저희는 고등학교 때의 이야기를 많이 합니다. ❻ It's a very relaxing and comfortable time for me. 그것은 저에게 매우 휴식이 되고 편안한 시간입니다.

대체 가능 표현

[1]본인이 원하는 지역으로 변경 가능 | [2]hometown friends 고향 친구들, childhood friends 어릴 적 친구들, cousins 사촌들 | [3]our daily lives 매일의 삶, small stuff 사소한 것들, recent issues 최근 이슈들

Step 3 해석 보고 말해보기

해석을 보면서 위의 모범답안을 떠올려 입 밖으로 말해보자. 부분은 본인만의 표현으로 바꾸어 말해도 좋다.

❶ 저는 지방에서 자랐습니다. ❷ 그래서 휴가 때 저는 고등학교 친구들을 만나는 것을 좋아합니다. ❸ 저희가 함께 있을 때는 이야기도 많이 하고 술도 많이 마십니다. ❹ 저희는 서로의 생활에 대해 못다한 이야기를 나눕니다. ❺ 저희는 고등학교 때의 이야기를 많이 합니다. ❻ 그것은 저에게 매우 휴식이 되고 편안한 시간입니다.

Question 2 **Tell me about your last vacation at home. Give me as many details as you can from the first day to the last.** 당신이 집에서 보낸 마지막 휴가에 대해 말해주세요. 첫날부터 마지막 날까지 최대한 자세하게 말해주세요.

Step 1 모범답안 읽어보기

15-2.mp3

집에서 보내는 휴가와 관련되어 나오는 기출 문제와 모범답안을 읽고 MP3를 들어보자.

On the first day, I slept in. Most of the first day of my vacation, I slept a lot. Sometimes I would watch movies at home. On the second day, I had beer with my friends. On the last day, I went to a movie and had a nice meal at a famous restaurant. I did nothing special, but I felt refreshed.

Step 2 모범답안 틀 익히기

MP3를 들으며 모범답안 틀을 외울 수 있을 만큼 여러 번 읽어보자. ＿＿ 부분은 본인이 원하는 표현으로 대체해도 좋다.

❶ On the first day, I slept in. 첫째 날에 저는 잠을 잤습니다. ❷ Most of the first day of my vacation, I slept a lot. 저는 대부분의 휴가 첫날, 잠을 많이 잤습니다. ❸ Sometimes I would [1]watch movies at home. 때로는 집에서 영화도 봤습니다. ❹ On the second day, I had beer with my friends. 둘째 날에는 친구들과 맥주를 마셨습니다. ❺ On the last day, I [2]went to a movie and had a nice meal at a famous restaurant. 마지막 날에는 영화관에 갔었고 유명한 식당에서 맛있는 식사를 했습니다. ❻ I did nothing special, but I felt refreshed. 저는 특별한 것은 안 했지만 재충전이 되는 느낌이었습니다.

대체 가능 표현

[1]cook for myself 나 자신을 위해 요리하다, read books that I wanted to read 읽고 싶던 책을 읽다 | [2]went to a club 클럽에 갔다, went to see a musical[music concert] 뮤지컬[뮤직 콘서트]를 보러 갔다, went for a drive 드라이브를 갔다, met my family members 가족을 만났다

Step 3 해석 보고 말해보기

해석을 보면서 위의 모범답안을 떠올려 입 밖으로 말해보자. ＿＿ 부분은 본인만의 표현으로 바꾸어 말해도 좋다.

❶ 첫째 날에 저는 잠을 잤습니다. ❷ 저는 대부분의 휴가 첫날, 잠을 많이 잤습니다. ❸ 때로는 집에서 영화도 봤습니다. ❹ 둘째 날에는 친구들과 맥주를 마셨습니다. ❺ 마지막 날에는 영화관에 갔었고 유명한 식당에서 맛있는 식사를 했습니다. ❻ 저는 특별한 것은 안 했지만 재충전이 되는 느낌이었습니다.

Question 3 Tell me about something interesting or unusual that happened while you were vacationing at home. What happened? What made the event so memorable? Be as detailed as possible. 당신이 집에서 휴가를 보내는 동안 일어났던 흥미롭거나 일상적이지 않았던 것에 대해 말해주세요. 무슨 일이었습니까? 무엇 때문에 그 이벤트가 그렇게 인상적이었습니까? 가능한 한 자세하게 말해주세요.

Step 1 모범답안 읽어보기

15-3.mp3

집에서 보내는 휴가와 관련되어 나오는 기출 문제와 모범답안을 읽고 MP3를 들어보자.

It was last summer vacation. I was home alone late at night. Suddenly, I heard someone trying to open the front door. I thought it was a robber. I got my umbrella so I could defend myself. In the end, it turned out to be my neighbor. He was really drunk and was at the wrong apartment.

Step 2 모범답안 틀 익히기

MP3를 들으며 모범답안 틀을 외울 수 있을 만큼 여러 번 읽어보자. 부분은 본인이 원하는 표현으로 대체해도 좋다.

❶ It was last summer vacation. I was home alone late at night. 지난 여름 휴가 때였습니다. 저는 밤 늦게 집에 혼자 있었습니다. ❷ Suddenly, I heard someone trying to open the front door. 갑자기 누군가가 현관문을 열려고 하는 소리를 들었습니다. ❸ I thought it was a [1]robber. 저는 도둑이라고 생각했습니다. ❹ I got [2]my umbrella so I could defend myself. 저는 자신을 지키려고 우산을 집어 들었습니다. ❺ In the end, it turned out to be my neighbor. 결국 그것은 제 이웃 주민인 것으로 밝혀졌습니다. ❻ He was really drunk and was at the wrong apartment. 그는 잔뜩 취해서 집을 잘못 찾은 것이었습니다.

대체 가능 표현

[1]thief 도둑, burglar 빈집털이범 | [2]a baseball bat 야구 방망이, a stick 지팡이, 막대, a gas gun 가스총

Step 3 해석 보고 말해보기

해석을 보면서 위의 모범답안을 떠올려 입 밖으로 말해보자. 부분은 본인만의 표현으로 바꾸어 말해도 좋다.

❶ 지난 여름 휴가 때였습니다. 저는 밤 늦게 집에 혼자 있었습니다. ❷ 갑자기 누군가가 현관문을 열려고 하는 소리를 들었습니다. ❸ 저는 도둑이라고 생각했습니다. ❹ 저는 자신을 지키려고 우산을 집어 들었습니다. ❺ 결국 그것은 제 이웃 주민인 것으로 밝혀졌습니다. ❻ 그는 잔뜩 취해서 집을 잘못 찾은 것이었습니다.

Question 4 I also enjoy spending my vacation time at home. Please ask me three or four questions about my vacation time at home. 저도 역시 집에서 휴가 보내는 것을 즐깁니다. 집에서 보내는 제 휴가에 대해 서너 가지 질문을 해보세요.

Step 1 모범답안 읽어보기

15-4.mp3

집에서 보내는 휴가와 관련되어 나오는 기출 문제와 모범답안을 읽고 MP3를 들어보자.

I heard you like to stay home during vacation. Why do you choose to stay home instead of spending time somewhere else? What do you usually do at home during vacation?

Step 2 모범답안 틀 익히기

MP3를 들으며 모범답안 틀을 외울 수 있을 만큼 여러 번 읽어보자.

❶ I heard you like to stay home during vacation. 저는 당신이 휴가 기간 동안 집에 머무는 것을 좋아한다고 들었습니다. ❷ Why do you choose to stay home instead of spending time somewhere else? 밖에서 시간을 보내는 대신 집에 머물기로 한 이유가 무엇입니까? ❸ What do you usually do at home during vacation? 집에서 휴가를 보내는 동안 당신은 주로 무엇을 합니까?

대체 가능 표현 (기타 할 수 있는 질문)

Do you invite your friends or family to stay with you at home? 당신은 집에서 함께 머물기 위해 친구나 가족을 초대합니까?, Who do you like to meet during your vacation? 당신은 휴가 기간 동안 누구를 만나는 것을 좋아합니까?

Step 3 해석 보고 말해보기

해석을 보면서 위의 모범답안을 떠올려 입 밖으로 말해보자.

❶ 저는 당신이 휴가 기간 동안 집에 머무는 것을 좋아한다고 들었습니다. ❷ 밖에서 시간을 보내는 대신 집에 머물기로 한 이유가 무엇입니까? ❸ 집에서 휴가를 보내는 동안 당신은 주로 무엇을 합니까?

한국의 명절과 관련되어 나오는 롤플레이 기출 문제와 모범답안을 익혀보자.

Question 1 **What holidays do you have in your country? Tell me about them. How do you celebrate them? Is there any special food? Be as detailed as you can.** 당신 나라에는 어떤 명절들이 있습니까? 명절들에 대해 말해주세요. 어떻게 (명절을) 기념합니까? 특별한 음식이 있습니까? 가능한 한 자세하게 말해주세요.

Step 1 모범답안 읽어보기

15-5.mp3

한국의 명절과 관련되어 나오는 기출 문제와 모범답안을 읽고 MP3를 들어보자.

One important holiday in Korea is Chuseok. It's a holiday for families. We go back to our hometowns and eat so much food. Another big holiday is Lunar New Year. We visit our grandparents, and kids get money. When I got a job, I gave my little cousins some money.

Step 2 모범답안 틀 익히기

Mp3를 들으며 모범답안 틀을 외울 수 있을 만큼 여러 번 읽어보자. [ ] 부분은 본인이 원하는 표현으로 대체해도 좋다.

❶ One important holiday in Korea is Chuseok. 한국의 중요한 명절 하나는 추석입니다. ❷ It's a holiday for families. 그것은 가족을 위한 명절입니다. ❸ We go back to our hometowns and [1]eat so much food. 우리는 고향으로 돌아가고 아주 많은 음식을 먹습니다. ❹ Another big holiday is [2]Lunar New Year. 또 다른 큰 명절은 구정 입니다. ❺ We visit our grandparents, and kids get money. 저희는 조부모님 댁을 방문하고 아이들은 세뱃돈을 받습니다. ❻ When I got a job, I gave my [3]little cousins some money. 제가 직장을 구했을 때 저는 어린 사촌들에게 돈을 좀 주었습니다.

대체 가능 표현

[1]celebrate the holiday together 함께 휴일을 축하하다, have a memorial service for our ancestors 차례를 지내다 | [2]New Year's Day 신정(1월 1일) | [3]nephew 조카, little brother and sister 어린 동생들

Step 3 해석 보고 말해보기

해석을 보면서 위의 모범답안을 떠올려 입 밖으로 말해보자. [ ] 부분은 본인만의 표현으로 바꾸어 말해도 좋다.

❶ 한국의 중요한 명절 하나는 추석입니다. ❷ 그것은 가족을 위한 명절입니다. ❸ 우리는 고향으로 돌아가고 아주 많은 음식을 먹습니다. ❹ 또 다른 큰 명절은 구정 입니다. ❺ 저희는 조부모님 댁을 방문하고 아이들은 세뱃돈을 받습니다. ❻ 제가 직장을 구했을 때 저는 어린 사촌들에게 돈을 좀 주었습니다.

Question 2 **Of those holidays, which do you think is the biggest? What is your country's most important holiday?** 명절들 중에서 어떤 것이 가장 큰 명절이라고 생각합니까? 어떤 명절이 당신의 나라에서 가장 중요합니까?

Step 1 모범답안 읽어보기

15-6.mp3

한국의 명절과 관련되어 나오는 기출 문제와 모범답안을 읽고 MP3를 들어보자.

Chuseok is definitely the biggest holiday in Korea. People go back to their hometowns to be with their families. If you're a woman, there's a lot of cooking to do. Korean holiday foods take a long time to prepare. Once the food is ready, though, we have a good time together.

Step 2 모범답안 틀 익히기

MP3를 들으며 모범답안 틀을 외울 수 있을 만큼 여러 번 읽어보자. ▭ 부분은 본인이 원하는 표현으로 대체해도 좋다.

❶ [1]Chuseok is definitely the biggest holiday in Korea. 추석은 분명하게 한국에서 가장 큰 명절입니다. ❷ [2]People go back to their hometowns to be with their families. 사람들은 가족과 함께 하기 위해 고향으로 돌아갑니다. ❸ If you're a woman, there's a lot of cooking to do. 당신이 여성이라면 해야 할 음식이 매우 많습니다. ❹ Korean holiday foods take a long time to prepare. 한국의 명절 음식은 준비하는 데 많은 시간이 걸립니다. ❺ Once the food is ready, though, we have a good time together. 그러나 음식이 준비되면 저희는 함께 좋은 시간을 보냅니다.

대체 가능 표현

[1]기타 사용할 수 있는 명절(p.207 참조) | [2]Some people go on trips, but most people spend time together with their family members. 어떤 사람들은 여행을 가기도 하지만 대부분의 사람들은 그들의 가족과 함께 시간을 보냅니다.

Step 3 해석 보고 말해보기

해석을 보면서 위의 모범답안을 떠올려 입 밖으로 말해보자. ▭ 부분은 본인만의 표현으로 바꾸어 말해도 좋다.

❶ 추석은 분명하게 한국에서 가장 큰 명절입니다. ❷ 사람들은 가족과 함께 하기 위해 고향으로 돌아갑니다. ❸ 당신이 여성이라면 해야 할 음식이 매우 많습니다. ❹ 한국의 명절 음식은 준비하는 데 많은 시간이 걸립니다. ❺ 그러나 음식이 준비되면 저희는 함께 좋은 시간을 보냅니다.

Question 3 **What's your best childhood holiday memory? Which holiday was it? What happened? Tell me in as much detail as possible.** 당신의 어릴 적 가장 기억에 남는 명절은 무엇입니까? 어떤 명절이었습니까? 무슨 일이었습니까? 가능한 한 자세하게 말해주세요.

Step 1 모범답안 읽어보기

15-7.mp3

한국의 명절과 관련되어 나오는 기출 문제와 모범답안을 읽고 MP3를 들어보자.

It's strange, but my best memory was a time I got sick. It was Lunar New Year, and my family planned to visit my dad's parents. However, I was too sick to travel. So my mom stayed home with me. She made me some special food and played video games with me. I was twelve, and it was the most awesome holiday I've ever had.

Step 2 모범답안 틀 익히기

MP3를 들으며 모범답안 틀을 외울 수 있을 만큼 여러 번 읽어보자. [　] 부분은 본인이 원하는 표현으로 대체해도 좋다.

❶ It's strange, but my best memory was a time I got sick. 이상하겠지만 제 최고의 기억은 제가 아팠을 때였습니다. ❷ It was [1]Lunar New Year, and my family planned to [2]visit my dad's parents. 구정 때였고 제 가족은 친할아버지 댁을 방문하려고 계획했었습니다. ❸ However, I was too sick to travel. 그러나 저는 너무 아파서 여행을 할 수 없었습니다. ❹ So my mom stayed home with me. 그래서 엄마는 저와 함께 집에 머물렀습니다. ❺ She made me some special food and [3]played video games with me. 엄마는 제게 특별한 음식을 만들어 주었고 저와 함께 비디오 게임도 해주었습니다. ❻ I was twelve, and it was the most awesome holiday I've ever had. 저는 열두 살이었고 그것은 제가 지냈던 가장 멋진 명절이었습니다.

대체 가능 표현

[1]본인이 원하는 명절로 변경 가능(p.207 참조) | [2]visit my grandparents' house 조부모님 댁을 방문하다, visit my relatives 친척들을 방문하다, visit my cousin's house 사촌 집을 방문하다, go to an amusement park 놀이공원에 가다, go on a trip 여행을 가다 | [3]watched a movie 영화를 봤다, watched TV shows TV 쇼를 봤다

Step 3 해석 보고 말해보기

해석을 보면서 위의 모범답안을 떠올려 입 밖으로 말해보자. [　] 부분은 본인만의 표현으로 바꾸어 말해도 좋다.

❶ 이상하겠지만 제 최고의 기억은 제가 아팠을 때였습니다. ❷ 구정 때였고 제 가족은 친할아버지 댁을 방문하려고 계획했었습니다. ❸ 그러나 저는 너무 아파서 여행을 할 수 없었습니다. ❹ 그래서 엄마는 저와 함께 집에 머물렀습니다. ❺ 엄마는 제게 특별한 음식을 만들어 주었고 저와 함께 비디오 게임도 해주었습니다. ❻ 저는 열두 살이었고 그것은 제가 지냈던 가장 멋진 명절이었습니다.

DAY 16

모의 테스트 1, 2, 3회

모의 테스트 1, 2, 3회

실전 모의 테스트 3회를 실제 시험이라고 생각하고 풀어보자.

Actual Test 1

Actual Test 2

Actual Test 3

＊모의 테스트 1~3회의 문제 구성 (1번은 무조건 자기 소개입니다.)

	직업 관련	거주지 관련	여가 활동	취미 관심사	운동	휴가	돌발 문제
1회	학생 관련 문제 (2, 3, 4번)		공연 보기 (5, 6, 7번)	음악 관련 롤플레이 (11, 12, 13번)	걷기 (8, 9, 10번)	집에서 보내는 휴가 관련 (14, 15번 질문하기)	
2회		거주지 관련 (5, 6, 7번)	영화 보기 롤플레이 (11, 12, 13번)	노래 부르기 (2, 3, 4번)	헬스 (14, 15번질문하기)		호텔 (8, 9, 10번)
3회	직장인 관련 문제 (8, 9, 10번)	주거지 관련 롤플레이 (11, 12, 13번)			운동 수업 수강하기 (14, 15번질문하기)	국내여행 (5, 6, 7번)	집안 개선 프로젝트 (2, 3, 4번)

(괄호 안은 문제 번호)

모의 테스트 1회 설문지 선택 설정

1. 현재 귀하는 어느 분야에 종사하고 계십니까?

○ 사업/회사 ○ 재택근무/재택사업 ○ 교사/교육자 ○ 군복무
● 일 경험 없음

1.-1 현재 귀하는 직업이 있으십니까?
○ 네 ● 아니오

2. 현재 귀하는 학생이십니까?

●네 ○아니오

2.-1 현재 귀하가 강의를 듣는 목적은 무엇입니까?
● 학위 취득 ○ 전문기술을 향상시키기 위한 평생 학습 ○ 어학 수업

3. 현재 귀하는 어디에 살고 계십니까?

● 개인주택이나 아파트에 홀로 거주 ○ 친구나 룸메이트와 함께 주택이나 아파트에 거주
○ 가족(배우자/자녀/기타 가족일원)과 함께 주택이나 아파트에 거주
○ 학교 기숙사 ○ 군대 막사

아래의 4~7번 문항에서 12개 이상을 선택해 주시기 바랍니다.

4. 귀하는 여가 활동으로 주로 무엇을 하십니까? (두 개 이상 선택)

● 영화 보기 ○ 클럽/나이트클럽 가기 ● 공연 보기
● 콘서트 보기 ○ 박물관 가기 ○ 공원 가기
○ 캠핑하기 ○ 해변 가기 ○ 스포츠 관람
● 집안일 거들기 ○ 술집/바에 가기 ○ 카페/커피 전문점 가기
○ 게임하기(비디오, 카드, 보드, 휴대폰 등) ○ 당구 치기
○ 체스하기 ○ SNS에 글 올리기 ○ 친구들과 문자 대화하기
○ 시험 대비 과정 수강하기 ○ 뉴스를 보거나 듣기 ○ 요리 관련 프로그램 시청하기
○ 차로 드라이브 하기 ○ 스파/마사지샵 가기 ○ 구직활동 하기
○ 자원봉사하기

5. 귀하의 취미나 관심사는 무엇입니까? (한 개 이상 선택)

○ 아이에게 책 읽어주기
● 음악 감상하기
● 악기 연주하기
● 혼자 노래 부르거나 합창하기
○ 춤추기
○ 글쓰기 (편지, 단문, 시 등)
○ 그림 그리기
○ 요리하기
○ 애완동물 기르기
○ 주식 투자하기
○ 신문 읽기
○ 여행 관련 잡지나 블로그 읽기
○ 사진 촬영하기

6. 귀하는 주로 어떤 운동을 즐기십니까? (한 개 이상 선택)

○ 농구
○ 야구/소프트볼
○ 축구
○ 미식축구
○ 하키
○ 크리켓
○ 골프
○ 배구
○ 테니스
○ 배드민턴
○ 탁구
○ 수영
● 자전거
○ 스키/스노보드
○ 아이스스케이트
○ 조깅
● 걷기
○ 요가
● 하이킹/트레킹
○ 낚시
○ 헬스
○ 태권도
○ 운동 수업 수강하기
○ 운동을 전혀 하지 않음

7. 귀하는 어떤 휴가나 출장을 다녀온 경험이 있습니까? (한 개 이상 선택)

○ 국내출장
○ 해외출장
● 집에서 보내는 휴가
● 국내여행
○ 해외여행

모의 테스트 1회 Actual Test 1.mp3

Q1 Let's start the interview. Can you tell me about yourself?

Q2 You indicated that you have school experience. Tell me about your school campus. Please describe what it looks like in as much detail as you can.

Q3 What do the students and teachers do at your school most days? Please give me as much detail as you can.

Q4 When did you visit your school for the first time? Tell me about your first visit to your school from the beginning to the end.

Q5 You indicated that you enjoy the theater. Which kinds of performance do you like to watch? Do you prefer dramas, dance performances, or music shows? Why?

Q6 What do you do to prepare to go to a show? Be as detailed as possible.

Q7 Tell me about the last concert or musical you saw. Where was it, and who was performing? When was it? Did you go with anyone? Tell me about the experience in detail.

Q8 You said that you like to go for walks. Where do you like to go? Describe the places where you like to walk.

앞 페이지 설문지처럼 선택했을 때 나올 수 있는 문제로 구성했습니다. MP3를 들으며 실제 시험처럼 풀어보세요. 문제간 간격은 1분 30초입니다. 1분 30초 동안 답해보세요.

Q9 What is your walking routine? How far do you walk? How long does it take? How often do you go for walks? Be as detailed as you can.

Q10 How long have you been taking walks? What got you interested in walking like this? Was there a special reason you started? Tell me in detail.

Q11 This is a role-playing question. A friend of yours has just purchased a new MP3 player. It's one you are considering buying as well. Role play calling your friend and ask three or four questions about the MP3 player.

Q12 There is a problem that you need to resolve. Your friend lent you an MP3 player, but you accidentally broke it. Role play calling your friend. Explain what happened and suggest at least two ways to solve the problem.

Q13 Very good. That's the end of the situation. Has anything like this ever happened to you? Did you borrow something and accidentally break or lose it? What happened and when?

Q14 You indicated on the survey that you stay at home during vacation. When you're on vacation, who do you like to spend time with? Tell me about some of the things you do together while you're on vacation.

Q15 I also enjoy spending my vacation time at home. Please ask me three or four questions about my vacation time at home.

모의 테스트 1회 모범답안 Actual Test 1 _ model answer.mp3

Q1 Let's start the interview. Can you tell me about yourself? 인터뷰를 시작합시다. 자신에 대해 말해주시겠습니까?

Q2 You indicated that you have school experience. Tell me about your school campus. Please describe what it looks like in as much detail as you can.
당신은 학교 경험이 있다고 했습니다. 학교 캠퍼스에 대해 말해주세요. 어떻게 생겼는지 최대한 자세하게 설명해주세요.

모범답안
My school campus is very big. There are many buildings. Most of the buildings are big. There are some grassy places. There's nothing unique about most of the buildings. It is on a hill. 저희 학교는 매우 큽니다. (거기에는) 많은 빌딩들이 있습니다. 대부분의 빌딩들은 큽니다. (거기에는) 몇몇 잔디가 깔린 장소들이 있습니다. 대부분의 빌딩들에 대해서 특별한 것은 전혀 없습니다. 그것은 언덕 위에 있습니다.

Q3 What do the students and teachers do at your school most days? Please give me as much detail as you can. 학생들과 교수님들은 학교에서 무엇을 합니까? 가능한 한 자세히 말해주세요.

모범답안
The teachers teach classes. The students study a lot. The teachers give students assignments. Many students study at the school library. Sometimes students and teachers eat together at the school cafeteria. They all have their own parts on campus.
선생님들은 강의를 합니다. 학생들은 공부를 많이 합니다. 선생님들은 학생들에게 과제를 줍니다. 많은 학생들은 학교 도서관에서 공부를 합니다. 때때로 학생들과 선생님들은 학교 식당에서 함께 식사합니다. 그들은 모두 캠퍼스에서 각자의 분야를 가지고 있습니다.

Q4 When did you visit your school for the first time? Tell me about your first visit to your school from the beginning to the end. 언제 처음으로 학교를 방문했습니까? 당신 학교의 첫 번째 방문에 대해 처음부터 끝까지 말해주세요.

모범답안
I was eighteen when I first visited my school. I went there with my parents. It's on a hill, and I was worried about that. However, my first impression of my school was good. We

visited many places on campus. We had lunch in the cafeteria, and my mom liked the food. 제가 처음 학교를 방문했을 때 저는 열여덟 살이었습니다. 저는 제 부모님과 거기에 갔습니다. 그것은 언덕 위에 있어서 저는 그것에 대해 걱정했습니다. 그러나 제 학교에 대한 첫인상은 좋았습니다. 우리는 캠퍼스의 많은 장소를 방문했습니다. 우리는 카페테리아에서 점심을 먹었고 엄마는 그 음식을 좋아하셨습니다.

Q5 You indicated that you enjoy the theater. Which kinds of performance do you like to watch? Do you prefer dramas, dance performances, or music shows? Why?

당신은 공연을 즐겨본다고 했습니다. 어떤 종류의 공연을 좋아합니까? 드라마, 댄스 공연, 아니면 뮤직쇼? 왜 좋아합니까?

모범답안

I like to go to many kinds of shows. Most of the time, I go to musicals or music shows, like "Nanta". Sometimes I also like to go to plays. I would go to a dance performance if it were the kind of music I like. Live music is my favorite. I like any kinds of performances because they always make me feel so good. 저는 많은 종류의 쇼에 가기를 좋아합니다. 대부분 저는 뮤지컬이나 "난타" 같은 뮤직쇼를 보러 갑니다. 때때로 저는 연극 공연에 가는 것도 좋아합니다. 만약 제가 좋아하는 음악 종류라면 댄스 공연에 가는 것도 좋아합니다. 라이브 음악은 제가 가장 좋아하는 것입니다. 저는 모든 종류의 공연을 좋아합니다. 왜냐하면 그것들은 언제나 제 기분을 좋게 해주기 때문입니다.

Q6 What do you do to prepare to go to a show? Be as detailed as possible.

당신은 쇼를 보러 가기 위해 어떤 것을 준비합니까? 가능한 한 자세하게 말해주세요.

모범답안

I search the Internet to get some information about shows. Usually, I reserve tickets online and then pay at the door. I don't dress up too much, but I don't wear my work clothes either. Before the show starts, I go to the restroom. If I go with my friend, we have dinner after the show. We eat and laugh a lot during this time and I love this moment. 저는 쇼에 대한 정보를 얻기 위해 인터넷을 찾아봅니다. 주로 저는 온라인에서 티켓을 예매하고 그런 다음 현장에서 결제합니다. 저는 너무 차려 입지는 않지만 일터에서 입는 옷도 입지 않습니다. 쇼가 시작되기 전에 저는 화장실에 갑니다. 만약 제가 친구와 가면 저희는 쇼가 끝난 이후에 저녁을 먹습니다. 저희는 이 시간 동안 많이 먹고 많이 웃으며 저는 이 순간을 정말 좋아합니다.

Q7 Tell me about the last concert or musical you saw. Where was it, and who was performing? When was it? Did you go with anyone? Tell me about the experience in detail.

당신이 본 마지막 콘서트나 뮤지컬에 대해 말해주세요. 어디였고 누가 공연했습니까? 언제였습니까? 누구와 함께 갔습니까? 그 경험에 대해 자세하게 말해주세요.

모범답안

The last musical I went to was called "Cats". It was the Broadway cast, so I didn't recognize any of the actors. It was in Gangnam last winter. I wanted to go with my friend, but she said that she had seen the musical already. So my high school friend Jun went with me. We really enjoyed it. 마지막으로 제가 갔던 뮤지컬은 "캣츠"였습니다. 그것은 브로드웨이 캐스팅이어서 저는 배우들을 전혀 알지 못했습니다. 지난 겨울 강남이었습니다. 저는 친구와 가고 싶었지만 그녀는 이미 그 뮤지컬을 봤다고 했습니다. 그래서 제 고등학교 친구인 준이 저와 함께 갔습니다. 저희는 그것을 정말 즐겼습니다.

Q8 You said that you like to go for walks. Where do you like to go? Describe the places where you like to walk.

당신은 걷기를 좋아한다고 말했습니다. 어디로 가는 것을 좋아합니까? 당신이 걷기 좋아하는 장소에 대해 설명해주세요.

모범답안

My favorite place to walk is by the Cheonggyechun. It's really nice during the day and at night. The stream is really pretty. There are stones in the water that you can walk across. There are several bridges. This place is nice when it rains. 제가 가장 좋아하는 걷기 장소는 청계천입니다. 그것은 낮이나 밤 동안 정말 좋습니다. 개울은 정말 예쁩니다. 물속에는 당신이 걸어서 건널 수 있는 돌들이 있습니다. (거기에는) 여러 개의 다리들이 있습니다. 이 장소는 비가 내릴 때 좋습니다.

Q9 What is your walking routine? How far do you walk? How long does it take? How often do you go for walks? Be as detailed as you can.

당신의 걷는 패턴은 어떻습니까? 얼마나 멀리 걷습니까? 얼마나 오래 걸립니까? 얼마나 자주 걸으러 갑니까? 가능한 한 자세하게 말해주세요.

모범답안

I usually go for a walk once a week. I wish I could go more often, but I don't have time. I'm not actually sure how far I walk. But I usually walk for about two hours. If the weather is too hot or too cold, it's shorter. 저는 보통 일주일에 한 번 걷기를 합니다. 좀 더 자주 나가고 싶지만 시간이 없습니다. 저는 제가 얼마나 멀리 걷는지 솔직히 확실하지 않습니다. 그러나 저는 주로 두 시간 정도 걷습니다. 만약 날씨가 너무 덥거나 너무 추우면 (걷는 시간이) 더 짧아집니다.

Q10 How long have you been taking walks? What got you interested in walking like this? Was there a special reason you started? Tell me in detail. 얼마나 오래 걷기를 했습니까? 당신이 이처럼 걷기에 관심을 가지게 된 이유는 무엇입니까? 당신이 시작하게 된 특별한 이유가 있었습니까? 자세하게 말해주세요.

모범답안

I was inspired by a novel when I was a high school student. In the book, the main character walks to see the lives of many different people. It helps him live better. I started walking because I wanted to have the same experience. I still like to walk and to see different people on the street. Now, it's like I am walking to find wisdom. 저는 고등학생일 때 한 소설에서 영감을 얻었습니다. 책에서 주인공은 다양한 사람들의 인생을 보기 위해 걷습니다. 그것은 그가 더 낫게 살아가도록 도움을 줍니다. 저도 같은 경험을 갖고 싶었기 때문에 걷기를 시작했습니다. 저는 여전히 걷기를 좋아하고 거리의 다른 사람들을 보는 것을 좋아합니다. 그것은 마치 지혜를 얻기 위해 걷는 것과 같습니다.

Q11 This is a role-playing question. A friend of yours has just purchased a new MP3 player. It's one you are considering buying as well. Role play calling your friend and ask three or four questions about the MP3 player. 이것은 롤플레이 질문입니다. 친구가 얼마 전 MP3 플레이어를 샀습니다. 그것은 또한 당신이 사려고 생각 중이던 것입니다. 친구에게 전화한다고 가정하고 그 MP3 플레이어에 대해 서너 가지 질문을 해주세요.

모범답안

Hey, I heard you got an ABC MP3 player. That's the one I am considering buying. What do you think of it? Do you like it or not? What is the weight? Did you get a good price on it? I'd love to hear about it. 안녕, 나는 네가 ABC MP3 플레이어를 샀다고 들었어. 그건 내가 사려고 생각 중이던 거야. 그것에 대해 어떻게 생각해? 괜찮아 아님 아냐? 무게는 얼마지? 좋은 가격으로 샀니? 그것에 대해 듣고 싶어.

Q12 There is a problem that you need to resolve. Your friend lent you an MP3 player, but you accidentally broke it. Role play calling your friend. Explain what happened and suggest at least two ways to solve the problem. 당신이 해결해야 할 문제가 있습니다. 친구가 당신에게 MP3 플레이어를 빌려줬는데 당신이 잘못하여 부서뜨리고 말았습니다. 친구에게 전화한다고 가정하고 무슨 일이 일어났는지 설명하고 문제를 해결하기 위해 적어도 두 가지 방법을 제시해보세요.

모범답안

I am so sorry! It was raining yesterday, and I had an umbrella. However, someone bumped into me, so I dropped your MP3 player into a puddle. I will buy you a new one right away. Or I can just give you the money for it. Which do you prefer? Please let me know. 정말 미안해! 어제 비가 왔었고 나는 우산을 들고 있었어. 그런데 누군가가 나와 부딪치면서 내가 너의 MP3 플레이어를 물웅덩이에 빠뜨리고 말았어. 당장 너에게 새것을 사줄게. 아니면 그것을 살 돈을 너에게 줄 수도 있어. 어떤 것이 낫니? 나에게 알려줘.

Q13 Very good. That's the end of the situation. Has anything like this ever happened to you? Did you borrow something and accidentally break or lose it? What happened and when? 상황이 종료되었습니다. 이 같은 일이 전에 일어난 적이 있습니까? 무언가를 빌렸다가 뜻하지 않게 고장 내거나 잃어버린 적이 있습니까? 무슨 일이었으며 언제였습니까?

모범답안

In high school, I borrowed my mom's phone. She wanted me to go shopping for her. I could call her at home if the store didn't have the right things. However, the pocket in my pants was too small. The phone fell out on the bus, and someone stepped on it. My mom was mad and wouldn't lend her phone to me again. 고등학교 다닐 때 저는 엄마의 전화기를 빌렸습니다. 엄마는 제가 엄마를 위해 쇼핑해줄 것을 요청했습니다. 만약 그 가게에 원하는 물건이 없으면 저는 집에 있는 엄마에게 전화를 할 수 있었습니다. 그러나 제 바지의 주머니가 너무 작았습니다. 전화기가 버스에서 떨어졌고 누군가가 그것을 밟고 말았습니다. 엄마는 화를 냈고 다시는 저한테 전화기를 빌려주지 않았습니다.

Q14 You indicated on the survey that you stay at home during vacation. When you're on vacation, who do you like to spend time with? Tell me about some of the things you do together while you're on vacation. 당신은 집에서 휴가를 보낸다고 했습니다. 휴가 중일 때 누구와 함께 시간 보내는 것을 좋아합니까? 휴가 중일 때 함께 하는 것들에 대해 말해주세요.

모범답안

I grew up in the country. So, on vacation, I like to meet my high school friends. When we're together, we talk and drink a lot. We catch up with one another's lives. We talk a lot about our high school days. It's a very relaxing and comfortable time for me. 저는 지방에서 자랐습니다. 그래서 휴가 때 저는 고등학교 친구들을 만나는 것을 좋아합니다. 저희가 함께 있을 때는 이야기도 많이 하고 술도 많이 마십니다. 저희는 서로의 생활에 대해 못다한 이야기를 나눕니다. 저희는 고등학교 때의 이야기를 많이 합니다. 그것은 저에게 매우 휴식이 되고 편안한 시간입니다.

Q15 I also enjoy spending my vacation time at home. Please ask me three or four questions about my vacation time at home.

저도 역시 집에서 휴가 보내는 것을 즐깁니다. 집에서 보내는 제 휴가에 대해 서너 가지 질문을 해보세요.

모범답안

I heard you like to stay home during vacation. Why do you choose to stay home instead of spending time somewhere else? What do you usually do at home during vacation? 저는 당신이 휴가 기간 동안 집에 머무는 것을 좋아한다고 들었습니다. 밖에서 시간을 보내는 대신 집에 머물기로 한 이유가 무엇입니까? 집에서 휴가를 보내는 동안 당신은 주로 무엇을 합니까?

모의 테스트 2회 설문지 선택 설정

1. 현재 귀하는 어느 분야에 종사하고 계십니까?

○ 사업/회사 ○ 재택근무/재택사업 ○ 교사/교육자 ○ 군복무
● 일 경험 없음

1.-1 현재 귀하는 직업이 있으십니까?
○ 네 ● 아니오

2. 현재 귀하는 학생이십니까?

● 네 ○ 아니오

2.-1 현재 귀하가 강의를 듣는 목적은 무엇입니까?
● 학위 취득 ○ 전문기술을 향상시키기 위한 평생 학습 ○ 어학 수업

3. 현재 귀하는 어디에 살고 계십니까?

● 네 ○ 아니오

○ 개인주택이나 아파트에 홀로 거주 ○ 친구나 룸메이트와 함께 주택이나 아파트에 거주
● 가족(배우자/자녀/기타 가족일원)과 함께 주택이나 아파트에 거주
○ 학교 기숙사 ○ 군대 막사

아래의 4~7번 문항에서 12개 이상을 선택해 주시기 바랍니다.

4. 귀하는 여가 활동으로 주로 무엇을 하십니까? (두 개 이상 선택)

● 영화 보기 ○ 클럽/나이트클럽 가기 ● 공연 보기
● 콘서트 보기 ○ 박물관 가기 ○ 공원 가기
○ 캠핑하기 ○ 해변 가기 ○ 스포츠 관람
● 집안일 거들기 ○ 술집/바에 가기 ○ 카페/커피 전문점 가기
○ 게임하기(비디오, 카드, 보드, 휴대폰 등) ○ 당구 치기
○ 체스하기 ○ SNS에 글 올리기 ○ 친구들과 문자 대화하기
○ 시험 대비 과정 수강하기 ○ 뉴스를 보거나 듣기 ○ 요리 관련 프로그램 시청하기
○ 차로 드라이브 하기 ○ 스파/마사지샵 가기 ○ 구직활동 하기
○ 자원봉사하기

5. 귀하의 취미나 관심사는 무엇입니까? (한 개 이상 선택)

○ 아이에게 책 읽어주기
● 혼자 노래 부르거나 합창하기
○ 그림 그리기
○ 주식 투자하기
○ 사진 촬영하기
● 음악 감상하기
○ 춤추기
○ 요리하기
○ 신문 읽기
○ 악기 연주하기
○ 글쓰기 (편지, 단문, 시 등)
○ 애완동물 기르기
○ 여행 관련 잡지나 블로그 읽기

6. 귀하는 주로 어떤 운동을 즐기십니까? (한 개 이상 선택)

○ 농구
○ 크리켓
○ 탁구
● 조깅
● 헬스
○ 야구/소프트볼
○ 골프
○ 수영
● 걷기
○ 태권도
○ 축구
○ 배구
● 자전거
○ 요가
○ 운동 수업 수강하기
○ 미식축구
○ 테니스
○ 스키/스노보드
○ 하이킹/트레킹
○ 하키
○ 배드민턴
○ 아이스스케이트
○ 낚시
○ 운동을 전혀 하지 않음

7. 귀하는 어떤 휴가나 출장을 다녀온 경험이 있습니까? (한 개 이상 선택)

○ 국내출장
● 국내여행
○ 해외출장
○ 해외여행
● 집에서 보내는 휴가

모의 테스트 2회 Actual Test 2.mp3

Q1 Let's start the interview. Can you tell me about yourself?

Q2 On the survey, you said that you like to sing. What kinds of songs do you sing? Why do you like to sing those songs?

Q3 Tell me about a normal singing session. Tell me about the entire process from beginning to end.

Q4 How did you first become interested in singing? Have you taken singing lessons? Tell me in detail how you got started singing.

Q5 Please tell me about your home. What does it look like? How many rooms are there? Be as detailed as you can.

Q6 Tell me what you do to keep your home clean. What housework do you do?

Q7 Do you have any memories of where you are living now? What is the most memorable event that happened to you while you were at home? Tell me about it.

Q8 You said that you have traveled. Where is the last hotel you stayed at? Describe it in detail.

앞 페이지 설문지처럼 선택했을 때 나올 수 있는 문제로 구성했습니다. MP3를 들으며 실제 시험처럼 풀어보세요. 문제간 간격은 1분 30초입니다. 1분 30초 동안 답해보세요.

Q9 Can you describe the hotel room from your last trip? Describe the last hotel room you stayed in in as much detail as possible.

Q10 What was your most memorable experience at a hotel? Where were you? What happened? Why was it so memorable for you? Tell me in detail.

Q11 I'm going to give you a situation. You and a friend want to see a movie. Pretend to call the theater and ask several questions before you buy tickets.

Q12 I am sorry, but there is a problem with the movie tickets. When you arrived at the cinema, you noticed that the tickets you were given were the wrong ones. You need to explain this situation to the person at the ticket box. Tell the person about this problem and ask the worker for some possible solutions to the problem.

Q13 Have you ever been in a situation like that and had to change your reservations? Tell me what happened. When and where did it happen? How did you resolve the problem? Tell me in as much detail as you can.

Q14 You indicated that you enjoy going to a health club. Tell me about your health club or gym. What does it look like? What kind of equipment does it have? Be as detailed as possible.

Q15 I also like to go to a health club. Ask me three or four questions about the gym or heath club I often go to.

모의 테스트 2회 모범답안 Actual Test 2 _ model answer.mp3

Q1 **Let's start the interview. Can you tell me about yourself?** 인터뷰를 시작합시다. 자신에 대해 말해주시겠습니까?

Q2 **On the survey, you said that you like to sing. What kinds of songs do you sing? Why do you like to sing those songs?** 설문지에서 당신은 노래를 즐겨 부른다고 했습니다. 어떤 종류의 노래를 부릅니까? 왜 그 노래들을 좋아합니까?

모범답안

When I sing, I usually sing K-pop songs. K-pop songs are my favorite because they are easy and entertaining to sing. I also like to sing old pop songs. Old pop songs are fun to sing, and my friends like them, too. They're also not too cute. I hate cute songs. 노래할 때 저는 주로 케이팝 노래들을 부릅니다. 케이팝 노래들은 쉽고 신나게 부를 수 있기 때문에 제가 가장 선호합니다. 저는 또한 올드팝을 부르는 것을 좋아합니다. 올드팝은 부르기에 재미있고 제 친구들도 좋아합니다. 또한 그것은 지나치게 귀엽지 않습니다. 저는 귀여운 노래들을 싫어합니다.

Q3 **Tell me about a normal singing session. Tell me about the entire process from beginning to end.** 일상적인 노래 부르기에 대해 말해주세요. 처음부터 끝까지 전체 과정에 대해 말해주세요.

모범답안

Usually, I sing when I'm out with my friends. Mostly, we try to find a good karaoke room for singing. We sometimes drink before going there. At first, we take turns singing. By the end, we usually sing together. It's really fun, and I always have a great time. 저는 주로 친구들과 외출했을 때 노래를 부릅니다. 대부분 저희는 노래를 위한 좋은 노래방을 찾습니다. 저희는 거기 가기 전에 가끔 술을 마십니다. 처음에는 노래를 순서대로 (돌아가면서) 부릅니다. 끝날 즈음엔 저희는 주로 함께 노래 부릅니다. 그것은 정말 재미있고 저는 언제나 좋은 시간을 보냅니다.

Q4 **How did you first become interested in singing? Have you taken singing lessons? Tell me in detail how you got started singing.** 어떻게 처음 노래에 관심을 갖게 되었습니까? 노래 수업을 들은 적이 있습니까? 어떻게 처음 노래를 시작하게 되었는지 자세히 말해주세요.

모범답안

I have liked singing since I was really young. When I was in elementary school, I sang at school. However, I never took any singing lessons. The teacher just taught us songs during class. I feel good after singing loudly. Singing songs is still my favorite way to relieve my stress. 저는 제가 아주 어릴 적부터 노래 부르기를 좋아했습니다. 제가 초등학교에 다닐 때 저는 학교에서 노래를 불렀습니다. 그러나 저는 노래 수업을 들은 적이 없습니다. 선생님은 수업 중에 노래를 가르쳐주셨습니다. 저는 노래를 크게 부르고 나면 기분이 좋습니다. 노래 부르기는 여전히 스트레스 해소를 위한 제가 가장 좋아하는 방법입니다.

Q5 Please tell me about your home. What does it look like? How many rooms are there? Be as detailed as you can.

당신 집에 대해 말해주세요. 어떻게 생겼습니까? 몇 개의 방이 있습니까? 최대한 자세하게 말해주세요.

모범답안

I live in a three-bedroom apartment with my family. My room is near the kitchen. My parents' room is at the other end. I don't know how big the apartment is. My parents own this place, so I don't pay rent. 저는 제 가족과 함께 방 3개의 아파트에서 살고 있습니다. 제 방은 부엌 근처에 있습니다. 제 부모님의 방은 다른 쪽 끝에 있습니다. 저는 아파트가 얼마나 큰지 모르겠습니다. 제 부모님이 이 집을 소유하고 있기 때문에 저는 방세를 내지 않습니다.

Q6 Tell me what you do to keep your home clean. What housework do you do?

집을 깨끗하게 유지하기 위해 하는 것에 대해 말해주세요. 당신은 어떤 집안일을 합니까?

모범답안

When I have time, I try to clean the entire house. When I clean the house, first of all, I vacuum and wipe the floors. After that, I usually do the laundry. When I have a meal at home, I try to wash the dishes right away. I take out the garbage, and it is always my last chore. 시간이 있으면 저는 집 전체를 청소하려고 합니다. 집을 청소할 때 가장 먼저 저는 진공 청소기를 돌리고 바닥을 닦습니다. 그 이후에 저는 주로 빨래를 합니다. 집에서 식사를 할 때 저는 즉시 설거지를 하려고 합니다. 쓰레기를 버리고 그리고 그것은 언제나 마지막 집안일입니다.

Q7

Do you have any memories of where you are living now? What is the most memorable event that happened to you while you were at home? Tell me about it. 지금 살고 있는 곳에서 어떤 기억이 있습니까? 집에 있었을 때 가장 기억에 남는 일이 무엇입니까? 그것에 대해 말해 주세요.

모범답안

Last month, a boy threw a baseball through our window. I saw him do it, but he said he didn't. I wanted his parents to buy a new window, but his dad refused. I was really angry, so I called the police. The policemen came and asked the boy if he did it. The boy cried and said it was his fault. His dad was embarrassed and had to pay for our window. 지난달에 한 소년이 저희 집 유리창으로 야구공을 던졌습니다. 저는 그가 한 것을 봤지만 그 소년은 자신이 안 했다고 말했습니다. 저는 그의 부모가 새 유리창을 사주기 바랐지만 소년의 아버지는 거절했습니다. 저는 정말 화가 나서 경찰을 불렀습니다. 경찰관들이 와서 소년에게 그가 그랬는지 물어봤습니다. 그 소년은 울었고 그것이 그의 잘못이라고 말했습니다. 소년의 아버지는 민망해했고 저희 집 유리창 값을 물어줘야 했습니다.

Q8

You said that you have traveled. Where is the last hotel you stayed at? Describe it in detail. 당신은 여행을 한다고 했습니다. 당신이 머물렀던 마지막 호텔은 어디입니까? 자세히 묘사해주세요.

모범답안

My last trip was to Jejudo. I didn't stay at a hotel but instead stayed at a hostel. I didn't want to spend too much money while traveling. All of the rooms had several beds in them. There was hot water, and they offered a free breakfast. It was the perfect choice for someone like me. 제 마지막 여행은 제주도 여행이었습니다. 저는 호텔에 머물지 않고 호스텔에 머물렀습니다. 저는 여행에 너무 많은 돈을 쓰고 싶지 않았습니다. 모든 방은 여러 개의 침대를 가지고 있었습니다. 뜨거운 물도 나왔고 무료 아침식사도 제공되었습니다. 그것은 저 같은 사람에게 완벽한 선택이었습니다.

Q9

Can you describe the hotel room from your last trip? Describe the last hotel room you stayed in in as much detail as possible. 마지막 여행에서의 호텔 방을 묘사해줄 수 있습니까? 당신이 머물렀던 마지막 호텔 방을 최대한 자세하게 묘사해주세요

모범답안

One time, I stayed at a small hotel in Busan. The hotel room they gave me was so small.

There was no desk or chair, so I had to sit on the bed. There were a narrow window and a bathroom. Close to my room, there were vending machines in the hallway. I stayed at that hotel for two nights, but I don't want to go back there again. 한번은 부산의 작은 호텔에 머문 적이 있었습니다. 호텔이 준 방은 정말 작았습니다. 책상이나 의자가 없어서 저는 침대 위에 앉아야 했습니다. 작은 창문과 화장실이 있었습니다. 제 방 근처로 복도에 자판기가 있었습니다. 저는 그 호텔에 이틀간 머물렀지만 다시 거기에 가고 싶지는 않습니다.

Q10

What was your most memorable experience at a hotel? Where were you? What happened? Why was it so memorable for you? Tell me in detail. 호텔에서 가장 기억에 남는 경험은 무엇입니까? 어디였습니까? 무슨 일이 일어났습니까? 왜 그것이 당신에게 그렇게 기억에 남습니까? 자세히 말해주세요.

모범답안

It was my last morning in Jejudo. I got in the shower, and, after a while, the water started getting cold. Then, the water turned completely cold, and I panicked. I wasn't thinking clearly, so I ran into the room naked. I called the front desk, but the person said I had to wait. I was really annoyed but had no choice but to wait. 제주도에서의 마지막 날 아침이었습니다. 저는 샤워 중이었는데 얼마 있다가 물이 차가워지기 시작했습니다. 이내 물은 완전히 차가워졌고 저는 당황했습니다. 저는 아무 생각도 할 수 없었고 벗은 채로 방으로 뛰어들어갔습니다. 안내 데스크에 전화를 했는데 그 사람은 제가 기다려야 한다고 말했습니다. 저는 정말 짜증이 났지만 기다릴 수밖에 없었습니다.

Q11

I'm going to give you a situation. You and a friend want to see a movie. Pretend to call the theater and ask several questions before you buy tickets. 당신에게 상황을 주겠습니다. 당신과 친구는 영화를 보고 싶습니다. 극장에 전화해서 표를 사기 전에 몇 가지 질문을 해보세요.

모범답안

Hello. Is this the ABC Movie Theater? Is your theater showing "Spider-Man"? I get sick watching 3D movies. When are the regular show times? I'd like two seats in a middle row. Are there any of those seats available? Thank you for your help. 안녕하세요. 거기가 ABC 영화관인가요? 당신 극장에서 "스파이더맨"을 상영하고 있습니까? 저는 3D 영화를 보면 멀미가 납니다. 영화의 정기상영 시간이 언제입니까? 저는 중앙의 두 좌석을 택하고 싶습니다. 그 좌석이 가능합니까? 친절한 답변에 감사드립니다.

모의 테스트 2회 모범답안 Actual Test 2 _ model answer.mp3

Q12 I am sorry, but there is a problem with the movie tickets. When you arrived at the cinema, you noticed that the tickets you were given were the wrong ones. You need to explain this situation to the person at the ticket box. Tell the person about this problem and ask the worker for some possible solutions to the problem. 미안하지만, 영화 티켓에 문제가 있습니다. 당신이 극장에 도착했을 때 당신이 받은 티켓이 잘못된 티켓인 것을 알게 되었습니다. 당신은 매표소에 이 상황을 설명해야 합니다. 이 문제에 대해 말하고 이 문제에 대한 가능한 해결책을 물어보세요.

모범답안

Excuse me. I bought two tickets for the 7 p.m. showing of "Spider-Man". However, the tickets that I got are for the 3D showing at 7:30 p.m. Can I change the tickets to a different showing? If not, can I just get a refund? I hope you can help me out with this problem. Thank you. 안녕하세요. 저는 저녁 7시에 상영하는 "스파이더맨" 영화 티켓 두 장을 샀습니다. 그러나 제가 가진 티켓은 저녁 7시 30분에 시작하는 3D 영화입니다. 다른 상영시간으로 이 티켓들을 바꿔도 될까요? 만약 안 된다면 환불을 받을 수 있을까요? 당신이 이 문제에서 저를 도와줄 수 있기를 바랍니다. 감사합니다.

Q13 Have you ever been in a situation like that and had to change your reservations? Tell me what happened. When and where did it happen? How did you resolve the problem? Tell me in as much detail as you can. 당신은 그런 상황을 겪고 당신의 예약을 바꿔야 한 적이 있습니까? 무슨 일이었는지 말해주세요. 언제 어디서 그 일이 일어났나요? 당신은 그 문제를 어떻게 해결했습니까? 가능한 한 자세하게 말해주세요.

모범답안

One time, I tried to reserve tickets for a movie. However, the person at the theater got confused about the title. When I got to the ticket box, there were no seats left. The person was really sorry about what happened, so he gave me a free ticket for another movie. I watched the other movie, but it was really bad. That was the only terrible experience I can remember. 한번은 제가 영화 티켓을 예매하려고 했습니다. 그런데 극장 직원이 제목을 착각했습니다. 제가 매표소로 갔을 때 남은 자리가 없었습니다. 그 사람은 이 일이 일어난 것에 너무 미안해했고 제게 다른 영화 티켓을 공짜로 주었습니다. 저는 다른 영화를 봤는데 그것은 정말 형편없었습니다. 그것이 제가 기억할 수 있는 최악의 경험입니다.

Q14 You indicated that you enjoy going to a health club. Tell me about your health club or gym. What does it look like? What kind of equipment does it have? Be as detailed as possible. 당신은 헬스장에 가는 것을 즐긴다고 했습니다. 당신의 헬스장에 대해 말해주세요. 헬스장은 어떻게 생겼나요? 거기에는 어떤 종류의 기구들이 있나요? 가능한 한 자세하게 말해주세요.

모범답안

My gym isn't very big. There's one room for weightlifting and another for yoga. The weight room has a long mirror on one wall. The free weights are stacked by the mirror. There are also five or six other pieces of equipment. The yoga room is empty except for the mats. 저희 헬스장은 그다지 크지 않습니다. (거기에는) 근력운동을 위한 하나의 방이 있고 요가를 위한 또 다른 방이 있습니다. 웨이트룸 한 쪽 벽에는 큰 거울이 있습니다. 거울 옆에는 역기 운동 기구들이 쌓여 있습니다. 대여섯 개의 기구들도 있습니다. 요가룸은 매트 말고는 비어 있습니다.

Q15 I also like to go to a health club. Ask me three or four questions about the gym or heath club I often go to. 저도 역시 헬스 클럽에 가는 것을 좋아합니다. 제가 자주 가는 헬스장에 대해 서너 가지 질문을 해보세요.

모범답안

I heard you enjoy going to the gym. Where is your favorite gym located? Do you exercise alone, or do you work out with others? What is your favorite equipment to use when working out? 저는 당신이 헬스장에 가는 것을 즐긴다고 들었습니다. 당신이 좋아하는 헬스장은 어디에 있습니까? 당신은 혼자 운동합니까 아니면 다른 사람과 함께 운동합니까? 운동할 때 당신이 가장 좋아하는 (운동) 기구는 무엇입니까?

모의 테스트 3회 설문지 선택 설정

1. 현재 귀하는 어느 분야에 종사하고 계십니까?

● 사업/회사 ○ 재택근무/재택사업 ○ 교사/교육자 ○ 군복무
○ 일 경험 없음

1.1 현재 귀하는 직업이 있으십니까?
● 네 ○ 아니오

1.1.1 귀하의 근무기간은 얼마나 되십니까?
○ 첫 직장 – 2개월 미만 (체크시 2번으로 바로 가시오.)
● 첫 직장 – 2개월 이상 ○ 첫 직장 아님 – 경험 많음

1.1.1.1 귀하는 부하직원을 관리하는 관리직을 맡고 있습니까?
○ 네 ● 아니오

2. 현재 귀하는 학생이십니까?

○ 네 ● 아니오

2-2 예전에 들었던 강의의 목적은 무엇이었습니까?
● 학위 취득 ○ 전문기술을 향상시키기 위한 평생 학습 ○ 어학 수업
○ 수업 등록 후 5년 이상 지남

3. 현재 귀하는 어디에 살고 계십니까?

○ 개인주택이나 아파트에 홀로 거주 ○ 친구나 룸메이트와 함께 주택이나 아파트에 거주
● 가족(배우자/자녀/기타 가족일원)과 함께 주택이나 아파트에 거주
○ 학교 기숙사 ○ 군대 막사

아래의 4~7번 문항에서 12개 이상을 선택해 주시기 바랍니다.

4. 귀하는 여가 활동으로 주로 무엇을 하십니까? (두 개 이상 선택)

● 영화 보기
● 콘서트 보기
○ 캠핑하기
● 집안일 거들기
○ 게임하기(비디오, 카드, 보드, 휴대폰 등)
○ 체스하기
○ 시험 대비 과정 수강하기
○ 차로 드라이브 하기
○ 자원봉사하기
○ 클럽/나이트클럽 가기
○ 박물관 가기
○ 해변 가기
○ 술집/바에 가기
○ SNS에 글 올리기
○ 뉴스를 보거나 듣기
○ 스파/마사지샵 가기
● 공연 보기
○ 공원 가기
○ 스포츠 관람
○ 카페/커피 전문점 가기
○ 당구 치기
○ 친구들과 문자 대화하기
○ 요리 관련 프로그램 시청하기
○ 구직활동 하기

5. 귀하의 취미나 관심사는 무엇입니까? (한 개 이상 선택)

○ 아이에게 책 읽어주기
● 혼자 노래 부르거나 합창하기
○ 그림 그리기
○ 주식 투자하기
○ 사진 촬영하기
● 음악 감상하기
○ 춤추기
○ 요리하기
○ 신문 읽기
● 악기 연주하기
○ 글쓰기 (편지, 단문, 시 등)
○ 애완동물 기르기
○ 여행 관련 잡지나 블로그 읽기

6. 귀하는 주로 어떤 운동을 즐기십니까? (한 개 이상 선택)

○ 농구
○ 크리켓
○ 탁구
○ 조깅
○ 헬스
○ 야구/소프트볼
○ 골프
○ 수영
● 걷기
○ 태권도
○ 축구
○ 배구
● 자전거
○ 요가
● 운동 수업 수강하기
○ 미식축구
○ 테니스
○ 스키/스노보드
○ 하이킹/트레킹
○ 하키
○ 배드민턴
○ 아이스스케이트
○ 낚시
○ 운동을 전혀 하지 않음

7. 귀하는 어떤 휴가나 출장을 다녀온 경험이 있습니까? (한 개 이상 선택)

○ 국내출장
● 국내여행
○ 해외출장
○ 해외여행
● 집에서 보내는 휴가

모의 테스트 3회 Actual Test 3.mp3

Q1 Let's start the interview. Can you tell me about yourself?

Q2 Tell me about a home improvement project you have done. What was the project? Were you successful? Be as detailed as you can.

Q3 During the home improvement project, what were your responsibilities? Who helped you with the project? What did they do? Explain the full process.

Q4 What was the last improvement you did in your house? Were there any surprises in the process? How did you handle them? Tell me the whole story.

Q5 On the survey, you said you like to go on domestic trips. What's your favorite place to visit in the country? And why do you like that place?

Q6 What do you do to prepare for a trip? Tell me about the whole process from start to finish.

Q7 What was the first trip you ever went on? Where did you go? Did you go with anyone? Did you do anything interesting? Be as detailed as possible.

Q8 You said that you're working. Please tell me about where you work. Where is your office? What does it look like? Be as detailed as you can.

앞 페이지 설문지처럼 선택했을 때 나올 수 있는 문제로 구성했습니다. MP3를 들으며 실제 시험처럼 풀어보세요. 문제간 간격은 1분 30초입니다. 1분 30초 동안 답해보세요.

Q9 What do you remember about your first week at work? What were the best parts and the worst parts? Tell me about your first few days at your current job.

Q10 Do you have any good work stories? What are some memorable events from your worklife? Tell me about something interesting that happened at work.

Q11 This is a role-playing question. You have decided to get a new electric appliance for your house. Role play that you are at a store. Ask a store employee three or four questions about the appliance you want.

Q12 I am sorry. There is a problem that you need to resolve. When you got your new appliance home, you noticed a problem with it. Role play calling the store and find a way to fix the problem.

Q13 Excellent. That's the end of the situation. Has something like this happened to you before? Have you ever returned something to a store? Why did you have to return it? Tell me the whole story in detail.

Q14 You indicated that you take a fitness class. What kind of class is it? What exercises do you do? How often is the class held? Be as detailed as possible.

Q15 I also take an exercise class at my neighborhood fitness center. Ask me three or four questions about the fitness class I am taking now.

모의 테스트 3회 모범답안 Actual Test 3_model answer.mp3

Q1 Let's start the interview. Can you tell me about yourself? 인터뷰를 시작합시다. 자신에 대해 말해주시겠습니까?

Q2 Tell me about a home improvement project you have done. What was the project? Were you successful? Be as detailed as you can. 당신이 한 집안 개선 프로젝트에 대해 말해주세요. 프로젝트가 뭐였나요? 성공적이었나요? 가능한 한 자세히 말해주세요.

모범답안

When we bought our house, there was a wall between the kitchen and the living room. The wall between the rooms was inconvenient. So we knocked down the wall. It opened up the rooms nicely. We also had to install a brace for the ceiling. It was a really big project for us. 저희가 집을 샀을 때 부엌과 거실 사이에 벽이 있었습니다. 방 사이의 벽은 불편했습니다. 그래서 저희는 그 벽을 부숴습니다. 그것은 방들을 근사하게 개방시켰습니다. 저희는 또한 천장을 위한 버팀목을 설치해야 했습니다. 그것은 저희에게 정말 큰 프로젝트였습니다.

Q3 During the home improvement project, what were your responsibilities? Who helped you with the project? What did they do? Explain the full process. 집안 개선 프로젝트를 하는 동안 당신의 책임은 무엇이었나요? 누가 그 프로젝트를 도왔나요? 그들은 무엇을 했나요? 전체 과정을 설명해주세요.

모범답안

My father did all of the planning for the project. I helped with the actual work though. First, we had to check that the wall was safe to knock down. There was only one support beam. So we knocked down most of the wall, and then we installed the brace. After that, we knocked down the rest and covered the floor. 아버지가 프로젝트를 위한 모든 계획을 짰습니다. 비록 제가 실제 일을 돕긴 했지만요. 첫 번째로 저희는 그 벽이 철거해도 안전한지 점검했습니다. 거기에는 한 개의 보조 기둥만이 박혀 있었습니다. 그래서 저희는 대부분의 벽을 철거했고 그러고 나서 버팀목을 설치했습니다. 그 이후에 저희는 나머지를 철거하고 바닥을 메웠습니다.

Q4 What was the last improvement you did in your house? Were there any surprises in the process? How did you handle them? Tell me the whole

story. 집에서 당신이 한 마지막 개선 작업은 무엇이었습니까? 그 과정에서 놀라운 일이 있었나요? 어떻게 처리했나요? 전체 스토리를 말해주세요.

모범답안

The last thing I did was fix the toilet seat. However, the new one didn't fit. It was too small. So I had to go back to the store and exchange it. It was really annoying, and I didn't want to go through all that again. 마지막으로 제가 한 것은 변기 의자를 고친 것이었습니다. 그러나 새것이 맞지 않았습니다. 그것은 너무 작았습니다. 그래서 저는 가게로 되돌아가 그것을 바꿔야 했습니다. 그것은 정말 짜증났고 그 모든 것을 다시 하고 싶지 않았습니다.

Q5 On the survey, you said you like to go on domestic trips. What's your favorite place to visit in the country? And why do you like that place?

설문지에서 당신은 국내여행 가는 것을 좋아한다고 했습니다. 국내에서 당신이 방문하기 가장 좋아하는 장소는 어디인가요? 왜 그 장소를 좋아하나요?

모범답안

I like to go to Busan. The beach is nice to go to when it's hot. Plus, you can get fresh seafood. My favorite thing is having fried octopus and makgeolli on the beach. The people in Busan are also very friendly. I always have a wonderful time whenever I go there. 저는 부산에 가는 것을 좋아합니다. 해변은 더울 때 가기에 좋습니다. 게다가 신선한 해산물을 먹을 수도 있습니다. 저는 해변에서 튀긴 문어와 막걸리를 마시는 것을 좋아합니다. 부산 사람들은 또한 매우 친절합니다. 저는 그곳에 갈 때마다 항상 좋은 시간을 가집니다.

Q6 What do you do to prepare for a trip? Tell me about the whole process from start to finish.

당신은 여행을 준비하기 위해서 무엇을 합니까? 처음부터 마지막까지 전체 과정을 말해주세요.

모범답안

First, I do some research on the place. I choose the most interesting restaurants and attractions. If I'm traveling with a friend, I'll consult with him or her. However, I still usually make the itinerary myself. Once I know what I want to do, I find a hotel. Lastly, I buy a bus or train ticket online. 첫째, 저는 그 장소에 대해 몇 가지 조사를 합니다. 저는 가장 관심 가는 식당이나 관광지를 고릅니다. 만약 친구와 여행을 가면, 저는 그 또는 그녀와 상의할 것입니다. 그러나 저는 여전히 일정표를 스스로 만듭니다. 제가 무엇을 원하는지 알게 되면 호텔을 찾습니다. 마지막으로 온라인에서 버스나 기차표를 끊습니다.

Q7 What was the first trip you ever went on? Where did you go? Did you go with anyone? Did you do anything interesting? Be as detailed as possible.

당신이 처음 가본 여행지는 어디였습니까? 어디로 갔습니까? 다른 사람과 함께 갔습니까? 흥미로운 일이 있었습니까? 가능한 한 자세하게 말해주세요.

모범답안

The first trip I remember was to Jejudo. I was pretty young, and it was my first time to fly. My family was visiting my uncle's family. We went to a big park that had a duck pond. My uncle brought some bread to feed the ducks. After that, we went to see the nice ocean. 제가 기억하는 첫 번째 여행은 제주도에 간 것이었습니다. 저는 상당히 어렸고 그것은 저의 첫 번째 비행이었습니다. 제 가족은 삼촌 가족을 방문했습니다. 저희는 오리 연못이 있는 큰 공원에 갔습니다. 삼촌은 오리에게 주려고 빵을 가져왔습니다. 그 이후에 저희는 멋진 바다를 보러 갔습니다.

Q8 You said that you're working. Please tell me about where you work. Where is your office? What does it look like? Be as detailed as you can.

당신은 일하고 있다고 했습니다. 어디서 일하는지 말해주세요. 사무실은 어디입니까? 사무실의 모습은 어떤가요? 가능한 한 자세히 말해주세요.

모범답안

Right now, I work at a small company. It's on Gangnam Street in Seoul. My office is in the Marketing Department on the fifth floor. It's not a big room, but it has a few desks. There are computers and monitors on the desks. There is a big window, which is my favorite part of the office, behind my desk. 지금 저는 작은 회사에서 일하고 있습니다. 회사는 서울의 강남 거리에 있습니다. 제 사무실은 5층의 마케팅 부서에 있습니다. 그렇게 큰 방은 아니지만 몇 개의 책상을 가지고 있습니다. 책상 위에는 컴퓨터들과 모니터들이 있습니다. 제 책상 뒤에는 제가 사무실에서 가장 좋아하는 부분인 큰 창문이 있습니다.

Q9 What do you remember about your first week at work? What were the best parts and the worst parts? Tell me about your first few days at your current job.

당신의 직장에서의 첫주에 대해 무엇을 기억하고 있습니까? 무엇이 가장 좋은 부분이었고 무엇이 가장 나쁜 부분이었나요? 당신의 현재 직업에 대한 초반 며칠에 대해 말해주세요.

모범답안

I was really excited when I started my job. The department manager talked about a lot of interesting projects. Of course, most of my time was spent on boring stuff. I had been unemployed for a while, so it was hard to adjust. Actually, it's still hard, but I am doing my best. 처음 일을 시작했을 때 저는 정말로 흥분되었습니다. 부서 매니저는 많은 흥미로운 프로젝트들에 대해 말해주었습니다. 물론 저의 대부분의 시간은 지루한 업무를 했습니다. 저는 한동안 실직 상태였기 때문에 적응하기 힘들었습니다. 사실 그것은 여전히 힘들지만 저는 최선을 다하고 있습니다.

Q10 Do you have any good work stories? What are some memorable events from your worklife? Tell me about something interesting that happened at work.

당신은 직장에서의 재미있는 스토리가 있습니까? 당신의 직장 생활에서 어떤 기억할 만한 이벤트들이 있습니까? 직장에서 일어난 흥미로운 일에 대해 말해주세요.

모범답안

We had just gotten a new email system at work. Everyone was still confused, and we got lots of wrong emails. One day, everyone got a breakup letter in their email. A lady in sales accidentally sent her breakup letter to everyone. Somebody told her what had happened, so she cried in front of everybody. It was one episode that I can remember now. 저희는 얼마 전에 직장에서 새로운 이메일 시스템을 도입했습니다. 모든 사람들은 여전히 혼란스러워했고 우리는 많은 잘못된 이메일을 받게 되었습니다. 하루는 모든 사람들이 이메일로 이별 편지를 받았습니다. 영업 부서의 한 여성이 실수로 모두에게 이별 편지를 보내게 된 것입니다. 누군가 그녀에게 무슨 일이 일어났는지 말해주었고 그녀는 사람들 앞에서 울고 말았습니다. 이것이 지금 제가 기억할 수 있는 하나의 에피소드입니다.

Q11 This is a role-playing question. You have decided to get a new electric appliance for your house. Role play that you are at a store. Ask a store employee three or four questions about the appliance you want.

이것은 롤플레이 질문입니다. 당신은 집을 위한 새로운 가전제품을 사기로 결정했습니다. 당신이 가게에 있다고 상황극을 해보세요. 직원에게 당신이 사고 싶은 가전제품에 대하여 서너 가지를 물어보세요.

모범답안

Hello. I want to buy a new appliance for my house. Do you have a large blender here? Is this blender strong enough to break up ice cubes? Can I pay in monthly installments? Or do I have to pay all at once? Thank you for your help. 안녕하세요. 저는 저희 집을 위해 새로운 가전제품을 사기를 원합니다. 여기 큰 믹서기가 있습니까? 이 믹서기는 얼음을 갈 정도로 충분히 강합니까? 할부 가능합니까? 아니면 일시불로만 지불해야 합니까? 도움에 감사합니다.

Q12 I am sorry. There is a problem that you need to resolve. When you got your new appliance home, you noticed a problem with it. Role play calling the store and find a way to fix the problem. 당신이 해결해야 할 문제가 있습니다. 당신이 집에 새 가전제품을 가져왔을 때 거기 문제가 있는 것을 알게 되었습니다. 다시 가게에 전화한다고 가정하고 이 문제를 해결하기 위한 방법을 찾으세요.

모범답안

Hello. I just bought a blender from you today. However, when I got home, I found a problem with it. I discovered that the power button does not work well. Do you offer repair services? If not, can I get a refund? Thank you. 안녕하세요. 제가 오늘 거기서 믹서기를 샀습니다. 그러나 제가 집에 왔을 때 이것의 문제를 발견했습니다. 저는 전원 버튼이 잘 작동이 안 된다는 것을 발견했습니다. 수리 서비스가 제공됩니까? 만약 아니라면, 환불을 받을 수 있을까요? 감사합니다.

Q13 Excellent. That's the end of the situation. Has something like this happened to you before? Have you ever returned something to a store? Why did you have to return it? Tell me the whole story in detail. 좋습니다. 이것으로 상황은 끝났습니다. 전에 이런 일이 발생한 적이 있습니까? 가게에 무언가를 반환한 적이 있습니까? 왜 그것을 반환해야 했습니까? 전체 스토리를 자세하게 말해주세요.

모범답안

I had to return a necklace once. It was a gift for my mother. The necklace had a gold chain. However, my mother is allergic to gold. I didn't know that, so I had to return it. The lady at the store was very understanding and let me have another one. 한번은 제가 목걸이를 반환해야 했던 적이 있습니다. 그것은 제 어머니를 위한 선물이었습니다. 그 목걸이는 금목걸이였습니다. 그러나 어머니는 금에 대한 알레르기가 있습니다. 저는 그것을 몰랐고 그래서 그것을 반환해야 했습니다. 상점 여직원은 매우 이해심이 많았고 제가 다른 것을 사도록 해줬습니다.

Q14 You indicated that you take a fitness class. What kind of class is it? What exercises do you do? How often is the class held? Be as detailed as possible. 당신은 운동 수업을 듣는다고 했습니다. 어떤 종류의 수업입니까? 어떤 운동을 합니까? 얼마나 자주 수업이 열립니까? 가능한 한 자세하게 해주세요.

모범답안

I take a spinning class and a yoga class. In the spinning class, we ride exercise bikes, and the yoga class is just yoga. There might be different kinds of yoga, but I don't know. My spinning class is on Tuesdays and Fridays in the evening. My yoga class meets every morning, but I don't always make it. 저는 실내 자전거 타기 수업과 요가 수업을 듣습니다. 실내 자전거 수업에서는 운동 자전거를 타고 요가 수업에서는 요가를 합니다. 아마 다른 종류의 요가가 있겠지만 저는 잘 모르겠습니다. 자전거 타기 수업은 매주 화요일과 금요일 저녁마다 있습니다. 요가 수업은 매일 아침마다 있지만 매번 가지 못합니다.

Q15

I also take an exercise class at my neighborhood fitness center. Ask me three or four questions about the fitness class I am taking now. 저도 역시 동네 헬스장에서 운동 수업을 듣습니다. 현재 제가 듣고 있는 운동 수업에 대해 서너 가지 질문을 해보세요.

모범답안

I heard you are taking an exercise class at a fitness center. What type of exercises do you do in the class? How many people are in the class? Do you enjoy your class? 저는 당신이 헬스장에서 운동 수업을 듣는다고 들었습니다. 당신은 수업에서 어떤 종류의 운동을 합니까? 수업에는 얼마나 많은 사람들이 있습니까? 당신은 수업을 즐깁니까?

900점은 기본, 만점까지 가능한 고득점용 실전 1000제!

시나공 토익 950 1000제 RC

니오 지음 | 428쪽 | 12,900원
특별부록 : 해설집 무료 다운로드, 만점 공략용 추가 600제 제공

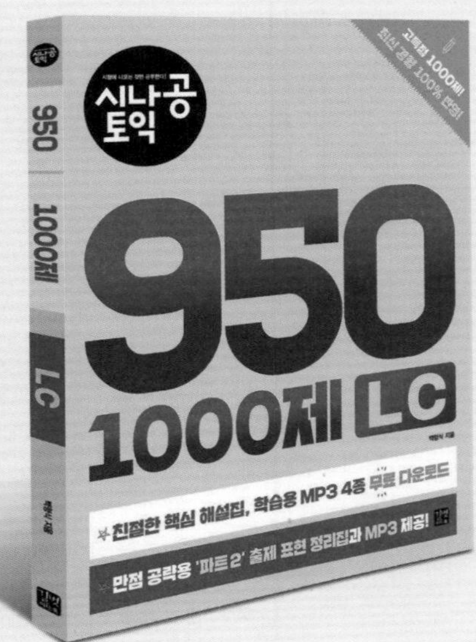

시나공 토익

시나공 토익 950 1000제 LC

백형식 지음 | 280쪽 | 12,900원
특별 부록 : 해설집 무료 다운로드 ,학습용 MP3 4종,
만점 공략용 파트 2 출제 표현집

극강의 가성비! 자세한 해설집 + 만점 공략용 학습자료

❶ 오답까지 자세하게 설명한 친절한 해설집 무료 다운로드

❷ 만점 공략용 추가 '문법+어휘 600문제'

❸ 만점 공략용 '파트 2 출제 표현집 + 학습용 MP3'

권장하는 점수대	400	500	600	700	800	900

이 책의 난이도	쉬움	비슷함	어려움